リンドン・B・ジョンソン大統領と「偉大な社会」計画

“ニューディール社会福祉体制”の確立と限界

末次俊之

専修大学出版局

まえがき

リンドン・B・ジョンソン (Lyndon B. Johnson) は，1908 年，アメリカ合衆国 (以下, アメリカと略す) 南部に位置するテキサス州に生まれた。1937 年, 民主党から出馬して連邦下院議員となり，1948 年に連邦上院議員に転出，そして 1953 年には，上院院内総務に就任した。1961 年，J・F・ケネディ大統領の下で副大統領になるも，ケネディの暗殺により，1963 年，第 36 代大統領に昇格した。

ジョンソン大統領は，内政面では,「偉大な社会」計画を促進してアメリカの社会福祉を充実させた一方で，他方，外交面では，ベトナム戦争に深く介入して多くの国民の批判を浴び, この責任をとって, 1969 年退陣に追い込まれた。

ジョンソン大統領の政治活動において特徴的なのは，目標達成のためならば手段を選ばずあらゆる政治手法を駆使し，議会の事実上の支配者として，自らが望む政策を強力に促進した真の「ポリティシャン（政治家)」であったことである。その意味でジョンソンはきわめて“ダイナミックな大統領”であった, といえる。

ジョンソン大統領をめぐる評価については，ベトナム戦争への介入とエスカレーションの故に，主として，“負の遺産”の方に関心が集まっていたきらいがある。だが, ジョンソンが促進した「偉大な社会」計画を詳細に検討すると, それはアメリカに取り残されていた社会問題を解決し，社会変動にも十分対応した“進歩的・改革主義的”側面を有していたことが明かにされている。実際, ジョンソン大統領は，黒人公民権の回復，貧困追放，教育への連邦補助，高齢者医療保険などの社会福祉の分野で多大な業績を挙げたのである。本書では, ジョンソン大統領が進めた「偉大な社会」計画の分析を通じて, いわゆる「ニューディール社会福祉体制」の確立と限界を論じている。

本書は全体で，序論に続いて，第一部のリンドン・B・ジョンソンの経歴と立法指導，第二部の「偉大な社会」計画の構想と展開，第三部の「偉大な社会」計画の促進，および結語，から構成されている。以下にその概要を簡単に述べることにする。

本書の基本的な目的は，1960年代のケネディおよびジョンソン大統領により8年間にわたって続いた，民主党政権が促進した一連の“リベラルでかつ進歩的な”政策の内容を検討することにある。特に，ジョンソン大統領が推進したいわゆる「偉大な社会（the Great Society)」計画に焦点を当てつつ，政策内容を多角的かつ実証的に検討することを目指している。

まず最初に，序論においては，本書の目的と研究史の概観を試みている。次いで，第一部の第1章，ジョンソンの経歴と立法指導においては，ジョンソンの経歴を踏まえて，彼の政治指導力の源泉，および議会対策の姿勢を考察し，ジョンソン大統領のリーダーシップの特色を論じている。

第二部の「偉大な社会」計画の構想と展開，第2章，アメリカにおける社会問題と課題では，第二次世界大戦後，米ソ冷戦が進行し，「資本主義体制」が完成する過程で，アメリカ国民に残された多くの社会問題の実態を検討している。第3章の一般教書演説（1964年－1969年）にみる「偉大な社会」計画においては，ジョンソン大統領が掲げた「偉大な社会」計画の概要を知るために，ジョンソン大統領が行った1964年から1969年までの毎年の「一般教書」演説を取り上げて，ベトナム戦争との関係やその他の社会的争点(黒人暴動，学園紛争など)を検討している。

次に，第三部の「偉大な社会」計画の促進，第4章は，1964年公民権法の成立過程におけるジョンソン大統領の役割を分析している。特に，ジョンソンの政治的経歴の中で少数派への差別撤廃に関する言動をさぐり，その変化のプロセスを詳細に検討した。第5章では，アメリカにおける貧困問題の実態とこれに対する対策を考察している。ジョンソン政権下で成立した貧困撲滅を目ざした経済機会法を手がかりに，「地域社会」における貧困対策の問題点を摘出している。第6章は，フランクリン・D・ローズベルト大統領が提案して以来，長年にわたって論争の的となっていた「老齢者医療保障（メディケア)」および「低所得者医療扶助（メディケイド）」を取り上げ，近年公表された大統領の電話会話記録などを利用しながら，メディケア・メディケイド法案の成立過程におけるジョンソン大統領の立法指導とその役割を検討している。

第７章においては，「1965 年初等・中等教育法（ESEA）」を取り上げ，同法の成立過程でジョンソン大統領が立法上の主導権をどのように展開していったのかを検討し，ESEA の矛盾と問題点を分析している。第８章では，ジョンソン大統領が推進した「偉大な社会」計画における一つの例外的な側面として，ジョンソンの夫人で“ファースト・レディ”であるレディ・バードの活動と，その役割を検討している。特に，「1965 年高速道路美化法」の成立過程に焦点を当てて，ジョンソン政権下における景観問題や環境問題に対するレディ・バードの役割を考察している。

最後に，結論部分においては，以上で展開した論述を踏まえて，第一に，ジョンソン政権を戦後アメリカ政治の文脈の中でどのように位置づけるべきかという問題を指摘した上で，第二に，ジョンソン政権の政策決定スタイルの特徴を検討し，第三に，ジョンソン大統領の政治イデオロギーの変遷，つまり，政治上の立場の変化を検討している。そして最後に，ジョンソンが促進した「偉大な社会」計画の全体像の総括を論じる。

目　次

序論—本書の目的と研究史の概観

本書の基本的な目的は，1960 年代のアメリカ合衆国（以下，アメリカと略す）においてケネディおよびジョンソン大統領と 8 年間にわたって続いた民主党政権が促進した一連の“リベラルでかつ進歩的な”政策の特色を検討することにある。特に，リンドン・B・ジョンソン（Lyndon B. Johnson）大統領が推進した「偉大な社会（the Great Society）」計画に焦点を当てて，その理念，内容，および実践過程を検討している。1963 年 11 月 22 日，ジョン・F・ケネディ（John F. Kennedy）大統領の暗殺を受けて，副大統領のジョンソンが第 36 代アメリカ合衆国大統領に昇格した。その際，ジョンソン大統領は，ケネディ政権が残した「ニュー・フロンティア」政策に象徴される課題を実現することを多くの国民に約束した。その内容は，ジョンソン大統領が行なった一般教書演説やいくつかの特別教書，また，各地での大統領演説の中で述べられている。

例えば，ジョンソン大統領は 1964 年 5 月 22 日のミシガン大学における演説の中で，自らの政権の主要な政策を「偉大な社会（the Great Society）」という言葉を用いて表現し，そのなかで，ジョンソンはアメリカが単に経済的繁栄だけでなく，国民生活の質をも追求することを示唆したのである。こうして，「偉大な社会」計画と名付けられたジョンソン政権の政策は，具体的には 1964 年の公民権法および経済機会法の成立を皮切りに次々に法律として具体化されていった。1964 年 11 月の大統領選で地滑り的大勝を博したジョンソンはさらに，1965 年と 1966 年の連邦議会においても歴史的な多くの立法（メディケア・メディケイド，初等・中等教育法，高速道路美化法など）の成立を達成して，いわゆる「社会福祉」を実現していった。このように，ジョンソン大統領が遂行した「偉大な社会」計画とは，一言でいえば，アメリカの経済成長を維持する一方で，他方で社会，文化，科学など国民生活の全分野における質の向上を目標としたものに他ならない[1)]。

周知のように，1929 年にニューヨークのウォール街における株式市場の株価暴落によって大不況が生じた。そこで 1930 年代に，これを克服するために民主党のフランクリン・D・ローズベルト（Franklin D. Roosevelt）大統領が実施したいわゆる「ニューディール政策」は，各種の社会分野で連邦政府による大規模な介入を招き，それは結果的に「大きな政府」＝「行政国家化」の拡大につながった。その後，1960 年に大統領選で勝利した民主党ケネディ政権も基本的にはその流れをくむものであり，例えば，ケネディ政権下における「ニュー・フロンティア」政策やジョンソン政権下における「偉大な社会」計画はいずれもニューディール政策のさらなる前進と達成を目指したものであった。

ケネディ政権によって提案された社会福祉関連法案は，その多くが南部「保守派」が有力な連邦議会において成立を阻まれたものの，しかしケネディ大統領が暗殺された後に，ケネディ路線の継続を明示したジョンソン大統領は，持ち前の巧みな議会操縦術によって，ケネディ政権下では成立しなかった数多くの“社会福祉”関連の法案を立法化するのに成功した。実際，ジョンソン大統領によって提案された「偉大な社会」計画のスローガンの下で，人種差別是正のための公民権立法，豊かな社会のなかの貧困の追放を意図する反貧困立法＝経済機会法，老齢者や低所得階層の医療支援としてのメディケア・メディケイド，初等・中等教育に関する連邦政府の援助，アメリカ人の生活の質の向上を目ざす消費者保護立法および環境立法などに象徴されるように，第二次世界大戦以降のアメリカ，とりわけ 1960 年代のアメリカ社会に存在した多くの諸問題に対して果敢にかつ積極的に取り組んで諸立法を成立させ，これを実践していった。このため，連邦政府の権限はさらに拡大され，「大きな政府」は一段と行政国家の様相を強め，アメリカでは「福祉国家化」が促進され，ジョンソン政権下の 1960 年代中葉には，アメリカの社会福祉制度が一挙に確立されたのである。

換言すれば，ジョンソン大統領が「偉大な社会」計画というスローガンで実施した「社会福祉」政策とは，一般的にいえば，ローズベルト大統領によって推進された“ニューディール・リベラリズム”[2]という政治的イデオロギーの潮流の中で，トルーマン大統領のフェア・ディール政策，およびケネディ大統領のニュー・フロンティア政策に続いて，現代のアメリカ社会に取り残された諸問題に取り組み，これを解決するための施策として位置づけられている[3]。いわば，経済的大不況の中で行われたローズベルト期の政策とは異なり，経済繁栄の真っただ中で実施されたジョンソン政権の諸政策は，現代のアメリカにおいて未だに多くの議論を伴いながらもその影響力を維持している。例えば，人種差別，貧困，環境問題などは，今日でも依然としてアメリカ社会に存在する重要な課題であって，「偉大な社会」計画によっても，必ずしもこれらの課題を全面的に解決することができなかった。しかし他方で，「偉大な社会」計画を通じてアメリカに存在する社会問題の根深さを浮き彫りにしたことは間違いない。

本章において，以上の認識を前提に，次に，ジョンソン大統領および彼が推進した「偉大な社会」計画に関する先行研究を概観し，最後に本書における基本的視角を提示する。

さて，ジョンソンが大統領職を離れて40年近くが経過した。その間に，ジョンソン政権期における諸政策について，多くの研究成果が出ている。以下では，ジョンソン大統領と彼が推進した「偉大な社会」計画に関するこれまでの先行研究を概観しておきたい。

アメリカにおいて，ジョンソン大統領に対する評価は，彼が引退した初期には，好意的なものと辛らつな評価を含むものという具合に，両極端な評価がなされていた。前者の代表的著作としては，ホワイト（William S. White）の *The Professional: Lyndon B. Johnson*（Boston: Houghton Mifflin, 1964）がある。ホワイトは，その著作の中で，弱い人々を支援するためにいかなる政治的代償をも払う，誠実な，テキサス出身の“ポピュリスト”としてジョンソンを描いた[4]。一方，後者については，シェリル（Robert Sherrill）の

Accidental President (New York：NY Grossman Publishers, 1967) がある。シェリルはその著作の中で，ジョンソンを一貫して権力追及を第一とする“権力政治家”として描き，ジョンソンを道徳的価値観を有しない人物として痛烈に批判している。

その後，このような極端な評価は見られなくなり，ジョンソン政権期に政権内にいた関係者の著作により，バランスの取れた評価が試みられるようになった。例えば，1971年，ジョンソンの回顧録である *The Vantage Point: Perspective of the Presidency 1963-1969* (New York: Holt, Rinehart and Winston, 1971) が出版され，その後，ジョンソン政権期の補佐官，閣僚，スタッフであった関係者による回顧録の類の出版が続いた。その中のひとつである，ジョンソンの側近の一人バレンティ (Jack Valenti) による回顧録 *A Very Human President* (New York: Pocket Book, 1976) では，ジョンソン大統領が多くの欠点を持ち，また，対外政策でとくに間違いを犯したと認める一方，彼の意図と残された多大な業績を正当に評価している[5)]。

また近年，ジョンソン大統領の伝記類が，多く出版されている。例えば，ジョンソンの出自から連邦議員選挙，連邦上院議員時代を全面的にカバーしたカロ (Robert Caro) は，三冊の著作 (*Path to Power*〔New York: Vintage,1982〕, *Means of Ascent*〔New York: Vintage, 1990〕, *Master of the Senate*〔New York: Vintage, 2002〕) の中で，権力追及の志向を一貫したテーマとし，公職獲得に奔走するジョンソンの姿を描きだしている。

一方，ジョンソンが遂行した政策に関する広い視点からの評価として，これに先鞭をつけた著作がコンキン (Paul Conkin) による *Big Daddy from the Pedernales* (Boston: Twayne, 1986) である。コンキンは，ジョンソンの政策が，介入的でかつ大規模な行政府，つまり「大きな政府（ビッグ・ガバメント）」を生み出し，また，手付かずの問題を多く残していると認めた上で，ジョンソンの「偉大な社会」計画の大きな遺産を分析した秀作である。

1971年にテキサス州の州都オースティンで，ジョンソン大統領図書館が開館した。この結果，一部を除いて図書館に保存されていた大統領文書，オーディオテープを含む多くの資料の利用が可能となった。資料の公開後これを利用して，歴史学者のディバイン（Robert Divine）を中心に，ジョンソン政権期全般の研究が試みられた。その成果は，Robert Divine, ed., *Johnson Years, Volume 1: Foreign Policy, the Great Society and the White House* (Lawrence: University Press of Kansas, 1986)，*Johnson Years, Volume 2: Vietnam, the Environment, and Science* (1990)，*Johnson Years, Volume 3: LBJ at Home and Abroad*（1994）に結実している。これらの著作では，各分野の研究者たちが，ジョンソン政権期に実施された政策について多角的な分析を試みている。

さらにまた，ジョンソン大統領が推進した「偉大な社会」計画の遺産について，歴史学者たちによる研究が，多様な側面を有し詳細な分析上の枠組みを提供するようになった。例えば，バーンスタイン（Irving Burnstein）の *Guns or Butter*（New York: Oxford University Press, 1996）や，ダレク（Robert Dallek）の *Flawed Giant*（New York: Oxford University Press, 1998）は，ジョンソン大統領の「偉大な社会」計画全体を単純に「善・悪」の基準で区別できないこと指摘している。その上で，ジョンソンの個人的欠点と誤りは，総じて多くの立法成立に影響することはなく，「偉大な社会」計画が，伝統的なニューディール・リベラリズム，テキサス特有のポピュリズム，ジョンソンが抱く政治的野心，実践主義，および深い博愛主義を反映していた事実を示唆している。バーンスタインはその著作の中で，「偉大な社会」計画の個々の政策がケネディ政権，もしくはそれ以前にも存在しており，いわばジョンソンが勝ち馬に乗る形でこれを採用したものもあり，個々の政策について必ずしもすべての功績をジョンソンに帰してない。実際，ダレクは，ジョンソンが法律成立後に，法律の執行もしくは修正には必ずしも積極的でなかった点を指摘している。

近著では，ジョンソンを“進歩的穏健派”であったと描き，そのなかで，保守派が望む「資本主義体制」の基礎の維持と，ジョンソンが追求する「可能性の技術」との調和に奔走するジョンソンの姿を描いているアンガーら（Irvin Unger and Debi Unger）の *LBJ: A Life*（New York: John Wiley & Sons,

1999)，また，ジョンソンの出身地テキサスの風土について詳細な分析を通して，ジョンソンの業績の再評価を試みているウッズ（Randall Woods）による *LBJ: Architect of American Ambition*（New York: Free Press, 2006）がある。

他方，ジョンソン大統領の「偉大な社会」計画を，1930 年代から続くニューディール・リベラリズムの到達点，限界，その変遷を示すという視点からは，シュルマン（Bruce J. Schulman）の *Lyndon B. Johnson and American Liberalism*（Boston: Bedford Books, 1995）の業績が挙げられる。シュルマンは，ジョンソンの経歴に通底するニューディール・リベラリズムの本質を把握する一方，ジョンソンが「機会の質」を提示しながら，「大砲かバターか」の選択を拒み続けたこと，そして，公民権運動に端を発する白人中産階級からの巻き返しによって，支持を失っていく過程を見事に分析している。また，デイビス（Gareth Davies）は *From Opportunity to Entitlement: The Transformation and Decline of Great Society Liberalism*（Lawrence: University of Kansas, 1996）の中で，ジョンソンが進めた貧困対策が，機会の付与，貧困者の自立という当初の意図にもかかわらず，それから逸脱し，ニクソン政権下での諸政策に示されるように，“エンタイトルメント”を中心とする「非アメリカ的な」政策に傾斜することになった事実を指摘している。これに対してアンドリュー（John A. Andrew Ⅲ）は，*Lyndon Johnson and the Great Society*（Chicago: Ivan R. Dee, 1998）の中で，社会福祉への資金を確保しつつ経済的繁栄を維持するにあたり，連邦政府が経済への介入を可能にしたジョンソン政権の政策を「管理主義的」リベラリズムと定義づけている。しかしながら，既得権益への挑戦やアメリカの伝統的価値観の再考を必要とするジョンソン政権の政策が，最終的に国内外での混乱の中では受け入れられず，ジョンソンに対する国民の支持が失われていった，と主張している。さらに，ごく最近の著作としてミルキス（Sidney M. Milkis）とミューア（Jerome Mileur）編集の *The Great Society and High Tide of the Liberalism*（Boston: University of Massachusetts, 2005）が挙げられる。彼らは，ジョンソンが「偉大な社会」計画の中で，連邦政府を社会改革の代理人として活用することを意図したものの，しかし多くの改革者たちが望んだ「参加民主主義」的改革と対立することになったと述べている。「参加民主主義」の視点はジョンソン政権期には主流とはならなかったものの，「偉大な社会」計画が，多くの運動に支持を与える争点志向の無党派層を生みだしたことは否めない。

歴史学者のディバインが述べているように，大統領図書館で封印されていた記録の中には，ホワイトハウス内でのジョンソン大統領の姿を浮かび上がらせる重要な記録がある。それは大統領の電話記録である。いわゆる“電話魔”として知られているジョンソンは職務中，頻繁に電話を使用していた。2003年から，その電話会話記録が徐々に公開され始め，この新たに公開された電話記録を活用して，ジョンソンの政策に多くの研究者が再検討を加えることになった[6)]。

以上見てきたように，アメリカ側の研究は，各種資料の公開により，概して事実や内容が詳細に明らかにされてきている一方で，それが，戦後アメリカ政治や「ニューディール・リベラリズム」の分脈の中で全体的に見て，どのように位置づけるべきかが不明確となっている。

他方，わが国においては，ジョンソン大統領の「偉大な社会」計画における諸政策に焦点を当てたものはそれほど多くない。まず，「参加民主主義」の観点から，ジョンソン大統領の「偉大な社会」計画のなかで最も議論の的となった「経済機会法」を分析した，大森彌「現代行政における『住民参加』の展開―1960年アメリカにおける『コミュニティ活動事業』の導入と変容―」『現代行政と官僚制，上巻』（東大出版，1974年）が，また，「経済機会法」の施行が地域の政治的変動をもたらしたことを論じた土屋和代「『貧困との戦い』とコミュニティ組織の発展―1960年代後半のロサンゼルスの事例を中心に―」日本アメリカ史学会編『アメリカ史研究』（第24号，2001年）が先行研究として挙げられる。さらに，ジョンソン大統領の貧困対策と，ベトナム戦争との関連を論じたのが山田敬信『ジョンソン大統領の「貧困との戦い」研究』（一粒社，2003年）である。また，国籍割り当てを廃止し，その後の移民政策へ多大な影響を及ぼす画期的な移民法改正（1965 年成立）を論じたのが，古矢旬「『移民国家』アメリカの変貌 (1) ―1965 年移民法から 1986 年移民法へ―」『北大法学論集 4』(40 巻，5・6 下巻，1991 年）であり，さらに公民権立法に関しては，1964 年の公民権法の成立過程を中心に分析した中島和子『黒人の政治参加と第三世紀アメリカの出発』(中央大学出版，1989 年）の力作がある。また，ニューディールの社会福祉政策との関連で「偉大な社会」計画を論じた馬場宏二「ニューディールと『偉大な社会』」東京大学社会科学研究所編『福祉国家の展開〔2〕』(東大出版，1985 年）などもある。一方，連邦財政史の観点からは，渋谷博史『20 世紀アメリカ財政史 (2)「豊かな社会」とアメリカ型福祉国家』(東京大学出版，2005 年）が挙げられる。最後に，ジョンソン政権期の政策全般を扱い，我が国のジョンソン研究のスタートとなった研究書として，藤本一美編『ジョンソン大統領とアメリカ政治』(つなん出版，2004 年）を挙げておきたい。

一般的にいって，日本側の研究は，第二次資料に基づいて執筆したものが多く見られ，第一次資料，特に当時の関係者の電話会話やインタビューを活用しての業績はあまりない。

これまで我が国においては，ジョンソン政権の対外政策，とくにベトナム戦争に焦点を絞った研究業績が数多くみられる傾向にあった[7)]。このように，ベトナム戦争を中心とした「負の遺産」に多くの注目が集まる中で，ジョンソン大統領の最大の業績である「偉大な社会」計画について，これまで批判的に検討されることはあっても，必ずしも正当かつ客観的に評価されてこなかったきらいがある。また，「偉大な社会」計画が 1930 年代の「ニューディール・リベラリズム」に端を発する一種の「社会福祉」的政策であったことを考慮するなら，1930 年代に政治経歴をスタートさせた政治家ジョンソンの政治信条の形成・変遷過程を分析し，その結果，大統領となった後にどのように彼の政治信条が政策や法案などに反映されたのか，といった観点から論じられるべきであるが，しかし，これらの視点からの業績は皆無に等しい。

そこで，本書においては，「FDR（ローズベルト）の子飼い」と呼ばれたジョンソンの政治経歴を，ジョンソンの言動をもとに分析し，彼が実現を望んだ「ニューディール・リベラリズム」の源を明らかにするとともに，大統領に就任した後にジョンソンが「偉大な社会」計画を推進する中で，それが「ニューディール・リベラリズム」の流れのなかでどのような形で立法として結実し，またそれが実際にいかなるかたちで遂行されていったのかそのプロセスを具体的に論じ，“ニューディール社会福祉体制”の確立と限界を提示したい[8)]。

その際，本書では，既存の研究業績を利用する一方，他方で専修大学神田図書館所蔵のジョンソン大統領関係のマイクロ・フィルム資料，連邦印刷局発行の *Public Papers of the Presidents of the United States: Lyndon B. Johnson*，また，テキサス州オースティンのリンドン・B・ジョンソン図書館に収められている大統領文書，オーラル・ヒストリー，さらに近年公開されたジョンソン大統領の電話会話記録を活用することで，ジョンソン大統領が推進した「偉大な社会」計画の全体像に迫っていきたい。

本書の基本的視角は，ジョンソン大統領の立法指導に注目すると同時に，法案がいかなる関係者の行動とダイナミズムを通じて成立するに至ったのか，そのメカニズムに焦点を当てており，その際，一方で政治的・社会的文脈を縦軸に，他方で歴史的文脈を横軸に設定して，ジョンソン大統領が促進した「偉大な社会」計画の全体像を浮き彫りにしたいと考える。

<注>

1）“Remarks at the University of Michigan-May 22, 1964,” *Public Papers of the Presidents of the United States: Lyndon B. Johnson, 1963-1964, Volume 1* (US. GPO, 1965), pp. 704-707;『世界年鑑，1966年版』(共同通信社，1967年)，394頁。

2）いわゆる「ニューディール・リベラリズム」とは，一般的にいえば「社会の民主化，平等化を目指す改革を行うための政府の積極的な役割を強調し，福祉国家体制とビッグ・ガバメントを国民に受容させる，ニューディール体制を正当化するイデオロギーであった」(砂田一郎『〔新版〕現代アメリカ政治—20世紀後半の政治社会変動』〔芦書房，1999年〕，37-38頁)。

周知のように，ヨーロッパの移民たちによって作られた，いわゆる「実験国家」であったアメリカは，王政を経ずにブルジョア民主主義国家として始まった。それゆえに，他の民主主義国家と異なり，アメリカでは「自由主義（リベラリズム）」が対抗原理をもたない唯一のイデオロギーとして定着していた。しかし，政府権力の縮小，民間の自由の拡大，経済上の自由放任主義を意味する「自由主義」が危機に直面した1930年代の大不況時に，民主党大統領F・D・ローズベルトは，経済的，社会的弱者を救済するために一連の「ニューディール」政策を実施して景気の回復を目指した。ローズベルトは，他の民主主義国家における社会民主主義的な政策を，連邦政府の権限を拡大して積極的に推進したのである。それらは大恐慌発生以前のアメリカの政治路線を大幅に転換するものであったが，ニューディール路線も自由主義の再生を目指すという意味で「リベラリズム」によって正当化された。以後，アメリカ政治に関して用いられる「リベラリズム」は，ニューディール路線を指すようになった（菅野淳「『保守主義』の台頭とゴールドウォーター」藤本一美編『ジョンソン大統領とアメリカ政治』（つなん出版，2004年），208–210頁）。

ちなみに，民主党の基本的指導理念とは，大きな政府を柱とする社会福祉的公正主義，人種・宗教・文化的多元主義，および国際的協調主義である。一方，共和党の基本的指導理念とは，連邦政府の役割・規模の縮小によって小さな政府をめざし，社会争点上の保守的立場，経済における市場原理主義の信頼，軍事増強，そして伝統的な道徳と宗教的価値の是認を柱とするものである（藤本一美『アメリカの政治と政党再編成—「サンベルト」の変容』（勁草書房，1988年），はしがき，i頁）。

3）『世界週報』（時事通信社）1965年11月9日号，22頁。

4） このような傾向をもつその他の著作として，Booth Mooney, *The Lyndon Johnson Story* (New York: Avon Books, 1964)（ブース・ムーニー著，安保長春訳『リンドン・B・ジョンソン』（時事通信社，1964年）がある。

5） 主なものには，秘書官であったグッドウィン（Doris Kearns Goodwin）の *Lyndon Johnson and the American Dream* (New York: St. Martin's Griffin, 1976)，国内担当首席補佐官のカリファーノ（Joseph A. Califano, Jr.）の *Triumph & Tragedy of Lyndon Johnson* (New York: Simon & Schuster, 1991)，近著のものでは，ジョンソン政権期に司法長官を務めたカッツェンバック氏（Nicholas deB. Katzenbach）の *Some of It Was Fun: Working with RFK and LBJ* (New York: W. W. Norton, 2008）などがある。

6） たとえば，上述のDivineの三冊の研究書に続くものとして，Mitchell B. Lerner, ed., *Looking Back at LBJ: White House Politics in A New Light* (Lawrence: University Press of Kansas, 2005）がある。

7） 例えば，松岡完『1961ケネディの戦争—冷戦・ベトナム・東南アジア』（朝日新聞社，1999年），古田元夫『歴史としてのベトナム戦争』（大月書店，1991年），福田茂夫「ベトナム戦争」アメリカ学会編『アメリカ研究』19号（1985年），19–37頁，などを参照。

8）“社会福祉”の概念は時代と国により多様である。一般的には，それは，人々の幸福で理想的な生活状態を意味する場合と，そのような状態をもたらすための制度・改革・実践などさす場合とがある。今日では，後者の立場から，貧困・傷病あるいは心身の障害などによる生活困難の緩和ないし解決のための社会的方策とみるのが最も一般的解釈である(「社会福祉」『現代政治学事典』〔ブレーン出版社，1991年〕，428頁)。ただ，アメリカやイギリスの場合には，社会福祉を「所得保障，保健，教育，雇用，住宅などを含み，かつそれらを総括する概念」と見ているのが特徴といえる(『平凡社大百科事典』〔平凡社，1985年〕，1225頁)。

ジョンソン大統領が促進した「偉大な社会」計画は，いわゆる「ニューディール社会福祉体制」の実現を図るものである。しかし，実質的にはアメリカ国民の生活の質の向上を目指すものであり，言葉の厳密な意味での社会福祉政策としては，経済機会法，メディケア・メディケイドなどがそれらに該当する。しかし，本書では，社会福祉というものをもう少し広く捉えて，公民権法，初等中等教育法や，高速道路美化法などもこれらに含めていることをおことわりしておきたい。

第一部

リンドン・B・ジョンソンの経歴と立法指導

第1章　ジョンソンの経歴と立法指導

第1節　はじめに

L・B・ジョンソンは，1908年8月27日，アメリカ南部テキサス州のストーンウォールの農場で，州議会議員の子として生まれた。テキサス州立サウスウェスト師範大学に学んだ後，教師，連邦議員秘書を経て，1937年，民主党の連邦下院議員に選出された。そして1948年，連邦上院議員に転出し，1953年，連邦上院史上最年少で民主党の院内総務，1955年には多数派院内総務に就任した。1960年の大統領選挙では，民主党の副大統領となり，1963年11月ケネディ大統領の暗殺に伴い，第36代大統領に昇格した。

大統領に就任したジョンソンは，ケネディ政権が積み残した政策の実現を図り，1964年には，黒人の差別撤廃を目指す画期的な公民権法案を成立させた。そして，同年の大統領選挙において圧倒的票差で当選したジョンソンは，「偉大な社会（the Great Society）」計画を政権の主要政策として掲げ，教育，福祉，貧困対策，環境保全，都市開発などの各分野で多くの進歩的な提案を行なった。特に，少数派への差別撤廃や「貧困との戦い（the War on Poverty）」を宣言し，黒人の地位向上，スラム街の改善および社会保障の充実を促進して注目された。連邦議員時代は“立法の魔術師”と称され，議会対策のプロを任じたジョンソン大統領は，内政面で多くの輝かしい実績を挙げたのである。

しかしながら問題は，外交面にあった。ジョンソン大統領は，ケネディ大統領が関与したベトナム戦争への介入とそのエスカレーションにより，決定的な過ちを犯した。1964年8月の「トンキン湾決議（Gulf of Tonkin Resolution）」を契機に，米軍は北ベトナムへの北爆を開始したものの，北ベトナムと「民族解放戦線（ベトコン）」の勢力を抑えることができず，最終的には 50 万人の米軍を派遣するにいたった。そのため反戦運動が高まり，ベトナム戦争は泥沼化し，ジョンソン大統領は，内外から大きな批判をあびた。1968 年 3 月，ジョンソンは北爆停止と 1968 年大統領選へ出馬しないことを表明し，失意のうちに政界を引退した。

1968 年 3 月 31 日，ジョンソン大統領は，次の様なテレビを通じての全国放送声明において，ベトナム戦争と都市騒擾に疲弊していた国民を驚かせた。「私は，すべての人々からなるこの偉大な職務において，更なる任期を求めるわが党からの候補者指名を求めないし，もしくは受けるつもりはない」[1)]。反戦を掲げて民主党候補者指名に名乗りを上げ，1968 年 3 月のニューハンプシャー州予備選挙に出馬した，ミネソタ州選出の連邦上院議員ユージーン・マッカーシー（Eugene McCarthy）が予想を超える多数の支持を得た直後に，この声明は出された。この中で，ジョンソンは政界から退陣の決意を公表したのである。

4 年前の 1964 年には，ジョンソン大統領は，老練な立法の指導者として，また，20 世紀の真に偉大な大統領の一人として，広く賞賛されていた。実際，連邦議会においては，1964-1965 年には，ローズベルト政権第一期目以来の，最も多くの新しい立法を生み出していた。しかし，ジョンソンが決意を表明した時には，自らの政治的経歴を含めて，すべてのものが粉々に散っていた。ジョンソンは，5 年間という短い時間の中で，高い機会・高い業績の大統領から一転して，“政治的悪者”となったのである。夫人のレディ・バード・ジョンソン（Lady Bird Johnson）は，夫のホワイトハウス時代をふりかえって，それは「最高の時期であり，かつ最悪の時期であった」と語っている。この重大な時期に，大統領ジョンソンの政治指導の手腕―そしてその限界―が示されたのである[2)]。

本章の主たる目的は，リンドン・B・ジョンソンの経歴を踏まえて，彼の政治指導の源泉，および議会対策の姿勢を考察し，ジョンソン大統領のリーダーシップの特色を論じることにある。

第2節　ジョンソンの経歴と政治的立場

(1) 個人的特徴

6フィート5インチの大男リンドン・ベインズ・ジョンソンという人物は，南部テキサス州と首都ワシントンD.C.双方の所産そのものであった。彼は，州都オースティンの西にあるテキサスのブランコ郡において，息子に強い期待をいだく母親と，ポピュリスト的政治指向を有し，牧場経営，不動産，および低賃金で知られるテキサス州の州下院議員に就いた経歴を持つ父親のもとで育てられた。ジョンソンは高校を卒業した後，一年間カリフォルニア州で過ごし，その後，名の通ったテキサス大学オースティン校ではなく，テキサス州立サウスウエスト師範大学に入学した。大学では，ごく普通の学生であった。しかし，彼は政治学の教授の一人と長い時間にわたって討論し，「学内政治」に親しみ，学長の補佐として，学内で影響力のある人物となった[3)]。そしてしばしば，テキサス州の州都オースティンにある州議会を観察した。リンドンは，大学を卒業した後，一時ヒューストン市の高校教師となった。彼は，ハーバート・フーバー大統領以来の，初中等教育学校で教鞭をとった経験を持つ大統領となる[4)]。ちなみに，両者ともほぼヒスパニック系の学生で構成された貧しい田舎の学校において教鞭をとる経験を有している。ヒューストン市に移ったジョンソンは，はじめの数年間，地方政治に関わった。そして地方選挙で活躍したのを契機に，連邦下院議員秘書の職を手にし，連邦政治に関係するようになったのである[5)]。

(2) 経歴

ジョンソンは，連邦下院議員に当選してから大統領に就任するに至るまでのその政治的経歴の中で，ワシントンD.C.において多様な政治的経験を身につけた人物である。F・D・ローズベルト大統領時代に就任した「全国青年局（the National Youth Administration）[6)]」のテキサス州局長として過ごした2年間を除き，1931年後半からの連邦議員秘書の時期から，1955年-1961年まで努めた連邦上院多数派院内総務の時期に至るまで，ジョンソンは連邦議事堂（キャピタル・ヒル）において要職に就いた。そして1961年には副大統領に就任するに至った。これらの時期の，ジョンソンを概観すると，彼は経歴を高めるにあたって，強い野心を示しただけでなく，すぐれた政治的技量も示したことがわかる。彼の同僚には，1940-1961年のほとんどを連邦下院議長として務めたテキサス州選出の民主党議員サム・レイバーン（Sam Rayburn），南部の上院議員のなかでとくに保守派の重鎮として名の通った長老のジョージア州選出民主党連邦上院議員リチャード・ラッセル（Richard Russell），さらに，当時大統領であったF・ローズベルトもその中に含まれよう[7)]。

連邦議事堂で働き始めた頃，ジョンソンは，テキサス州選出の連邦下院議員リチャード・クレバーグ（Richard Kleberg）の事務所で政治的手腕をみがき，昼夜を問わず働き，多くの場合，事務所を実質的に管理していた。その間，リンドンは，ローズベルト時代初期の連邦議会への指導力に魅了されながらこれを観察していた。1934年，リンドンは，成功したテキサスの農場経営者で商人の娘クラウディア・アルタ・テイラー（Claudia Alta Taylor）と出会い，結婚。1935年，テキサス州出身の先輩議員サム・レイバーンの推薦もあって，ジョンソンは，ローズベルトが新たに創設した「全国青年局」の州局長に最年少で任命されたのである[8)]。

1937年，彼の地元の連邦下院議員が死去したため，ジョンソンは，これに立候補を決意し，疲労困憊の状態で選挙活動しながらも，長らく切望した連邦下院議員の議席を獲得した。ジョンソンは，この時，ローズベルト大統領から“有望な人物”と見こまれ，レイバーンとローズベルトの両者の影響力を通じて，連邦議会下院で重要な委員会に任命されている[9)]。しかしながら，連邦下院での「先任者優先制度（the seniority system）」に不満を抱いた彼は，連邦上院の議席を望み，1941年に行なわれた上院特別選挙に立候補した。ジョンソンはこの選挙では落選したものの（下院議員としての地位は維持），しかし1948年に再び立候補し，対立候補のコーク・スティーブンソン（Coke

Stevenson）に僅差で勝利した。この選挙では彼は幸運にめぐまれ，「地すべりリンドン（Landslide Lyndon）」のあだ名を得ることとなった。だが，選挙結果について，対立候補から異議申し立てを受けている[10)]。

連邦下院議員時代の1930年代，ジョンソンは，経済的争点ではローズベルトに忠実な“ニューディーラー”であった。しかし，1940年代に入って，特に米ソ冷戦下，テキサス州と国内で，ニューディール政策が批判され「保守的」な雰囲気が蔓延するや，ジョンソンは議会でしだいに保守寄りの投票行動を示すようになった。その他の政策については，彼はテキサス州における一般的な傾向に沿って行動した。例えば，1947年に提案された「タフト・ハートレイ労働法」に賛成票を投じたし，また，反リンチ法のような連邦政府による公民権の措置にも反対票を投じている[11)]。

ジョンソンの連邦上院での経歴は，1953年に最年少で「上院少数派院内総務（Minority Leader）」に就任した時，新たな段階へと到達したといえる。2年後には，彼は「多数派院内総務（Majority Leader）」に選出された。ジョンソンは，その地位を大きな政治的影響力を持つものに築き上げ，そして，連邦上院においては最も有能な政党指導者の一人と見られるようになった。ジョンソンは，共和党議員たちが取り組んでいるものは一体何か，また，連邦上院でどのような案件が大きな争点としてあがってくるのかという点について詳細な知識を集め，広大な情報網を構築した。そして時折，彼は，上院議員の州のために支援を手配することで「投票の交換」を行った。その一方で，彼は，対象とする上院議員につき選出州の有権者の意見を直接確かめ，それらから影響を受けないようにし，しかも上院議員に問うことなしに必要な支持票を得ることができる方法を編みだしたのである。こうして，ジョンソンは長年の経験を活用して議事手続きに対処する熟達者となり，新人議員に「花形委員会」への任命を行ない，そして新任の議員たちの間で忠誠心を築いていった。多数派院内総務として活用した政治的技能が，後にジョンソンが大統領に就任した後も有効に活用されたのはいうまでもない[12)]。

ジョンソンの大統領職への動きは，実際には，まず1960年に，党の指名を求める試みではじまった。しかし，ワシントンD.C.での影響力を活用する彼の試みも，マサチューセッツ州選出連邦上院議員ジョン・ケネディによる大規模に展開された予備選挙の結果を凌ぐことはできなかった。ケネディが，南部での支持を確実なものにするためにジョンソンに副大統領の地位を得るように要請した後，ジョンソンは秋の大統領選挙ではケネディのために熱心に選挙運動を展開したのである[13]。

ジョンソンは，1960年の大統領選挙で勝利を収め，副大統領として就任したものの，ケネディの側近グループの一人でもなく，ケネディ大統領自身も連邦上院に対応するにあたってジョンソンをとりたてて活用することはしなかった。というのも，大統領は，ジョンソンを活用すれば連邦上院から不満が生じると信じていたからである。しかし，1963年11月22日，ダラスでのケネディ大統領暗殺によって，ジョンソンをとりまく政治状況は一変した[14]。

(3) 人間のタイプ

ジョンソンがその政治的経歴を通じて示した権力への意欲は，激しく，かつ根深いものであった。彼は，実際には政治と，自らに大きな富をもたらした商取引以外に，いかなる趣味も持たなかったという。ジョンソンのエネルギーは果てしないように見えた。だが時々，自分自身を消耗させるほど全力を尽くした。例えば，議員時代から大統領時代を通じて，彼は，一日に3時間か4時間以上寝ることなく仕事に取り組んだ。彼の日常生活は，朝の7時に仕事を開始し，午後4時ごろ昼寝をし，そして夜おそくまで仕事をし続けた。ジョンソンにとって，一日16時間から17時間働くことはごく普通であった[15]。

ジョンソンが抱えていた不安は多くの場合，幼年期の経験にさかのぼるといってよい。彼の母親は，テキサスで著名な一族出身であり，自分の家族が社会階層の底辺にいることをリンドンへの期待で償った[16]。彼女の抱く大きな期待は，親としての愛情を示すことにはつながらず，それはジョンソンの自信のなさと成功への激しい願望との両面に影響を与えた。しかし，その正確な原因が何であれ，ジョンソンは多くの不満をいだく人間であった。彼の視線は，常に自分よりも高学歴の人々，とくに，ケネディの周辺にいる“ハーバード・グループ”に対して，また，自分の失敗に多くの注意を向ける記者団に対して向けられた。ジョンソンの度重なる気分のぶれを見て，一部の著述家たちは，彼が「躁うつ的な性格」に苦しんでいた，と結論づけたほどである[17)]。

ジョンソン大統領と他の政治家たちとの関係は複雑であった。概して彼は人々を巧みに扱う才能に長けていた。そして，彼の伝説的ともいえる一連の圧力と論理づめの主張を組み合わせた場合の，つまり相手との一対一の状況下では，彼はきわめて有能であることを示した[18)]。彼はまた，彼が有力な上院議員の秘書に述べたときのように，粗野さももちあわせていた。実際，「社会の窓を開けろ。その上院議員は彼のポケットに君の突っつき棒を持っているぞ」とジョンソンは述べたという。数名の若い秘書官たちは，トイレの便座からジョンソンがメモを書き取るよう指示することに，驚かされた。また，ジョンソンは，自らが所有する牧場で副大統領ヒューバート・ハンフリー（Hubert Humphrey）に鹿を撃たせたときのように，残酷な一面ももちあわせていた。彼はハンフリーが実際は鹿狩りが嫌いであることを知っていたのである。だが，彼はしばしば秘書官たちを「家族」とみなし，時折，彼らが困難に直面した時には大きな気配りを示す一面も持っていた。ウィルバー・コーエン（Wilbur Cohen）のような，数名の大統領補佐官たちは，このような一種の複雑怪奇な人間のために働くことが楽しかったと結論づけている。その一方で，忠実な補佐官たちは，ジョンソンの長熱弁を故意に無視する方法を学んだ。例えば，大統領首席補佐官であったジョセフ・カリファーノ（Joseph Califano）は，ジョンソンがもつ特徴の多くを次のように述べている。「私がともに働いたジョンソンという人物は，仲間と敵対者の弱点に対して，鋭く超人的な直感力を持った，勇敢で残酷な，思いやりがあり冷酷な，驚くほど聡明で，そして恐ろしく無神経な人物であった。彼は，利他的でありけちであり，思いやりがあり露骨で，寛大であり子供のようでもあり，盲目的に正直であり，計算されたごまかしをやってのける―同じ瞬間にすべてが現れる―人物であった」[19)]。

ジョンソンは，一方ではまた，きわめて高い，生れながらの知性を持っていた，といわれる。彼は有名大学の出ではなかったし，書籍にも興味を抱いていなかったものの，彼の知性は，知識をすばやく吸収する際に明らかとなった。例えば，副大統領としてジョンソンは，宇宙飛行の技術面に関しての多くの知識を持つようになり，大統領時代には，彼は経済担当の補佐官たちから説明を受ける複雑な経済政策をも十分に理解していた。彼の知性はまた，他の人々との議論の際にも示された。例えば，ヴァージニア州選出民主党上院議員ハリー・バード（Harry Byrd Sr.）は，ジョンソンと議論をして決して勝ちを収めたことがないと語っているほどである[20]。

(4) 政策上の立場

ジョンソンは，政治的イデオロギーを誇示することがきわめて柔軟性を欠くものと考えていた一方で，必ずしも典型的な“リベラル”とはなりえなかった面も持ち合わせていたといえる。確かに彼は，経済成長に関心を抱いていたものの，だが，富裕層に増税を課して貧しい人々を支援するような再分配政策には，ほとんど興味を示さなかった。ジョンソンが大統領に就任し，大幅な減税とともに貧困との戦いを推進した1964年において，それらの考え方は証明された。彼はまた，労働組合を疑いの目を持って見ており，ストライキが多くの場合に資源の無駄であるとの立場をとった。長年にわたる企業界との親密な繋がりや彼自身の投資の成功は，その関心の強さもあって企業界の幹部たちの共感を生んだという[21]。

しかし他面において，ジョンソンはまた実際には，多くの進歩的な運動を支援してことも事実である。アメリカの中で最も貧しい州の一つであるテキサス州において経済的困難で苦渋していた家族の中で生まれ育ったジョンソンは，連邦政府の活動が国民の自助を支援することができるという見解に対して，素直に共感を示した。そして，彼は貧しい人々に対して強い関心を表した。大統領就任中の困難な時期に，ジョンソンは実際に，大恐慌期を，ジョン・スタインベックの小説を基にした映画『怒りのぶどう』の中に描かれている貧困と同じだと主張した。また，おそらく教師としての経験を反映してなのか，教育の重要性も信じていた。新たな計画の中に含まれたジョンソン大統領の見解には，「連邦政府は直接的あるいは間接的に，あらゆる困難を和らげることができる」と述べている。したがって，後に詳しく述べるように，彼の「偉大な社会」計画の構想は，個人的な偉大さを求める願望によって動機づけられていたものの，実際にはジョンソン自身の強い信条にその源があったといえなくもない[22)]。

人種差別に関する争点について，ジョンソンは，彼の経歴の中で，その見解を大きく変えている。例えば，1950年代中期，彼が大統領職へ可能性を考え始めていたとき，彼は，この問題に関して，下院議員に当選以来行なっていた，連邦議会のほかの南部議員たちと同様な投票行動から手を引いた。また1962年には，ジョンソンは，ケネディ大統領が採用を望んだ内容よりも強力な人種差別撤廃計画を支持している。そして，彼は公民権をめぐる争点を道徳的視点から見るようになった[23)]。

より広い観点からみるならば，ジョンソン大統領が推進した国内政策は，社会のすべての主要な人々が見返りを受ける「コンセンサス政治」の一部であったと考えられる。いくつかの点で，この見解は，1933-34年の間の，ローズベルト政権期の「あらゆる階級による」連携行動に類似していた。ジョンソンの考え方はまた一面で，国内の政策の源となった“連邦共同体（a national community）”の考えへの関心を反映したものであった。そして，ジョンソンは，自らを“国民に対する善意の父”と位置づけていたのである[24)]。

第3節　ジョンソンの政治指導力

(1) 挑戦と機会

ジョンソンは，大統領としての任期中に，大きな機会と困難な挑戦の両方を受けることとなった。政権に就任した最初の二年間，ジョンソン大統領は，主要な国内政策の変革を成し遂げるため，F･D･ローズベルト大統領を除き，フーバー大統領以降のいかなる大統領よりも大きな機会を手にしていた。当初，前大統領ケネディが残した未成立の国内計画を，犠牲となった大統領の名前を付して成立させるべきだとする国民的感情もあり，国民に対する影響力を求める彼の指導力は高まった[25)]。

ジョンソン大統領はまた，最初の2年間で国民の大きな支持を受けた。実際，政権発足初年度の連邦議会との「蜜月効果」は彼の個人的人気を高め，しかも，同年秋には大統領選挙で地滑り的勝利をおさめた。彼は，強い説得力で，彼が推進していった国内計画への信任を得たと主張したのである。それに加えて，彼が1964年の全期間にわたって新たな重要な提案に取り組む機会を得ていたので，1965年に入り，さらに迅速に連邦議会で自らの計画を推進させることが可能だった。連邦議会における民主党勢力の増大もまた，ジョンソン大統領への信任の存在を示すだけでなく，実際に，新人の連邦議員たちの大部分がジョンソン大統領の広範囲に及ぶ政策を強く支持する，民主党議員団を用意したといってよい[26)]。

他の2つの要因からもまた，ジョンソン大統領が高い水準の機会を享受したことが示されている。まず第一に，大統領に就任する以前の5年から10年の間に，国民の高い支持を得ていた広範囲にわたる計画について，積極的な行動の必要性と相まって，さらにいくつかの点で適切な政策構想に関して実質的な合意（コンセンサス）が存在したことである。そして第二に，ジョンソンは，1964年までに，アメリカ社会の中で展開されていた国民の積極的な行動からも支持を得ていた。いわばジョンソンは，それらをさらに強化・進展させたのである[27)]。

ジョンソン大統領が就任した1960年代中期の経済的趨勢は，ローズベルトが1933年に直面したものとはまさに正反対のものであった。すなわち，大恐慌により大きな困難に陥った国民が新たな政策を行なうよう政府に求める状況ではなく，ジョンソンは，経済成長があまり上昇していない時期に大統領に就任したものの，しかし1963年から1966年の間の経済成長は，平時においての三年間としては記録的な成長を示し，とくに1965年と1966年には6%の成長率を生みだした[28)]。

ジョンソン大統領が就任初期に手にした大きな機会と比較すれば，ジョンソン政権最後の三年間は，前例のない衰退を示したといえる。1966年の中間選挙では，民主党は連邦議会下院で47議席を失った。しかしこの損失は，それまでに生じていた国民の態度の基本的変化の一つの兆しに過ぎなかった。ジョンソンにとって機会を低下させた一つの根本的な源は，南部の諸州から北部の諸都市へと広がった「人種対立」の大きな変化であった。この変化は，1964年ハーレムにおける暴動に始まり，そして1965年8月ロサンゼルスでのワッツ暴動によって全国的な注目を集めた。白人が人種問題に取り組む行動があまりに急激に推進されていると感じるようになるにつれて，新たな，より好戦的な公民権指導者たちが現れた。彼らは，多くの場合，マーティン・ルーサー・キング（Martin L. King, Jr.）牧師などの南部を基盤とする指導者たちにも大きな影響を与えた。彼らから適切な対応を求められたジョンソン大統領は，困難なジレンマに直面した。すなわち，都市問題に取り組むことを提案する行動は，暴動者たちに安易に見返りを与える不適切な行動として解釈される可能性があったからである。国民の人種差別争点に対する態度の変化の時期はとりわけ重要であった。なぜなら実際には，国民の態度の変化は，ジョンソンが依然として人気が高かった時期に生じ，それはまた，連邦政治に深い影響を与えたベトナム戦争の分裂的な争点が生じる以前の時期であったからである[29)]。

問題のベトナム戦争に関して，ジョンソン大統領は，国内政策の要求に取り組むと同時に，東南アジアの国へのアメリカの介入に対処しなければならなかった。このジレンマを前にして，ジョンソンは多くの労力を割かなければならなかった。しかし，その一方で，連邦議会における多数派，国民，そして多くの外交専門家たちは，南ベトナムが共産主義者の支配に落ちないことが重要であると考えていた[30)]。また，米空軍，陸上部隊が，北ベトナムに支援されたゲリラ活動に対して有効ではないことも示された。ジョンソンは当初，アメリカ社会に可能な限り混乱をもたらさないよう議論を回避し，軍事強化を行なうことにより，争点が偉大な社会の推進を阻害しないように望んだ。例えば，ジョンソンは，連邦の予備役を召集しないことを決定し，徴兵で召集された若者に依存した。しかしながら，1966年春にはじまった，アメリカのベトナム政策に対する国民の異議申し立ての高まり，さらに国内政策に関して連邦議会との，良好な関係を保った2年間の後には，増大する混乱を抱えた大統領としての時期が続いた。ついに1968年春，大多数の国民が初めて，ベトナムでのアメリカの軍事介入は間違いであると結論づけたその時，混乱状況は頂点に達したといってよい[31)]。

(2) 指導方法の原型

ジョンソン大統領は，その指導力を政治手法の先輩であるF.ローズベルト大統領を手本としたといわれる。彼はしばしば，ローズベルトを「私にとって第二の父親」，そして「研究され，再検討され，そして再読されるべき本」だと話した[32)]。ジョンソンの考えでは，いかなる大統領といえども，多くの場合，連邦議会が大統領と対立する政治制度の下では，中心的人物となって，指導力を発揮する必要があった。トルーマンおよびアイゼンハワーが連邦議会を指導するローズベルトの独断的な行動に懸念を抱いていた一方，ジョンソンは，政治指導者たるものは断固たる決断と指導力が重要であり，そこでローズベルトの業績を見習うべきであり，しかも望むべくはそれを超えるべきであると深く信じていた。彼はまた，大統領があらゆる個人と利益団体を代弁すべきであるとの見解についても深い同意を示したのである[33)]。

(3) 助言プロセスと意思決定の方法

ケネディ大統領の暗殺により偶然に昇格した大統領として，ジョンソンは1945年にハリー・トルーマンが直面した時と同様の課題，すなわち，前政権の閣僚と職員の交代という課題に直面した。しかし，就任後しばらくの間は，2人の大統領の間での継続という国民の承認を維持しながら，前政権の閣僚を代えることをしなかった。つまり，ジョンソン大統領は，就任当初の移行期において，国民に安心感と継続性を強調することで，きわめて巧みにこの問題に対処したといえる[34)]。

当然のことながら，その後，ジョンソン政権下では，重要閣僚，補佐官たちは交代していった。ある人は職を離任することを望み，他の人はジョンソンの慰留に屈した。内閣では，司法長官ロバート・ケネディ（Robert Kennedy）が1964年半ばまで留任した後，司法次官であったニコラス・カッツェンバック（Nicholas Katzenbach）と交代した。国内政策を担当するその他の重要な閣僚たちは，財務省長官ヘンリー・ファウラー（Henry Fowler），保健教育福祉省長官ジョン・ガードナー（John Gardner），農務省長官オービル・フリーマン（Orville Freeman），内務省長官スチュワート・ユーダル（Stewart Udall）であった[35]。

ジョンソンの助言プロセスの中心は，まず職員採用の段階にあった。そこでは，彼は，F. ローズベルトが行なった職員配置の一部を自らの組織のモデルとした[36]。さまざまな機会に，何人かの異なる人々が，職員の任務で担当の掛け持ちを求められた。その一方で，ジョンソンは，全般的な業務の担当に深く関わっていた。その他の仕事では，彼は，長年の側近の一人で大統領補佐官のビル・モヤーズ（Bill Moyers），そしてヘンリー・マクファーソン（Henry McPherson）のような，何人かの優れたテキサス出身者を登用した。彼らは，ケネディ政権時代からジョンソンに仕えていた人々である。モヤーズは平和部隊副局長を務め，また，マクファーソンは陸軍代理次官補であった。モヤーズは，年齢が若いにもかかわらず，ジョンソンの目に留まってすぐに昇進し，ジョンソン大統領の政権下では主要な役割を与えられた[37]。

ジョンソン大統領は，職員を適切に配置し，国内政策の構想について異例ともいえる広範な調査を行なった。第2部で詳述するように，「経済諮問委員会（the Council of Economic Advisers）」の委員長であったウォルター・ヘラー（Walter Heller）を促して，貧困に対処する提案を進展させたのはその一例である。また，ジョンソンは，幅広く専門家たちから構想を求める，外部の「特別委員会（task forces）」の制度を設けた。これらの委員会では，委員たちは機密厳守を強く要請された。というのは，彼らが各政策領域で最大限可能な提案を進める場合，ジョンソンは，委員会内で議論されている問題に対して委員会外で公に議論がなされたり，反対者の行動が高まることを回避する一方で，政策の選択，政治的実行可能性および結果を検討する余地を設けるためであった[38)]。その開始時において，各特別委員会は約 10 人の委員，任命を受けた政府機関外の数人で構成された。委員の約半分は，学際的な権威づけのために任命され，残りの席は，企業，労働そして他の利益団体の間で分配された。首席補佐官のカリファーノの監督の下で，これら特別委員会は新たな重要性を担った，といえる。大統領直属の委員会もまた折に触れ設立された。例えば，1967 年にデトロイトで起こった暴動の後に創設された，「国内騒乱に関するカーナー委員会」がそれである[39)]。

これらの特別委員会は，ジョンソン政権期に，事実上，政策推進のあらゆる分野に取り組んでいた，といえる。1964 年には，それらの分野は農業，教育，環境汚染，健康，所得維持，大都市および都市問題，そして運輸に係わる問題に及んだ。ちなみに，ジョンソン大統領が新たな立法への望みを追求する徹底さの証拠として，5 年間の在職中に，145 の特別委員会が招集されたことを挙げておきたい[40)]。

いくつかの特別委員会は，とくに当初は，主として，連邦議会で議論の的となっていた提案を検討し，精査した。例えば，連邦議会は 1950 年代以来，多様なメディケア提案に対する賛成派と反対派の対立を目の当たりにしてきた。要するに，新たな構想は，それらの検討・精査を行なった特別委員会での議論の中から生み出されたものであり，それらの中には，補助的な健康計画，モデル都市として知られる都市計画も含まれている[41)]。

ジョンソン大統領は，多くの場合，争点に対する政治的な実行可能性に，かなりの注意を払った。彼は，頻繁に委員会の委員長たちに電話を入れ，熱心に世論調査に目を通した。彼はまた，最終的に提案が進められる際には，あらゆる種類の利益団体のために，多くの措置を用意した。そのこともあって，1964 年後半に，教育への連邦援助に関する協議の過程においては，広範な同意が生み出され，そのため，連邦議会での法案成立は驚くほどスムーズに行なわれた。新たな立法を推進する際に，ジョンソンは，ワシントン D.C. での経験から得たさまざまな友人たちとの経路を活用した。彼は，実行可能性を強調したものの，一方で時折，成立が不確実であると予想された法案も推進している。その一例として，1966年の住宅差別に取り組む法案の促進があげられよう[42)]。

ジョンソン大統領は，自分の人気と影響力が時間の経過につれて低下するという強い信念を抱いていた。それ故，彼は常に新たな提案を早急に推進することを求めたのである。さらに，ジョンソンは，すべてのアメリカ人に恩恵をもたらす計画の実施には「政治的コンセンサス」が必要であると考えていた。そのため，ジョンソンが計画を示す際には，分野が広範囲に及ぶような，新たな大規模な法案を強調したのである[43)]。

ジョンソン大統領は，きわめて明白な構想と結果を求めたので，時々，彼は，新たな方向性を見失っているのではないかとの批判にさらされた。彼は，立法上の協議事項となっている意見を調整することが何よりも得意であった。ジョンソンの政治経歴の中で示された政治的手腕は，ローズベルトやレーガンの時代と同様の条件の下で発揮されたのとは極めて異なっている。そして，それは，野党であった民主党の議員として，または新たな方法を指向する大統領候補として発揮されたものと同様なものであった。つまりジョンソンは，多くの協議事項を成立させるために戦ってきた，政党のいわば「現実主義的指導者」であったといえる[44)]。

ここで興味深いのは，ケネディ前大統領の場合，主要な政策決定に際して，いわゆる「車輪のこしき型」＝意見集約タイプにより特徴づけられるとすれば，ジョンソン大統領の場合，明らかに，「ワンマン型の権威主義」的政策決定を特徴とした，といえよう。

(4) ジョンソン政権の戦略

ジョンソン大統領は常に，行政府が直面している争点にのみ，熱心に取り組んでいたわけではなかった。行政組織に対するジョンソンの主要な関心は，彼が取り組むさまざまな対象に関して，特別な状況に対応する戦術上の，非体系的な組織にあった。彼は，行政府の全体的な組織改革に対して何ら関心を示さなかった[45]。だが，彼は，カリファーノなどのスタッフたちに，政策を施行する上での争点に取り組むように促している。注目を浴びるようになったいくつかの公的な官僚制の再編成提案も，ほとんど彼の関心を集めなかったという。確かに，のちにジョンソン大統領は官僚制度に手をいれ，そして特別な争点には取り組むようになったが，しかし彼の第一の目的は，何よりも法案の成立にあった。ジョンソンにとって，行政上の障害は後に処理されうるものであったといえる。例えば，彼は，1965 年に成立したほぼ同様の法律がまだ施行されていないのに，1966 年に，「水質法」を成立させているのである[46]。

このようなジョンソン大統領の行政手法が，一面で混乱を引き起こしたのは否めない。例えば，人種差別撤廃や貧困撲滅運動などにおいて，州および都市地域のための新たな計画を急速に推進したことなどは，かなりの混乱を引き起こし，そして，一部の人々は，公民権立法の施行においては十分な活動が行なわれていないと考えた。また，貧困との戦いを行なうために早急に行動することを望んだ時に，ジョンソン大統領は，地域住民の参加制度を施行することを求めた。だが，一部の批評家たちは，地域住民の参加について，手に負えない非効率なものであると見ていたことを忘れてはならない[47]。

第４節　ジョンソンの議会対策

(1) 国民に対する指導

ジョンソン大統領は，国民の指導に取り組むにあたって，十分な準備や備えをしていたとはいえない。彼の連邦議会での経験は，必ずしも国民に効果的な声明を行うのに必要な技能に結びつかなかった。多くの場合，メディアについて，彼は，テキサス州出身の記者団と協力的に行うことが習慣となっていた。しかし，より敵対的なホワイトハウス詰めの記者団と会見する際には，まったく別の困難さに直面した。彼は，少数の集団の中では大きな説得力を持っていた。だが，多数の聴衆を前にした時の彼本来の話し方は，全国的な声明よりも，地方の市庁舎での演説により適したものであった。テレビに出演する際に余裕をもっていたケネディ大統領とは対照的に，ジョンソン大統領は継続的に対応の改善を試みたものの，しかし多くの場合，その結果は落第点であったといえる。テレビの前にいる国民にとって，彼は，ケネディやアイゼンハワー大統領が持っていた個人的な温かさや訴えを欠いていると感じていたのである[48)]。

だが，国内の話題について真剣に話す際には，有能なスピーチ・ライターの助力でジョンソンはかなり強い印象を国民に与えたといえる。例えば，1964年の一般教書演説は話し方そのものよりも，むしろ“その内容自体”が優れていたと見られ，国民から全体的に好意的な評価を得た。同年のミシガン大学で行われた卒業演説，一般的に「偉大な社会演説」と知られる演説は，より広く受け入れられた演説の一つの例でもある。大統領の演説原稿を作成する補佐官リチャード・グッドウィン（Richard Goodwin）は，計画の長々としたリストの羅列を避けるようジョンソンから指示され，最終的な声明文は，以下のようにまとまった。すなわち「我々には，豊かな社会と力強い社会へと進む機会がある。しかし，それは偉大な社会へと通じる」。そのほかしばしば引用された文章は，「偉大な社会は…貧困と人種的不正義を終わらせることを求める。それは，我々が全面的に献身しているものである」[49)]。こうして，彼の公民権に関する初期の声明文は，一般に国民から好意的な評価を得たといえる[50)]。

ジョンソン大統領がベトナム戦争と都市暴動という二つの問題に巻き込まれるようになるにつれ，大統領としての公式な発言は，より控え目なものとなった。都市暴動の問題について，彼は，不正義への懸念を表明する希望と，さらなる暴動を抑止する強力な法案を要求する状況を避けるという希望のはざまで，苦悩した。彼は，大統領の公式声明の中で，経済成長に関する説明と新たな計画の見通しに多くの時間を割いた。しかしそれらは，アメリカ国内の状況についての懸念の増大を抑制するには効果はほとんどなかった，といえる[51)]。

国民との結びつきを試みるにあたって，ジョンソン大統領が直面した困難は，調整役としてのワシントン政治家というイメージを超えた人物像を作り上げる困難によってさらに増大したといえる。ジョンソン大統領は最初の記者会見の後，前の議会担当補佐官で側近のマクファーソンから報道官のモヤーズにあてた手紙は，それらの困難のいくつかを指摘している。そこでは，ジョンソンの本性が率直に反映されていて興味深い。

「明らかに彼は，冷厳に始め，温和に終わった。しかしながら，全体を通して，記者団を前に，公人としての隠された不安が映った。そのような会見の中では，観察者たちは，彼の行為全てが情報を伝えることを意味しているのではなく，詮索好きな新聞記者たちから可能な限り多くのことを隠すことを意味しているように，感じられた。真実と本当の感情はただ，壁の裂け目から出ていくだけである。結果として，人々はその男を“政治的な人物”として考え始める。なぜなら，彼は，感じたもの，あるいはすべての人に明らかなことを，決して明かさないからである」[52]。

しかしながら一方で，ジョンソンが国民への接近方法を模索する際に，彼自身の性格もまた阻害の一因であったことも事実である。話を脚色するなどの彼の性格，例えば，彼の親族の誰々がアラモ砦で死んだといった些細な事柄の嘘は，多くの記者たち，あるいは多くの国民とって，ジョンソンが重大な争点を述べる際に本当に信頼に値する人物かどうかの疑念を生じさせることとなったといえる。そして，新たな政策を大胆に要求する彼の性格，彼の貧困に対する活動を“戦争（the War）”と表現するような性格は，多くの場合，政策が期待以下の成果しか生み出さなかったときには，大きな不信感を生み出したのは間違いない。アメリカの介入を回避するという彼の1964年の選挙公約から始まる，ベトナムに関する種々の声明も，いってみれば，多くの国民が「信頼性の欠如」と名づけた大きな一因であった。政治学者のマリー・スタッキー（Mary Stuckey）によれば，信頼性とは，「言葉と行動との連携，もし壊れたとしても取替えができない連携である。ジョンソン政権期において，その連携は，ジョンソン大統領が一部では，記者団を巧みに操作するという考えをもっていたので，就任した段階で初めて，目に見える形ではっきりと示された」，と述べている[53]。その一方で，ジョンソンはメディアに対処することが困難であることを強く認識していた。それゆえ公式の記者会見は，ジョンソン大統領の人気が低下するにつれてあまり開かれなくなり，むしろ記者団との対決的な様相を帯びてきた。彼が発した言質の一つに対する，記者へのある返答があった。ジョンソンは言う。「なぜ君らは，西側の指導者に向かって，そのようなくだらない質問をするのか？」と，その時の大統領は明らかに，いらだっていたのである[54)]。

国民と報道機関との関係についての問題点は，ジョンソン大統領に対する支持率にそのまま反映されている。実際，彼は世論調査の結果に大きな注意を向けており，そしてしばしば支持率の低下を，公民権もしくはベトナムのようなさまざまな政策にその原因があると考えた。だが，ジョンソンにとって，彼が形成してきたそれまでの対人関係自体が問題の一因をなしたといえる。彼は，疑い深い記者団に対して，実際には，ワシントンで長い経験を持つ熟練の政治家以上の人物として，はっきりと自分を示すことができなかった。その上，報道機関との関係のひ弱さは，彼の個人的な話しを語る機会を減らし，記者団との関係改善の機会をも減らしてしまったのである[55)]。

(2) 連邦議会での指導力

連邦議会での指導力は，大統領職にあったジョンソンの中心的分野といえる。ジョンソンは，多数党院内総務として活用してきた慣習の多くを引き続き利用し，議会議事録を注意深く読むことを含めて，熱心に議会関係者たちの情報を求め，関係する議員との連携の可能性に注意を払い，そして重要な賛成票を獲得するために強引にことを推し進めた。票の交換が定期的に考慮に入れられると同時に，ジョンソン大統領はまた，多様な提案の利点を後押しするため，対象となる争点に関する広範な情報を好んで利用した[56)]。

連邦議会の議員たちを説得する過程のなかで，ジョンソン大統領は，民主党議員のみならず，多くの委員会の委員長との取引に時間を費やした。上院議員時代のように，ジョンソンは，多様な方法で，個々の議員たちの支持を得るよう試みた。例えば，特別な取引もしくは公共の関心に訴えて議員に圧力をかけるとか，あるいは委員会または本会議場での表決要求を注意深く展開する，などである。1964 年公民権法に多くの支持を得るために行なった行動の中で，イリノイ州選出の共和党少数派院内総務であるエヴェレット・ダークセン(Everett Dirksen) 議員と深く築いた関係を中心にして票を集めるジョンソンの手法は，ダークセンが求めた直接的な票取引以上に多くの方法に依拠しており，それはよく知られた事例の一つである [57]。

ジョンソン大統領は法案の成立を促進させるため，公式の演説を活用した。しかし，彼の第一の役割は，より頻繁に，重要な委員会の委員長と取引するという「内部の駆け引き」を行なったことである。国民の支持を集める際に，彼は，公式の演説よりも，利益団体や世論指導者たちを動員する行動を選んだ [58]。

ホワイトハウスの中には国民と直接連絡する公式の機関がなかった。そこでホワイトハウスのスタッフたちは利益団体の代表者たちとの関係改善を強く奨励した。その一環として，彼らは，多様な法案への公的な支持を得るため，企業界の重要な人物たちのもとをたびたび訪問した [59]。

すでに述べたように，ジョンソン大統領は，立法上の戦略の中で，迅速な行動の開始の重要性を強く認識していた。彼は退任した後，「あなたは，その最初の年に，あなたが与えることができるすべてのことを，それに与えなければならない。あなたが参加している多数派がどのような種類のものかは問題ではない。彼らがあなたを正しいものとして扱うのは一年間のみであり，そして彼らが自身を心配し始める前の一年間だけである」と語っている。実際，迅速な行動の開始により，ジョンソン大統領は 1965 年のメディケアのようないくつかの優先事項を推進できたのである。彼はまた，いわゆる“協議事項”を数多く追求することをためらわなかった。ジョンソン政権の初期に，彼は，F･ローズベルト大統領の，政権一期目の最初の二年間における立法上の業績に思いを巡らせ，そしてローズベルトの業績と競争するかたちで立法の成立を求めたのである [60]。

(3) 主要法案の成立

ジョンソン大統領の5年の在職期間中に，国民は，F・ローズベルト大統領の一期目以来,内政上の立法について最も広範な成果を手にすることができた。1964年中には以下に述べるとおり3つの画期的な法案が立法化され，1965年にはそれらを上回る法案が成立している。これを目にしたジャーナリストたちは，ジョンソンがほんの一年半の間にニューディール時代に残された大部分の協議事項を成立させた，と報じたほどである。確かに，1965年以降，その速度は低下したものの,しかし,連邦議会は,1968年には画期的な「住宅法(Fair Housing Act)」を含む主要な法案を引き続き成立させている。ジョンソンの政治的指導力が，法案を成立させる中で重要な要因であったことは疑いない[61]。

ジョンソンは，1964年に入り，きわめて明確に，首尾よくかつ時をまたずに政治行動を開始した。1963年，最初の数週間の間に，彼は国民が求める安心感を与え，そして1964年1月，ジョンソン大統領は，失速している法案の迅速な成立と，新たな「貧困との戦い（War on Poverty)」を要請する一般教書演説を行なった。第88議会(1963-1965)の一期目はケネディ大統領にとってかなり厳しいものであった。しかし，ジョンソン大統領は，3つの画期的な法案のみならず，大量輸送を目的とした法案や環境を目的とした法案を含む，主要な政策を推進することで，全国的な立法要求の雰囲気の高まりに対応したのであった。実際，貧困との戦い，実質的な減税，そして1964年公民権法成立について，ジョンソン大統領は，大きな指導力を発揮したのである[62]。

・＜経済機会法＞—ジョンソン大統領は，1964年経済機会法の成立を推進する際に，最も広範囲にわたる影響力を行使した。この法案は，ジョンソン大統領の貧困との戦いのひとつとして推進されたものである。しかし,最終的には,貧困を低減させるにあたり，彼の偉大な社会計画の中で別に推進された諸計画も，主要な役割を担っていった。実際，貧困への戦いに対する初期の支出予算額は8億ドルであった。それは1968-1969年までに17億ドルに増加したのである[63)]。

このような，ジョンソン大統領の積極的な行動は，ホワイトハウスに就任した最初の日に始まったといってよい。前任者のケネディ大統領は，経済諮問委員会の委員長であったヘラーに対して，1964年に向けて，貧困との戦いの提案を進展させるように求めていた。だが，ケネディの場合，何ら特別な指図も与えなかった。一方，ジョンソンはヘラーに対して「それは私が好む計画である。それは実際に人々を助けることとなるだろう」と説明し，法案の成立を強く奨励した。その法案策定の過程では，種々の機関が多くの熟慮された考えの中で，計画の推進を試みることになった。ジョンソンは，クリスマス休暇の間，テキサスの自分の牧場で，長い提案を丹念に読んだ。ケネディ政権期に「平和部隊（the Peace Corps)」の長官であったケネディ兄弟の義弟サージェント・シュライバー（Sargent Shriver）は，最終提案の進展を引き継ぎ，後に新しい経済機会局の局長となった[64)]。

貧困との戦いに関する法案は，全体的にいえば，所得に対する支援よりも，むしろ貧しい地域における雇用機会とサービスの創出を強調したものであった。これらはフォード財団による活動の経験から借用したものであるが，ひとつの重要な考えは，必要とされるサービス計画への地域の参加であった。最終的に法律として成立した経済機会法には，さまざまな地域のサービス計画に関する要求を決定する「コミュニティ・アクション・プログラム（CAP)」の創設も含まれた[65)]。その他の計画としては，若者を居住センターに移動させ，彼らを訓練する職業部隊計画，貧しい人々に対する法律サービス計画，近隣健康センター，そしてヘッド・スタートと呼ばれる学齢前児童教育計画から構成されたアメリカに奉仕する志願者たち（VISTA）として知られる志願者計画が挙げられる[66)]。

これらの立法の成立は，まさにジョンソン大統領の政治的技術を明確に示す証拠に他ならない[67)]。彼は，一般教書演説の中で，大胆な計画策定推進を奨励した後に，法案の意義を強調し，「アメリカにおける貧困との無条件の戦い」を宣言し，そして多くの声明の中で貧困との戦いに言及した[68)]。彼はまた，3

月に，すべてのテレビネットワークによって放送された1時間半のテレビ・インタビューにおいて，連邦議会に向けて彼の計画の重要性を強調した。実際，多くの人々が，法案を進展させるキャンペーンの中で，ジョンソン大統領から，電話や手紙を受け取ったという。こうしてジョンソン政権は反貧困の志願者と少数派人種からの支持を得ただけでなく，大学の学長などの著名な教育者，全米教会協議会などの多様な宗教団体の指導者，企業および労働組合の指導者，そして州と地方政府の職員から多大な支持を得たのである。4月，連邦議会での激しい戦いを横目にしながら，ジョンソンは，貧困問題を明示的に示すために，大統領として初のアパラチア地域への遊説を利用することで，直接国民の支持を求めることを決意した[69)]。彼はまた，支持が不明確な連邦議員に直接電話をかけ，法案への支持を要請した[70)]。法案が連邦下院で予想を上回る賛成226票対反対184票の票差で可決されたとき，ベテランの記者たちは驚いた。伝えるところによれば，民主党オクラハマ州選出の連邦下院多数派院内総務であるカール・アルバート（Carl Albert）議員は，ジョンソン大統領に次のように述べたという。すなわち，「私は，いったいわれわれがどのようにしてこれを成立させたのか説明することができない」と[71)]。
<減税法案>—減税法案について，ジョンソンは，ケネディ大統領が1963年に提案した減税の成立の時とはまったく異なった戦術を用いた。ケネディの減税提案は，総額にして個人に110億ドル，企業には26億ドルの削減を行ない，あらゆる階層の減税を要請していた。意見の不一致や修正があったものの，その法案は，すでに連邦下院においてケネディが死亡する前に可決されていた。そこでジョンソンは，連邦上院での成立を目ざさねばならなかった[72)]。

ジョンソン大統領は，上院財政委員会の委員長ハリー・バード（Harry Byrd）議員との会食において，バードがその法案の早急な審議を約束するなら，大統領として，新たな予算案のなかで提案された予算赤字の規模を，ケネディが当初計画していた100億ドルの半分に縮減することを約束するという取引を行なった[73)]。ジョンソンは性格的に，秘密にしておくことと驚かすことということを大きな喜びとしていたが，しかしその場合，彼がさらに低い数字を

捻出すために働いても1,000億ドルを下回る新たな予算を維持することは不可能との印象を，記者団に与えていた。しかしながらジョンソンは，ケネディが提案した赤字をほぼ50億ドル削減する提案を守ったのであった。減税を達成するためのこれらの行動について，ジョンソンは後に次の様に述べている。「私は，あらゆるものに対して働きかけてきたのと同じく，その予算案について懸命に働いた」[74]と。提案された減税の規模は，わずかに削減されただけであった。そのような行動をとる際に，ジョンソン大統領は，赤字額は十分に監視されているという教書を送付することも忘れなかった。その結果，連邦議会の保守派の議員たちからも減税への支持を得たのである。最終的に，連邦議会での減税の承認は容易となり，ジョンソン大統領は1964年2月26日，この画期的な法案に署名することができたのである[75]。

＜公民権法＞—1964年における最も歴史的な審議は公民権法案の成立であった。ケネディ大統領は彼の人生最後の6か月の間，アラバマ州バーミンガムの度重なる暴力的な公民権デモに対して，新たな切迫感を感じ，レストラン，ホテル，交通輸送を含む公共施設での人種差別を撤廃する特別立法を提案して，それらに対応した。また，その他の条項として，有権者の権利の強化も求めていた。ケネディが亡くなったとき，法案は連邦下院において進展をみていたものの，成立はまったく見込みがなかった[76]。

ジョンソン大統領は，相当な意気込みと明確な戦略で，公民権法案を成立させるという課題を引きついだ[77]。法案への国民の支持はケネディの暗殺もあって，高まっていた。さらに，その動きは，国民の積極的な行動によって促進された。連邦下院では，公民権法案支持者たちが委員会での南部の抵抗をくだき，当該法案は2月10日，賛成290票対反対130票という160票の差で可決され，その後，上院での討議に付された[78]。

ジョンソン大統領が立法上の戦略を展開するにあたり，上院の状況について鋭い認識を有していたことはきわめて重要であった。一つの重要な段階は，南部反対派の指導者であるジョージア州選出の民主党上院議員リチャード・ラッセル（Richard Russell）議員に対し，ジョンソンが，提案した法案に大きな妥協を行なわないと一貫して発言を繰り返したことである[79]。そこで，秘密りに動いたほうが良いと感じたジョンソン大統領は，後に副大統領となる民主党のミネソタ州選出上院議員ハンフリー（Hubert Humphrey）と立法上の戦略について密かに取引を行なった。またその際，共和党議員たちの支持もフィリバスター（議事妨害）を突破する際に欠かせなかった。ハンフリーは，共和党少数派院内総務のE・ダークセン（Everett Dirksen）議員とともに緊密に働くように指示された。その一方でジョンソンは，ダークセンと争点について何度も連絡をとり合った。フィリバスターが開始されたとき，ハンフリーは，南部民主党議員たちを切り崩すため，法案支持者たちの行動を十分に管理・調整した。そのときダークセンは支持者たちの陣営に共和党議員たちを追加し，その結果フィリバスターは破られたのである[80]。

歴史的な1964年公民権法の成立には，もちろんその他に多くの要因も存在した。ジョンソン大統領の指導力よりもむしろ公民権への異議申し立ての方が，1963年の春まで国民の注目を集めていた。国民の支持，とくに，南部以外の地域の白人の間での支持の増大もまた，一つの大きな要因である。1963年の6月に始まったケネディ大統領の行動，そして上院議員ハンフリーやダークセンなどの主要な議員たちの行動もまた，大きな貢献を果たした。最後に，ジョンソン大統領は，南部議員たちとの取引を拒絶することで，しかも最終的に必要な共和党議員たちの票をもたらした立法上の戦略を促進することにより，その法案の成立に大きく貢献したのである[81]。

ここまで，いくつかの法案は連邦議会で容易に成立するに至ったと述べたが，一方で老齢者に対する健康保険に関するメディケア計画と教育への連邦援助などいくつかの法案は議会で棚上げにされたままであった。だが，ジョンソン大統領は，メディケアが放置されていることについて必ずしも懸念していなかった。それは，秋の選挙運動に新たな争点を提供したからである。大統領選挙運動はジョンソン側に有利に展開し，1964年秋の決定的な勝利と，連邦下院における37議席の民主党議員の増加の後，連邦議会の審議に有利な状況をもたらした[82]。

(4) 第 89 議会および第 90 議会で成立した主要立法

・第 89 議会

第 89 議会（1965-1967）は，こと立法に関するかぎり異例ともいえる成功をもたらした。それは 1965 年に 3 つの画期的な法案，すなわち，メディケア，連邦教育援助，および投票権法が成立したからである。主要な法案は着実な速度で成立した[83]。それらの中には，1966 年の革新的なモデル都市計画といくつかの重要な環境法案も含まれていた。しかしながら，一方で，ジョンソン大統領は，いくつかの失敗も喫した。そのひとつは「コロンビア特別区の自治」であった。もう一つは，労働組合が，州の労働権立法を削除することによって組合員を獲得する機会を拡大させる「労働保障法案」であった。だが，それらの失敗にもかかわらず，ジョンソン大統領は立法上の協議事項を巧みに成功させるために，多様な戦略を展開した[84]。

＜メディケア＞―アメリカでは 1965 年に，老齢者に対する健康保険を確立する時期がせまっていた[85]。国民の強力な支持が存在し，そして，すでに述べたように，ジョンソン大統領は 1964 年の選挙運動中にメディケアを主要な争点にしていた。残された主要な障害は，連邦議会の関連委員会の委員長による抵抗であった。下院の歳入委員会委員長であるウィルバー・ミルズ（Wilbur Mills）議員は，連邦議会で当初構想されたものよりもより広範な保険適用範囲について議論を進めるにあたり，ジョンソンにとって無視できない有力な議員の一人であった[86]。

ジョンソン大統領は，いくつかの方法で，メディケアの成立に貢献した。第一に，彼は，当初の法案で対象者を拡大するため，特別委員会の答申，保健教育福祉省次官のウィルバー・コーエン（Wilbur Cohen）などの職員による調査研究，および労働組合関係では「AFL–CIO」を代表するネルソン・クルックシャンク（Nelson Cruikshank）の協力を得て，計画の策定を進めた。その際，重大な決定がなされた。すなわち，ジョンソンの計画策定者たちは，受診料体系に関して，「アメリカ医師会（AMA)」の憤りを招かないようにことを運んだことである。こうしてメディケアのもとでも，通常の受診料は請求されることになったのである。第二に，ジョンソンは，法案に対して，それを，一般教書の中で売り込み，そして新しい連邦議会の上下両院で審議される最初の法案を象徴的な内容に仕上げ，そのことで，当該法案のより大きな重要性をにおわせた。そして第三に，ジョンソンが示した個々の議員たちをたくみに取り扱う大きな能力で，大統領は，法案についての報告を躊躇し，審議を遅らせていた上院財政委員会委員長バードと対峙したことだ。具体的には，彼をホワイトハウスに招き，そしてバードが驚いたように，大統領官邸の中にテレビカメラが配置するように手配したのである。大統領が法案について尋ねたとき，驚いたバード上院議員は，委員会が報告書を提出することをやや躊躇していることを話した。その姿は，テレビカメラによって映し出された[87]。最後に，法案が成立するや直ちに，ジョンソンは，アメリカ医師会の指導者団体と念を入れて計画を相談し，それによって，新しい立法措置の円滑な施行を進めたのである[88]。

<連邦教育援助>―1965年以前，初等および中等教育への連邦援助法案はたびたび議論の的になっていたものの,それは決して成立することがなかった。しかし，1965年には，状況の変化とジョンソン大統領の戦略によって，当該法案は迅速に成立をみた。最も重要な状況の変化はその法案への南部の反対にあった。南部州選出の議員たちは人種隔離された学校への援助を望んでいたが，しかし，彼らは，その立場が1964年公民権法成立によって崩れたものと考えた。それに加えて，争点について長年戦ってきたロビー団体も連邦政府と妥協することで柔軟になっていた[89]。

ジョンソン大統領は，秋の選挙運動中に教育問題を優先事項に加え，そして反対派が新しい提案を作成する前に，1965年中に早急に議決することを望んだ。ジョンソンは，秘密りに，カーネギー・コーポレーションの社長であるジョン・ガードナー（のちにジョンソン政権の健康教育福祉省長官）が委員長を務める大統領特別委員会を任命した。その特別委員会はジョンソンが創設した特

別委員会（Task Forces）が進めた中では最も成功したものの一つであった。特別委員会は，秘密りに会合を行ない，そして舞台裏では，カソリック教会の高位聖職者，ユダヤ教組織団体，南部の指導者，および多様な教育ロビー団体など,重要な諸団体からの助言を求めた。連邦による教育への支援については，公開されることもなく，入念な検討を通じて，ジョンソン政権は，教育に対する多くの支持を手にし，そして支持者と反対者たちの間で法案促進のためのムードを促進することができたのである[90)]。

＜投票権法＞—1965年には，1964年公民権法に含まれた投票権条項が，頑強な抵抗に直面し，そのためいくつかの地域では容易に施行されていない点が明らかになった。そこで投票権についてさらなる立法を求める圧力が高まった。その問題は，マーティン・ルーサー・キング（Martin Luther King Jr.）が３月にアラバマ州セルマで抗議行動を率いた時,頂点に達した。２年前のバーミンガムの時と同様に，セルマでは，厳しい状況下にあった。というのは，黒人たちは依然として投票する権利を与えられず，しかも1964年公民権法の成立にもかかわらず，人種隔離が行なわれていたからである。これに対するデモ行進と抗議行動は，予期されたように手荒い扱いを受け，デモの参加者は収監された。ジョンソン大統領は，秩序を維持するためにアラバマ州兵を連邦政府の管轄下におき，そして，テレビ報道を通じて，立法へのさらなる支持を訴えたのである[91)]。

ジョンソン政権は実は，セルマでの騒乱の以前に別の投票権法案を検討していた。問題の悪化を懸念したジョンソン政権は立法化を急いだ。新たな法案の主要な条項は，連邦投票登録官の任命の根拠として，低い割合いの少数派人種の有権者登録を活用した「引き金方式（trigger mechanism)」であった。当該法案が立案されるや，ジョンソン大統領は直ちに民主および共和両党の議会指導者たちと会談し，次の段階を議論した。彼らは大統領に対して全国に向けたテレビ演説を行うよう促し，彼もそれに同意した。そこで，ジョンソン大統領は，連邦議事堂へでかけて直接国民に訴えたのである。国民に対する支持への訴えの中で，ジョンソン大統領は，重要な争点を提起した。いわく，「私は今夜，人間の尊厳および民主主義の運命を明らかにする。まさに，それはレキシントンとコンコードで生じた。まさにそれは一世紀前にアポマトックスで生じた。まさにそれは先週，アラバマ州セルマで生じたのである」[92]と。国民は，この時の演説をジョンソン大統領の経歴の中で最も感動的で雄弁な演説のひとつであると見ている[93]。

＜環境法案とモデル都市＞―ジョンソン政権下では，新たに環境法案が立案され，連邦議会に提出された。1965年10月，メイン州選出の民主党上院議員エドムンド・マスキー（Edmund Muskie）議員の強力な指導力もあって，連邦議会は自動車に対する排出基準を設けた。ジョンソン政権はまた，高速道路美化法の成立，夫人のレディ・バード・ジョンソンが推進した首都美化運動をも積極的に支援した[94]。

1966年に成立したモデル都市法案は，1965年に“特別委員会”の一つから提起されたものである。それは，ジョンソン大統領が貧困との戦いの一部として推進した地域活動計画を補完するもので，しかも，新たな住宅都市開発省の優れた業績のひとつとなった。モデル都市法案の目標は，都市生活の質を改善することであった。主要な方策として，低所得および中程度の所得者向けの住宅建設，健康医療，犯罪予防，およびレクレーションなどの事業費の80%を助成する「連邦政府の助成金」である。いずれの都市でもその計画への参入を申請することが可能であった。しかし，実際には，60から70の都市が選ばれただけであった。興味深いことには，モデル都市法案が，当初，「デモンストレーション」都市計画という名称であったことである。しかし，都市暴動とデモの後，その名称は変えられ，それはジョンソン大統領が促進した都市計画の中では重要な業績のひとつとなった[95]。

だが，ジョンソン大統領は，計画の方向性について有権者の困惑を反映した連邦議会において，この法案の成立が困難であることを十分に認識していた。法案の反対者たちは，それが単に，この国の都市を焼き払っている抗議者たちに褒賞を与えるものであると公然と非難していた。大きな抵抗に直面する中で，支持を表明する産業界，労働組合，公民権団体，そして宗教団体などが大規模なロビー運動を行なった[96]。その結果，ヘンリー・フォード2世（Henry Ford II），デビッド・ロックフェラー（David Rockefeller）を含む22人の企業界の首脳たちが支持の電報を送ってきた。ジョンソン大統領と補佐官たちは，住宅都市開発省の長官に任命されることが決まったロバート・ウィーバー（Robert Weaver）（連邦で初めての黒人閣僚）と協力し，立法への支持を求めた。支持者たちはその法案に積極的に取り組み，法案が最終的に下院本会議場に送付された時，ジョンソン大統領は北部民主党議員の支持者たちの大多数を確保することができた。そして法案は賛成178対反対141で可決された。一方，上院において可決はよりスムーズに行なわれ，その他の「偉大な社会」計画も強力に推進されたのである[97]。

・第90議会

第89議会から第90議会（1967–1969）に移っても，ジョンソン大統領は，国内の協議事項を果敢に促進した。大統領の在職最後の2年間に，ジョンソン率いる民主党は，1966年秋の中間選挙で47議席を喪失し，民主党多数派が大幅に議席を失った連邦下院は，都市暴動，並びにベトナムにおける戦争への国民の不満の増大に直面していた。これに対して，ジョンソン政権が主導する“特別委員会”は新たな法案を作成し，ジョンソンは立法審議を求めるために様々な機会を利用した。しかし，大統領が機会を閉じられていることに気づいた時，成果を得ることがより困難な状況となっていた。だが，こうした困難にもかかわらず，連邦議会内での支持者集めの強力な推進により，環境および消費者法案の方は成立した。そして，社会保障給付額の増加を求める提案もまた，ジョンソン政権の老練なHEW次官補ウィルバー・コーエンによる熱心な活動により，連邦議会の成立にこぎつけたのである[98]。

最後の2年間のもっとも大きな成果は，1968年公民権法（公平住宅法）の成立であった。それは，住宅に関する差別の撤廃を定めたものである。住宅販売およびアパートメント賃貸の人種差別に取り組む自由入居法案に対して，1966年に，連邦上院は，フィリバスターによってこれを廃案に追い込んだ。

また,1967年にも委員会で葬り去った。同様の法案が3度目に提出されたとき,同じような運命が1968年にも予想された。しかし,状況は大きく変化していた。まず,黒人社会の側からは「全米黒人地位向上協会（National Association for the Advancement of the Colored People, NAACP）」のクラレンス・ミッチェル（Clarence Mitchell）による熱心な支持が手助けとなった。連邦上院における可決にあたり重要であったのは，上院議員のダークセンがその立場を変えたことである。ダークセンが初めて賛成者の一覧表に名を連ねたことにより，民主党議員たちはフィリバスターを打破する十分な共和党議員の票を手にすることができ，その結果，同法案はようやく成立したのである[99]。

一方，下院における審議は，1968年4月のキング牧師の暗殺に引き続く都市暴動の中で行われた。首都ワシントンD.C.の各地区では炎が上がった。キング暗殺以前にも，支持者たちは，法案の前途について懸念していた。これに対して，秋の選挙を控えている下院議員は，国民の反対にきわめて敏感になっていた。この問題は,北部の民主党議員たちにとって特に困難なものであった。というのも，彼らは，一部の白人たちがその法案が自分たちの地域の状況にどのような影響を与えるか深く憂慮している選挙区を代表していたからであった[100]。それと同時に，同法案は，下院議事規則委員会での抵抗を乗り越えなければならなかった。これまで多くの場合，それは公民権法案を葬ってきた委員会であった[101]。

ジョンソン大統領は，悲惨なキング暗殺ののち，再び下院司法委員会の委員たちに，その法案に取り組むように促した。その結果，何人かの委員たちが態度を変え，また，多くの団体による強力なロビーイングが進む中で，委員会では，上院案を修正なしで可決し，それを下院本会議場に送付した。全議員が着席した下院ではその法案を24時間以内に可決したのである[102]。

第5節　おわりに―ジョンソン大統領の評価をめぐって

ホワイトハウスでの任期中に成立した立法上の業績に対して，ジョンソン大統領がいかなる評価を受けるべきか検討することは必ずしも簡単なことではない[103)]。

当時の連邦議会における有利な状況（民主党が多数派を占めた）は，ジョンソン大統領を多いに助けたといえる。彼の立法上の技能はともかく，もし彼が1961年の時点で大統領であったならば，このような立法上の業績を生み出さなかったであろう。だが，彼はいくつかの画期的な法案の成立に重要な貢献を果たしたといえる。それは，1964年公民権法案について一切妥協しない姿勢，ことに貧困との闘いの成立に至る，大統領を中心とする対応過程は，特筆に価する。つまり，“戦略（strategy）”と“戦術（tactics）”とは異なるということである。ジョンソンは，連邦議会で，積極的な行動が強く望まれた時期に，多くの機会を作り出し，これを利用し，また調整役を担ったのである[104)]。

ジョンソン政権期は，生活の質という点で画期的な改革を生み出した。いうまでもなく，その最も遠大な変革は社会における黒人たちの地位である。1964年公民権法の成立は，レストランと交通機関などの公共施設での人種隔離を終わらせ，そして1965年投票権法は，投票する権利の可能性を大きく増大させたといってよい。アラバマ州セルマでは，黒人の50％以上が，抗議活動が開始されたのち4年間に有権者登録を行い，ミシシッピ州のいくつかの地域では大きな登録の増加が見られた。1968年住宅法に関していえば，大幅な変化は生じなかったものの，それもまた，黒人たちに住宅の購入機会をより多く提供したという意味で重要であった[105)]。

その他の改革としては，医療制度の編成におけるいくつかの改革とともに，老齢者および貧しい人々対する医療の入手・利用方法の拡大である。老齢者のための健康保険の必要に果敢に取り組むことによって，メディケアは，大きな人気を博した。それはまた，ジョンソン大統領が望んでいた平均寿命の上昇にも寄与した一方，その計画は当初，上昇した寿命の費用を含む“通常の慣習的な診療費”をすべて支払うものとなった。確かにその結果，一面で医療費はますます高額なものとなったことは否めない。ただ，メディケイドの方は，全国の一部の貧しい人々に対して貴重な適用拡大をもたらしたといえる[106)]。

教育への連邦援助計画には，初期には，かなりの連邦資金をつぎ込んだ。しかし，法案を成立させるために利用された妥協方式が，目標達成を可能にする額を徐々に削減した。資金の提供を低下させるさい，権限と資金上の責任が州に移管されるにつれて，連邦政府は，1990年代までに，ほんのわずかな役割を負うのみとなった。また，ジョンソン政権期に促進された環境政策は，ニクソン政権の初期段階に一定の影響力をもたらし，環境上の争点に関する関心が高まったことも記しておきたい[107)]。

ジョンソンの経済政策の遺産は，極めて複雑である。当初，それは，減税に伴う「経済学者の黄金時代」が，財政政策の手段として経済成長を管理する新たな可能性のさきがけであるように見えた。経済成長は，まさに現実のものであったし，しかも失業率は低かった。だが，ジョンソンが「大砲（ベトナム）もバター（偉大な社会）」の両方に資金を提供するのを試みたため，経済的負担は，さまざまな経済指標の低下につながったことは明白である[108)]。

ジョンソン大統領が進めた貧困との戦いに対する多くの評価は，「貧困が勝利した」と結論づけている。しかし，これは，一連の複雑な関係を誤って解釈しているものだといえよう。もし単純に，貧困線以下で生活している人口の部分に目を向けるならば，確かに大幅な改善が生じたことになる。貧困線以下の生活者は，1963年の20%から1968年の12%に低下しているからである。だが，貧困者数の低減は，一部分は，その時期売り手傾向にあった労働市場の結果でもある。供給不足の労働市場は，減税と，ベトナム戦争の開始による更なる軍事支出によって生じた成長にその一因があった。老齢者たちの貧困の低下は，一部分は，1966年のメディケアの開始にまでたどることができる。後に，医療費に対するメディケア支援が，1970年代の社会保障給付額の実質的増加と組み合わされた時，貧しい老齢者の数は大幅に低減したことを忘れてはならない[109]。

ジョンソンの貧困との戦いを含む計画の業績はとくに，一層論争の的になった分野である。それらの影響は，1966 年に最も有効な計画に対する支出の増加を阻んだ軍事支出により弱められた。最終的に，ほんのささやかな資金だけがそれらの計画に投入されたにすぎない。ジョンソン大統領が在職中にはそれほど国民の関心をひきつけなかったものの，食料切符および所得税控除は，その後の数年間で国民の大きな関心の的となった。それに加えて，「学齢前児童教育（ヘッド・スタート，Head Start)」もまた，大きな成果をもたらし，1990 年代に入っても引きつづいて国民の多くの関心と支持を得ている[110]。

全体的にみると，大統領就任中のジョンソンの行動は，印象的な手腕および明確な欠点の双方を明らかにしている。まずプラスの面として，ジョンソンは，ある立法担当補佐官によると，しばしば，一括的な立法上の法案において最大限のものを得るために，きわめて僅差になるように意図された“連合”を確立した。多くの機会を得るためにジョンソン大統領が示した関心は，1964 年から 1965 年の良好な時期の間だけでなく，政権最後の 1968 年においてもまた明白であった。1968 年には，海外での紛争と国内での対立の中で，ジョンソン大統領は公平住宅法案を促進する機会を得た。そのうえ，さまざまな立法提案を生み出す“特別委員会”をジョンソン大統領が活用したことは，それは間違いなく，最も成功したジョンソン大統領の政治行動のさいたるものの一つであったと，いってよい[111]。

それ故，ジョンソンの行動が 1964-1965 年の時期の高い機会を利用する彼の能力の観点から判断した場合，彼が高い評点を得たのは当然のことである。当時の状況から見て最大限の成果を得たことについて，上院議員ユージーン・マッカーシーは次のように指摘している。「ジョンソンは，ある状況の中に存在するものを得ることが可能であった。しかしそれ以上のものは得られなかった[112]」と。

他方マイナスの面として，ジョンソン大統領は，彼の「最も可能な連合政治」

から国民を一歩前進させることを試みるに際し，多くの場合，「的はずれ的な役割」を担ったことである。公民権の問題に対する彼の当初の強い関与，また1965年の投票権に関する彼の力強い演説の中で，ジョンソンは，随所で大きな政治的力量を発揮した。だが，都市暴動によって生じた困難な問題を突きつけられた時，立法の“交渉者”としての彼の立場，そしてジョンソンをまったく信頼できないという国民の感覚は，大統領がこれまでの状況で得た効果を減少させてしまったこともまた否めない。実際，猛烈な速度で，政策の上に政策を積み重ねることを望んだジョンソン大統領は，時折，彼の目標であったアメリカの地域社会の改善の方向を見失っていたとさえいえる。より一般的にいえば，社会において物質的財貨を増すためにジョンソン政権がなしたことについて彼が継続的，量的に強調したこと，そして新たな政府の計画を継続的に追求したことは，同政権の国内政策の方向および困難な問題に対峙する能力に限ってみれば，方向感覚と安全を得る方法の両方を望む国民を満足させることができなかった，といえよう[113)]。

それと同時に，ジョンソン大統領の「偉大な社会」計画の中心として「幸せな意見の一致（Happy consensus）」を生み出すという彼の望みは，挫折をよぎなくされた。確かに，ジョンソンが発揮した政治的技術は，幅広いコンセンサスを維持しているかぎり有効に作用した。前任者ケネディの暗殺，そしてケネディの遺産の継続を掲げて重要な法案を成立させ，1964年大統領選での大勝により，ジョンソンは，国民からの信任を得た大統領となったからである。しかしながらその後，ジョンソンが認識していたように，「コンセンサスの政治」を形成するための大統領が持つ影響力は，徐々に失われていった。とくにベトナム戦争と，国内の都市暴動，インフレなどの問題に直面した際には，ジョンソンが求めたコンセンサスはもろくも崩壊し，彼の指導力の有効性も失われていったのである[114)]。“幸せな意見の一致”，あるいは彼が熱望した国民の賞賛を得ること以上に，ジョンソンは，彼自身があらゆる方面から批判の的となった。ちなみに，大きく挫折したという彼の感覚は，大統領職から離れた後の人生にも見られる。彼はテキサス州の自分の牧場に戻り，そして1973年の彼の死まで，ほとんど全面的に公的行事から除かれていたからである[115]。

有能な政治家として，ジョンソンはまた，リチャード・ニクソンが1968年にヒューバート・ハンフリーを破ることにつながる，民主党の中での分裂が，幅広く偉大な社会という彼の夢の拒絶として受け取られたことを，十二分に認識すべきであった。短期的にみれば，ニクソンは，ジョンソンの計画の多くを削減することを推進する立場にあった。しかしながら，基本的には，1964年に勝利をもたらしたいわゆる「ニューディール連合」の分裂は，困難な問題をつきつけた。民主党は，とくに南部において，黒人による新たな政治参加に直面する白人たちの支持を維持できたであろうか？同様に，民主党は，国民がジョンソンの在職中に経験したベトナム政策だけでなく，都市の激変にも不満を抱いていたキリスト教徒と労働組合などのニューディール連合の一団を，引き戻すことができたであろうか？[116]

それらの問題の答えは否といわざるを得ない。もちろん，立法の指導力に関して，ジョンソン大統領は，彼が推進する計画について実際に深く注意を払った大統領であり，しかも，彼は優れた政治的能力を持っていた。その能力は，彼の立法上の協議事項を推進するために十分に活用された。だが，「あらゆる人々のための何か」を追及する場合の彼の戦略は，急激な社会変革の時期を経験していた国民にとって，きわめて不適合なものであったこともまちがいない[117]。

<注>

1) William W. Lammers and Michael A. Genovese, *The Presidency and Domestic Policy: Comparing Leadership Styles, FDR to Clinton* (Washington, D.C.: CQ Press, 2000), p. 71; “The President’s Address to the Nation Announcing Steps To Limit the War in Vietnam and Reporting His Decision Not To Seek Reelection. March 31, 1968,” *Public Papers of the Presidents of the United States: Lyndon B. Johnson 1968, Vol. 1* (Washington, D. C.: Government Printing Office, 1969), p. 476.
2) Lammers and Genovese, *op. cit.*, *The Presidency and Domestic Policy*, p. 71.

3)　ジョンソンは学長のもとで働き，学友から「雄牛のジョンソン」というあだ名で呼ばれた。彼はそのころから，物事を誇張して話す性格を見せていたという。大学生活の中で，すでに後のジョンソンの“政治的経歴”は始まっていた（Bruce J. Schulman, *Lyndon B. Johnson and American Liberalism*〔Bedford, 1995〕, p. 8）。ジョンソンは，当然のことながら，父親のサムから大きな政治的な感化を受けている。サムは幼いジョンソンを州議会に連れて行き，リベラルな思想を植えつけ，選挙区を一緒にまわり，そしてジョンソンは自宅での父親たちの政治談議に耳を立てていた。ジョンソンの初期の経歴に関する邦語文献としては，さしあたり，藤本一美「リンドン・B・ジョンソン」藤本一美編著『戦後アメリカ大統領事典』（大空社，2009年），第5章を参照されたい。

4)　ジョンソンは，大学へ入学したものの，学資の不足を補うために，南テキサスに位置するコトラの町の小学校教師として赴任した。赴任先のウェルハウゼン小学校は，メキシコ系の児童たちが通う隔離された小学校であった。児童はみな貧しく，ほとんど英語を話すことができなかった。ジョンソンは校長兼歴史教師として，学童たちが英語を学ぶよう厳しく指導した。この経験を通じ，ジョンソンは，白人社会におけるメキシコ系少数者に対する人種差別を意識するようになった（末次俊之「リンドン・B・ジョンソンと『人種差別撤廃』」『専修法研論集』（第40号，2007年3月），4-6頁）。

5)　Lammers and Genovese, *op. cit.*, *The Presidency and Domestic Policy*, pp. 71-72；ジョンソンの経歴については，Ronnie Dugger, *The Politician: The Life Times of Lyndon Johnson*（NY: W.W.Norton& Company, 1982），Robert Dallek, *Lone Star Rising: Lyndon Johnson and His Times 1908-1960*（Oxford University Press, 1991），Randall Woods, *LBJ: Architect of American Ambition*（NY: Free Press, 2006）を参照。

6)　NYA（the National Youth Administration）は，ローズベルト政権のニューディール政策の一環として設立された事業促進局（Works Progress Administration）の一部門であり，労働就学制度を通じて学生たちを退学させずに在学させ，学生ではないが失業状態にある若者たちにパートタイムの仕事と職業訓練を与えることを目的とした機関であった。

7)　Lammers and Genovese, *op. cit.*, *The Presidency and Domestic Policy*, p. 72.

8)　*Ibid.* ジョンソンは，ワシントンのクレーバーグの事務所を，折からの大恐慌に苦しむ選挙民の相談に乗り，連邦諸機関への仲介機関，ローズベルト政権が推進するニューディール政策を施行する機関として活用する場所とした。そしてクレーバーグの選挙民に多くの恩典を与えた。また，NYAテキサス州局長としてジョンソンは，多くの成果を残した。就任中に3万人の若者に仕事の斡旋を行い，不況のために退学せざるを得ない多数の学生たちを復学させた。その業績に，他の州局長らが見学に訪れるほどであったという。ジョンソンは白人だけでなく黒人に対しても，南部の厳格な人種差別の支持者たちとの関係を維持しながら，多くの支援を施した（末次，前掲論文，「リンドン・B・ジョンソンと『人種差別撤廃』」，6-9頁）。

9) 1937年の下院選挙当選の直後，ローズベルト大統領はテキサス州を訪れ，新人議員のジョンソンの当選を祝った。その後も，ローズベルトはジョンソンにさまざまな助言を与え，また，新人議員では就任できない下院海軍問題委員会の委員に任命するなど，多くの支援を行なった（Schulman, *op. cit.*, *Lyndon B. Johnson and American Liberalism*, pp. 18–19)。

10) Lammers and Genovese, *op. cit.*, *The Presidency and Domestic Policy*, p. 73; 藤本一美「若き日のリンドン B. ジョンソン」藤本一美編著『ジョンソン大統領とアメリカ政治』(つなん出版，2004年)，48–53頁。1948年の連邦上院選挙において，ジョンソンは，民主党予備選挙の決選投票で，対立候補コーク・スティーブンソン（Coke Stevenson）に対し，全投票数が約100万票であった中で，わずか87票という異例の僅差で勝利した。スティーブンソン陣営からの異議申し立ては，連邦最高裁で調査され，上院の規則委員会がジョンソンの議席支持を表明した（末次，前掲論文，「リンドン・B・ジョンソンと『人種差別撤廃』」，13頁）。

11) Lammers and Genovese, *op. cit.*, *The Presidency and Domestic Policy*, p. 73. 連邦下院議員として，ジョンソンは地元選挙区の農村地域を電化すべく，奔走した。ローワー・コロラド河とペダナルス河に大規模ダムを建設するため，「農村電化局（REA)」を通じて関係機関に掛け合い，1,400万ドルの連邦予算を獲得した（藤本，前掲論文，「若き日のリンドン B. ジョンソン」，51–53頁)。その一方で，ジョンソンは，人種問題に関しては，反リンチ法，人頭税廃止，トルーマン政権が推進する「公正雇用実施委員会（FEPC)」を，南部議員とともに廃案に追い込んだ。ジョンソンは，連邦政府による公民権推進には一貫して反対の立場をとった（末次，前掲論文，「リンドン・B・ジョンソンと『人種差別撤廃』」，10–11頁)。

12) Lammers and Genovese, *op. cit.*, *The Presidency and Domestic Policy*, p. 73. ジョンソンは，共和党アイゼンハワー政権下で，強力な指導力を発揮し，一時間あまりのうちに100本以上の法案を上院本会議で通すという神話を残した。上院多数派院内総務に在職中のジョンソンの活動については，さしあたり藤本一美『米国議会と大統領選挙』(同文舘，1998年)，75–114頁を参照。

13) Lammers and Genovese, *op. cit.*, *The Presidency and Domestic Policy*, p. 73. ジョンソンは，「閑職」とされてきた副大統領職をより権限のあるものに変えようと試みている。一つは，1961年1月に開かれた上院民主党議員総会において，民主党大会で副大統領ジョンソンを議長職につけ，投票監督官として任命することで，連邦上院に関する運営をジョンソンの管理下におくことができるように試みた。もう一つは，ケネディ大統領に対して，副大統領に大統領を補佐する事実上の権限を与える内容の行政命令について署名を求めている（Doris Kearns Goodwin, *Lyndon Johnson and the American Dream*〔NY: Happer & Row, Publishers, 1976〕, pp. 164–165)。しかし，この2つの試みは，行政府の立法府に対する干渉とした連邦議員たちの大きな反対とケネディ大統領の無視に近い拒絶でもって失敗した。

14)　Lammers and Genovese, *op. cit.*, *The Presidency and Domestic Policy*, p. 73.

15)　*Ibid.*, p. 74. そのため，彼は周りのものにも同じように働くことを求め，秘書や側近たちはみな疲れ果て，辞職する者が多数いたという。

16)　James David Barber, *The Presidential Character: Predicting Performance in the White House, Third Edition*（NJ: Prentice-Hall, Inc., 1985），pp. 111-113. ジョンソンの母，レベッカ（Rebekah）について述べると，祖父がバプティスト派の牧師であり，大学の学長を勤めたことのある人物であった。父ジョセフ（Joseph W. Baines）は，弁護士を開業し，レベッカは，幼少期は裕福な家庭で育った。だが，19世紀後半から20世紀にかけての連続する農業恐慌により，ベインズ家は破産し，レベッカは学業を中断して家計を助けなければならない状態に陥った。リンドンの父親サム・ジョンソン（Sam Ealy Johnson Jr.）と結婚した後も，貧しい家庭状況が変わることはなかった。結婚をした年の1906年，サンフランシスコで起こった地震によって綿の値段が暴落し，サムは多額の借金を背負うこととなった（Woods, *op. cit.*, *LBJ*, pp. 15–17; Barber, pp. 111–113）。

17)　Lammers and Genovese, *op. cit.*, *The Presidency and Domestic Policy*, p. 74. 大統領の性格とリーダーシップについて分析したバーバーは，著書 *The Presidential Character* の中で，大統領の職務に対する熱意（積極的―消極的）と，その職務から得る満足度（肯定的―否定的）の２つの軸を用いて，歴代大統領の性格のタイプを４分類している。それに従えば，ジョンソンは，仕事に対する熱意は積極的，仕事から得られる満足度は消極的な大統領として分類されている。ジョンソンと同じ分類に属するのは，ウィルソン，フーバー，そしてニクソンである（Barber, *op. cit.*, *The Presidential Character*）。

18)　ジョンソンが他人を説得するその仕方は，一般に「トリートメント（treatment）」と呼ばれた。説得する相手の顔すれすれまで自分の顔を近づけ，相手をほめ，脅し，持ち上げ，身ぶり手ぶりを交えながら，自分の主張を話し続けた。シュレシンジャーは，多数派院内総務時代のジョンソンとの会談の様子を以下のように述べている。「…一時間半にわたり彼は休みなく話し続けた。…ジョンソンは，迫力ある雄弁で，私の考えていたほとんどすべての問題点に先回りして触れてしまった。彼がやっと話し終えた時，私としてはもう何も言うことがなかった。これは私がジョンソン流の洗脳法に接した最初の経験であり，彼が想像したよりもはるかに魅力的で，繊細で，恐るべき人間であることを知った。ほとんど２時間近い催眠状態の後で，私は疲労困憊してよろめき出た」（A・M・シュレジンガー著，中屋健一訳『ケネディ―栄光と苦悩の１千日（上）』（河出書房新社，1966年），22–23頁。）。

19)　Joseph A. Califano, Jr., *The Triumph & Tragedy of Lyndon Johnson: The White House Years*（Texas: A&M University Press, 2000），p. 10; Lammers and Genovese, *op. cit.*, *The Presidency and Domestic Policy*, pp. 74–75.

20)　Lammers and Genovese, *op. cit.*, *The Presidency and Domestic Policy*, p. 75.

21)　*Ibid.* ジョンソンと企業界との結びつきは，連邦下院議員時代に資金の大部分をジョンソンに支援したブラウン&ルート社から始まった。上述のように，農村電化を試みる時，ジョンソンは契約企業としてブラウン社を利用して，大規模ダム建設でブラウン社に多くの利益をもたらし，また，ジョンソンは下院海軍問題委員会委員の地位を利用して，テキサス州にあるコーパスクリスティに空軍基地を建設させることに成功した。その際にもブラウン社は，その契約を請け負った（Schulman, *op. cit.*, *Lyndon B. Johnson and American Liberalism*, pp. 23–25）。ジョンソンは，副大統領時代，ケネディ大統領から，連邦政府と契約を結ぶ企業内での人種差別を改善させる「雇用平等機会に関する大統領委員会（President's Committee on Equal Employment Opportunity, PCEEO）」の委員長に任命されている。その委員会内では，ジョンソンは契約企業の自発的な改善を促す立場をとった。委員会が持つ契約破棄の権限を活用して強制的に改善を促すことを主張する，ケネディ司法長官など他の政権スタッフは，ジョンソンの企業寄りの姿勢を批判している（Hugh Davis Graham, *The Civil Rights Era: Origins and Development of National Policy, 1960–1972*〔NY: Oxford University Press, 1990〕, pp. 54–55; Robert Mann, *The Walls of Jericho: Lyndon Johnson, Hubert Humphrey, Richard Russell, and the Struggle for Civil Rights*〔NY: Harcout Brace & Company, 1996〕, pp. 304–305）。

22） Lammers and Genovese, *op. cit.*, *The Presidency and Domestic Policy*, p. 75.

23） *Ibid.*, pp. 75–76. ジョンソンは，テキサス州の政治状況をにらんで，人種問題についての自らの立場を慎重に見極めていた。第二次世界大戦後，ジョンソンは，テキサス州で重要な争点である人種問題について，しだいに「保守派」の意向に沿って行動するようになった。人種問題に関する法案では，ジョンソンは他の南部選出議員たちと同様に，ほとんどすべてに反対の投票を行なった。その立場を変えたのは，ジョンソンが上院民主党院内総務に就任し，大統領職を視野に入れ始めたころである。1954年の連邦最高裁によるブラウン判決に対し，ジョンソンは公然と支持の態度を表明し，南部議員たちによるブラウン判決反対決議への署名を拒否したのである。1957年および1960年の公民権法案審議の際には，民主党院内総務として，反対派と賛成派の間を取り持って法案の内容を調整し，成立に至らしめた。ジョンソンが民主党の中でその全国的指導者の地位を確保し，最終的に大統領職を望むようになった時，公民権は，必ず越えなければならない大きな障壁であった（末次，前掲論文，「リンドン・B・ジョンソンと『人種差別撤廃』」，14–20頁）。ケネディ暗殺後，大統領に昇格したジョンソンは，大統領演説や教書の中で，公民権を道徳的問題として取り上げ，国民に1964年公民権法案成立を強く訴えている（"Remarks to New Participation in 'Plans for Progress'," January 16, 1964, *Public Papers of the Presidents of the United States: Lyndon B. Johnson, 1963–1964*,〔US. GPO, 1965〕, pp. 139–142; "Remarks to Members of the Southern Baptist Christian Leadership Seminar," *Public Papers of the Presidents of the United States: Lyndon B. Johnson, 1963–1964*,〔US. GPO, 1965〕, pp. 418–421）。

24） Lammers and Genovese, *op. cit.*, *The Presidency and Domestic Policy*, p. 76.

25) *Ibid.*

26) *Ibid.*

27) *Ibid.*, pp. 76–77.

28) *Ibid.*, p. 77.

29) *Ibid.*

30) David M. Barrett, *Uncertain Warriors: Lyndon Johnson and His Vietnam Advisers* (University Press of Kansas, 1993), pp. 46–58; Michael P. Sullivan, *The Vietnam War: A Study in the Making of American Policy* (Lexington: The University Press of Kentucky, 1985), pp. 107–118.

31) Lammers and Genovese, *op. cit.*, *The Presidency and Domestic Policy*, pp. 77–78.

32) Stephen Hess, *Organizing the Presidency Revised Edition* (Washington, D.C.: The Brookings Institution, 1988), p. 94.

33) Lammers and Genovese, *op. cit.*, *The Presidency and Domestic Policy*, p. 78.

34) *Ibid*; Hess, *op. cit.*, *Organizing the Presidency*, p. 88.

35) Lammers and Genovese, *The Presidency and Domestic Policy*, p. 78. 内務省長官ユーダルおよび農務省長官フリーマンはケネディ政権下で働いた人物であり，ジョンソン政権下でも引き続いて留任し，1968年まで在職した。財務省長官はケネディ政権でのダグラス・ディロン（Douglas Dillon）が1965年まで努め，その後はファウラーと交代した。保健教育福祉省長官については，ケネディ政権下のアントニー・J・セレブリージ（Anthony J. Celebrezze）が1965年まで努め，その後，ガードナーが就任した。

36) Hess, *op. cit.*, *Organizing the Presidency*, pp. 93–95.

37) Lammers and Genovese, *op. cit.*, *The Presidency and Domestic Policy*, pp. 78–79.

38) Emmette S. Redford and Richard T. McCulley, *White House Operations: The Johnson Presidency* (Austin: University of Texas Press, 1986), pp. 79–81.

39) Lammers and Genovese, *op. cit.*, *The Presidency and Domestic Policy*, p. 79.

40) *Ibid.*

41) *Ibid.*

42) *Ibid.*, pp. 79–80.

43) *Ibid.*, p. 80.

44) *Ibid.*

45) Bernard J. Firestone and Robert C. Vogt, ed., *Lyndon Baines Johnson and The Uses of Power* (Connecticut: Greenwood Press, Inc., 1988), p. 65.

46) Lammers and Genovese, *op. cit.*, *The Presidency and Domestic Policy*, p. 80.

47) *Ibid.*, pp. 80–81.

48) *Ibid.*, p. 81.

49) "Remarks at the University of Michigan." May 22, 1964, *Public Papers of the*

Presidents of the United States: Lyndon B. Johnson, 1963-1964, Volume 1（US. GPO, 1965），p. 704. ジョンソンが掲げた「偉大な社会」計画の具体的な立法提案は，1965 年 1 月の一般教書の中で示された。その内容は，アメリカの課題が，経済成長の維持，機会の開放，および国民生活の質的向上，の 3 点にあり，教育，貧困追放，保健，社会保障，都市改造，物品税減税，公害防止，高速道路計画，芸術家の保護などの具体的な立法提案であった（藤本，濵賀，末次訳著『資料：戦後米国大統領の「一般教書」―1961 年～ 1977 年―第 2 巻「ケネディ，ジョンソン，ニクソン，フォード」』〔大空社，2005 年〕，109-137 頁）。

50） Lammers and Genovese, *op. cit.*, *The Presidency and Domestic Policy*, p. 81.

51） *Ibid.*

52） *Ibid.*, p. 82.

53） *Ibid.*

54） *Ibid.*

55） *Ibid.*, pp. 82-83.

56） *Ibid.*, p. 83; 藤本，前掲書，『米国議会と大統領選挙』，87-96 頁。

57） Lammers and Genovese, *op. cit.*, *The Presidency and Domestic Policy*, p. 83. ジョンソンは，ダークセンが上院において共和党議員たちを取りまとめている重要人物であると見ていた。ジョンソンは，上院議員時代に親密な関係にあり，公民権支持に多大な関心を抱いていたハンフリーに，ダークセンのそばについて回り，説得するように強く指示している。ジョンソンは，「ダークセンと酒を飲み，ダークセンと話し，ダークセンに耳を傾けろ！」とハンフリーに告げた（Mark Stern, *Calculating Vision: Kennedy, Johnson & Civil Rights*〔New Jersey: Rutgers University Press, 1992〕，pp. 175-176）。

58） Lammers and Genovese, *op. cit.*, *The Presidency and Domestic Policy*, p. 83.

59） *Ibid.*

60） *Ibid.*, pp. 83-84.

61） *Ibid.*, p. 84. ジョンソン政権下で，ケネディ大統領の下では成立しなかった法案が次々と成立した。ジョンソン大統領の下での法案成立率は 1964 年には 58%，1965 年は 69%，1966 年に 56% であり，前任者ケネディの 1963 年の法案成立率 27%，アイゼンハワー政権下の 1957 年の 37% と比較すると，圧倒的な成立率であったことがわかる（末次，前掲論文，「ジョンソンと『偉大な社会』計画」，藤本，前掲書，『ジョンソン大統領とアメリカ政治』，130 頁）。

62） Lammers and Genovese, *op. cit.*, *The Presidency and Domestic Policy*, p. 84.

63） *Ibid.*

64） *Ibid.*, p. 85. 経済機会局長官にシュライバーを起用したのは，困難が予想される議会審議に向けて，連邦議会との関係が良好なシュライバーに議会との交渉を担当させるためであった。彼はまた，法案作成にも参加し，貧困対策事業における各省長官の管轄争いを調停するための一段高い機関として，経済機会局を大統領府内に設置することに尽力した

（末次俊之「『貧困との戦い』と経済機会法（上）」『ポリティーク　第8号』〔日本臨床政治学研究会，2005年〕，34頁）。

65）Lammers and Genovese, *op. cit.*, *The Presidency and Domestic Policy*, p. 85. CAPにおいて，激しい議論を巻き起こしたのは，各地方におけるコミュニティ活動計画であった。CAPの地方機関が計画を実施する際には，地域に住む住人たちと団体の成員たちの「最大限の可能な参加」でもって開始され，指揮され，管理されるものであった。「最大限の可能な参加」の条項の解釈をめぐっては，長い論争が続いた。全国的統括機関である経済機会局は，対象となる住民の参加を指導しながらも，「最大限の可能な参加」を地方の自主性にゆだねた。その結果，各地域においてさまざまな形式の地方機関が創設され，また，多くの衝突を生じさせることになった（末次俊之,「『貧困との戦い』と経済機会法（下）」『ポリティーク　第10号』〔日本臨床政治学研究会，2006年〕，32–35頁）。

66）Lammers and Genovese, *op. cit.*, *The Presidency and Domestic Policy*, p. 85; 末次，前掲論文,「『貧困との戦い』と経済機会法（下）」，28–32頁。

67）Barbara Kellerman, *The Political Presidency: Practice of Leadership*（NY: Oxford University Press, 1984），pp. 116–124.

68）ジョンソンは，この法案が，貧しい人々に貧困から脱する「機会」を提供するものであることを強調した。繁栄のただ中にあったアメリカでは，一般的に「貧困は個人の怠惰の結果である」という考えがある中で，国民に対して，貧困解消を目的とする政策が所得再分配を要請するものであることは，政治的に容認されない可能性があった。そこで，「機会」という言葉を強調し，「不平等」，「再分配」などの表現は注意深く避けたのである（末次，前掲論文,「『貧困との戦い』と経済機会法（上）」，33–34頁）。

69）ジョンソンは，経済機会法案がとくに貧しい南部農村や都市スラム地区に住む黒人たちのためだけのものと見られるのを避けるため，貧しい白人たちが多く居住するアパラチア地区を訪問し，その訪問を大いに宣伝した（末次，前掲論文,「『貧困との戦い』と経済機会法（上）」，33–34頁）。

70）ジョンソンは，上下両院を通じて，電話戦術や肩たたき攻勢を用いて連邦議員たちに圧力をかけた。それは，議会における審議の過程で共和党議員たちから「政権は議員たちに対して空前の圧力をかけている」と不満を漏らすほど激しいものであったという（同上，34頁）。

71）Lammers and Genovese, *op. cit.*, *The Presidency and Domestic Policy*, pp. 85–86.

72）*Ibid.*, p. 86.

73）Firestone and Vogt, *op. cit.*, *Lyndon Baines Johnson and The Uses of Power*, p. 206.

74）Lyndon Johnson, *The Vantaye Point: Perspectives of the Presidency* 1963–1969（Holt, Rinehart and Winston, 1971），p. 36.

75）Lammers and Genovese, *op. cit.*, *The Presidency and Domestic Policy*, p. 86.

76) *Ibid.*

77) ジョンソンは，公民権法案成立に向けて，多大な熱意を持って，そして迅速に行動に移した。ジョンソンが大統領に昇格した後，11 月 29 日から 12 月 5 日の間に，公民権指導者たちをホワイトハウスに呼び，自らの公民権法案への献身を示して指導者たちからの協力を求めた。さらに，議会指導者たちと会談を行なって，手つかずの法案を翌年の早い時期に審議を開始することを約束させている（Woods, *op. cit., LBJ,* p. 471）。

78) Lammers and Genovese, *op. cit.*, *The Presidency and Domestic Policy*, pp. 86–87.

79) 連邦議会の議員たちに訴える，ジョンソンの公民権法案への態度は，連邦上院議員当選以来，自らの師であったラッセルとの会談において強く示された。ジョンソンは，ラッセルをホワイトハウスに招き，会談を行なった。ジョンソンはラッセルに面と向かってたち，「ディック，君は道をあけなければならない」と述べ，いかなる妥協もしないことを告げた。それに対して，ラッセルは「君がそうすることは，南部を失い，選挙を困難なものにすることだ」と答えた（Stern, *op. cit.*, *Calculating Vision*, p. 162; Robert Dallek, *Flawed Giant: Lyndon Johnson and his time 1961–1973*〔NY: Oxford University Press, 1998〕, p. 112; Johnson, *op. cit.*, *The Vantage Point*, pp. 157–158）。

80) Lammers and Genovese, *op. cit.*, *The Presidency and Domestic Policy*, p. 87.

81) *Ibid.* ジョンソンは，フィリバスターを打破するための討論終結動議を可決する支持票が不足していることに不安を抱いていた。しかし，大統領補佐官から，大統領が打破の成功を疑うようなことを公に示唆すれば，法案への支持を不明確にしている議員からの票を逃すことを告げられた。ジョンソンは，自らの不安を口に出さないことを約束し，法案が上院に提出されてからも，「一切の妥協もしない」との態度を貫いた（Irving Bernstein, *Guns or Butter: The Presidency of Lyndon Johnson*〔NY: Oxford University Press, Inc., 1996〕, pp. 64–65）。

82) Lammers and Genovese, *op. cit.*, *The Presidency and Domestic Policy*, p. 83.

83) 1966 年秋，ジョンソンは「第 89 議会における業績」と題して声明を発表した。同時に，第 89 議会で成立した主要法案の要約された報告書も発表した。第 89 議会は，アメリカ史上最大の立法成績を残した（“Remarks on the Accomplishments of the 89 the Congress.” October 15, 1966, *Public Papers of the Presidents of the United States: Lyndon B. Johnson, 1966, Volume 2*〔US. GPO, 1967〕, pp. 1190–1204; *Congressional Quarterly Almanac 1966*, p. 69）。

84) Lammers and Genovese, *op. cit.*, *The Presidency and Domestic Policy*, pp. 87–88.

85) 第二次世界大戦後，歴代の政権が実現を目ざしていたにもかかわらず，アメリカ医師会と保守的な連邦議会によって，その提案は葬られていた。しかし，1964 年連邦議会選挙において，議会に多数のリベラル議員たちが当選したことにより成立の機会が高まった。ちなみに，メディケア（高齢者医療保障）の内容は，65 歳以上の高齢者を対象とし，加入は強制であって，補助の支給を拒否することはできるが，加入の拒否はできない。補助額は賃金税と加入者の掛け金を基準にして給付され，高齢者の入院費，養老施設費，派遣看護師などの費用などを補助する，というものであった。また，メディケイド（貧困家庭医療扶助）の成立も重要である。これは，年齢に関わらず低所得者家庭に医療扶助を行なうものであり，連邦政府の資金提供で，州が，自立していない子供，高齢者，そして障害者を抱える貧しい家庭に対して包括的な医療補助を与える，という内容であった（末次，前掲論文，「ジョンソンと『偉大な社会』計画」，136–137 頁）。

86） Lammers and Genovese, *op. cit.*, *The Presidency and Domestic Policy*, p. 88.

87） Sheri I. David, *With Dignity: The Search for Medicare and Medicaid* (Connecticut: Greenwood Press, 1985), p. 132.

88） Lammers and Genovese, *op. cit.*, *The Presidency and Domestic Policy*, p. 88.

89） *Ibid.*, pp. 88–89.

90） *Ibid.*, p. 89; Firestone and Vogt, *op. cit.*, *Lyndon Baines Johnson and The Uses of Power*, pp. 15–23. 連邦政府教育援助の議論の中心にあったものは，公立学校だけでなく私立学校や教会が運営している学校にも連邦援助を行なうのか否か，であった。1965 年に成立した初等中等教育法案の成立における審議過程で，連邦援助は学校そのものを対象とするのではなく，児童たちに援助を行なうということで決着をみた。内容は，スラム地区と農村の貧しい児童に援助を提供し，連邦政府資金は，州の学校児童一人当たりの平均教育費用に基づいて提供され，低所得家庭出身の児童数に応じてその額が決定される，というものであった（末次，前掲論文，「ジョンソンと『偉大な社会』計画」，137–138 頁）。

91） Lammers and Genovese, *op. cit.*, *The Presidency and Domestic Policy*, p. 89. 実際，1964 年公民権法施行後も，深南部諸州の多くの郡では，黒人の有権者登録率は期待されたほど高まらなかった。各州の有権者登録官は巧妙な方法で黒人の投票を妨害していた。そのため，抗議する黒人や白人支援者たちのデモ，また，妨害する白人たちによるテロ行為や殺人事件が頻発した（末次，前掲論文，「ジョンソンと『偉大な社会』計画」，133 頁）。

92） "Special Message to the Congress: The American Promise, March 15, 1965," *Public Papers of the Presidents of the United States: Lyndon B. Johnson, 1965, Volume 1* (US. GPO, 1966), pp. 218–287.

93） Lammers and Genovese, *op. cit.*, *The Presidency and Domestic Policy*, pp. 89–90.

94） *Ibid.*, p. 90. 経済成長を続けるアメリカにおいて，大気汚染問題は深刻であった。1967 年にジョンソンが連邦議会に送った「自然遺産の保護に関する特別教書」の中では，「大気汚染」がとくに強調されていた（宗像優「ジョンソン政権と環境問題」，藤本，前掲書，『ジョンソン大統領とアメリカ政治』，172–175 頁）。

95） Lammers and Genovese, *op. cit.*, *The Presidency and Domestic Policy*, pp. 89–90.

96） Bernstein, *op. cit.*, *Guns or Butter*, p. 465.

97） Lammers and Genovese, *op. cit.*, *The Presidency and Domestic Policy*, pp. 89–90.

98） *Ibid.*, p. 91.

99) *Ibid.*

100) 米国における人種関係の複雑さは，南部における，公共施設での人種隔離を行うジム・クロウが，住宅に関しては及んでいないことであった。南部の社会的地位は，肌の色によって規定されていたため，混合した住宅地域は一般的で，社会的に白人を脅かすものではなかった。一方, 北部においては, 人種混合はより流動的な環境にあり, ある集団にとっては，地域統合は脅威を示すものであった（Hugh Davis Graham, *Civil Rights and the Presidency: Race and Gender in American Politics, 1960–1972*〔Oxford University Press, 1992〕, p. 247)。北部議員からの支持が不透明だったことは，大統領候補として，連邦政府支援の住宅における差別撤廃を公約したケネディが，大統領当選後，その政策の推進を躊躇した一因でもあった。

101) Lammers and Genovese, *op. cit.*, *The Presidency and Domestic Policy*, p. 91.

102) *Ibid.*, pp. 91–92.

103) *Ibid.*

104) *Ibid.*, p. 92.

105) *Ibid.*

106) *Ibid.*, pp. 92–93.

107) *Ibid.*, p. 93.

108) *Ibid.*

109) *Ibid.*

110) *Ibid.*, pp. 93–94. ヘッド・スタートは，貧しい地域に住む子供たちに学齢前学級を受けさせることにより，幼稚園もしくは小学校に入学した際に，裕福な友達と同等の教育レベルに学習させることを目的としたものであった。この計画は 50 万の子供たちに及び, とくに南部地域では好評を博し, 参加者の大部分を黒人児童が占めていた（末次, 前掲論文,「『貧困との戦い』と経済機会法（下)」，33 頁)。

111) Lammers and Genovese, *op. cit.*, *The Presidency and Domestic Policy*, p. 94.

112) *Ibid.*

113) *Ibid.*

114) Jon R. Bond and Richard Fleisher, *The President in the Legislative Arena* (Chicago: The University of Chicago Press, 1990), pp. 206–208.

115) Lammers and Genovese, *op. cit.*, *The Presidency and Domestic Policy*, pp. 94–95.

116) *Ibid.*, p. 95.

117) *Ibid.*

第二部

「偉大な社会」計画の構想と展開

第2章　アメリカにおける社会問題と課題

第1節　はじめに

アメリカ社会は，1929年に生じた大恐慌を契機に大きく変化し，そして，いわゆる「ニューディール体制」の下で，アメリカ社会の改革が推進されたのである。その結果，アメリカは，「夜警国家」から「福祉国家」へと転換したものの，その過程では，アメリカが抱える大きな社会的問題の存在が明らかにされた。すなわち，第二次世界大戦後，アメリカは経済成長を謳歌する一方で，多くの国民が貧困にあえいでいたし，また，黒人に対する人種差別の撤廃，つまり公民権問題はいっこうに前進せず，アメリカ社会の断層が明白となった。また，社会福祉の面では，医療保障が大きな問題となっており，さらには，教育の質の向上や生活の質，ことに環境破壊や汚染が深刻となる一方で，他方で消費者保護行政や移民の選定基準をめぐる問題がクローズ・アップされていた。

本章では，米ソ冷戦が本格的に進行し，“資本主義体制”が完成する一方で，アメリカ国民にとり残された多様な社会問題の実態を取り上げる。

第2節　公民権問題

南北戦争後，アメリカでは，黒人たちは，奴隷解放により連邦憲法において市民としての権利や投票権などを保障された。しかしながら，19世紀末の南部諸州で確立した「分離差別」の制度化によって，事実上公民権を剥奪されていた。

第二次世界大戦中に，黒人たちは，戦争への動員や北部・西部の諸都市への移住などを通じて，人種差別のない世界を経験し，平等化への意識を高めた。そして1950年代に入るや，南部各地において，人種平等の実現を求める黒人たちは，抗議の直接行動を行なうようになった。1955年末から，深南部の中心であるアラバマ州の州都モントゴメリーで，マーティン・L・キング博士（Martin L. King, Jr.）らがバス・ボイコット闘争を開始したのを契機に，「黒人革命（Black Revolution）」といわれる大変動が生じた。この黒人革命は，"公民権運動"という形をとった。北部と違って南部では差別が合法化されており，その撤廃のため，まず強力な公民権法の成立を目指したのである。この運動は，黒人はもとより，白人のリベラル派知識人や学生たちが参加し，マスメディアの発達と相まって，南部における人種差別の実態が全国的に注目を集めることになった[1)]。

これらの運動を法制的に後押ししたのが，1954年に連邦最高裁判所が下したいわゆる「ブラウン事件判決」であった。「公共学校における人種分離教育は，連邦憲法に違反する」とする判決は，1896年の連邦最高裁判決であるプレッシー対ファーガソン事件で下した判決を覆すものであり，南部諸州における人種差別的な州法の合憲性の根拠をくつがえす，画期的な判決であった。

民主党の大統領候補であったジョン・F・ケネディは，1960年大統領選挙に向けた選挙運動の中で，連邦政府による人種差別に対する解消を掲げ，また，同年夏の民主党全国大会で採択された1960年党綱領に示されたように，民主党は，人種差別撤廃への積極的な姿勢を示し，強力な公民権立法を謳ったのであった。そのため。ケネディ大統領の当選後，黒人たちはケネディ政権による人種差別是正策への期待を高めた[2)]。

しかし，1960年大統領選挙において，共和党候補リチャード・ニクソン（Richard Nixon）との僅差での勝利の結果，ケネディ大統領は，民主党の伝統的な支持基盤である南部諸州に対して政治的配慮を示す必要に迫られ，また，東北部の諸州に対しても，連邦政府による積極的な人種差別撤廃政策によって地域社会におよぼす影響を不安視する東北部州選出議員たちの支持の分裂に直面した。確かに公民権政策に対して，ケネディは，大統領行政命令などで対応したものの，消極的な姿勢を示さざるを得なかった。

ケネディ政権の姿勢を転換させたのは，1963年4月にアラバマ州バーミンガムでの黒人の抗議運動を契機として発生し，およそ6週間にわたって続いた人種衝突の暴動であった。この時，ケネディ大統領は，連邦軍を現地に派遣してこれを鎮定させる一方で，内容が画期的な「新公民権法案」を連邦議会に提出したのである。しかしながら，連邦議会で審議が行なわれている間に，ケネディ大統領は11月にテキサス州ダラスでの遊説中に暗殺されてしまった。

第3節　貧困問題

アメリカにおいて，貧困問題を連邦政府の政策課題として最初に取り上げたのは，民主党大統領F・ローズベルト（Franklin Roosevelt）であったといわれる。大恐慌を契機に増大した失業者，老齢者，寡婦など経済的弱者に対する救済は，当初，州政府を中心とする地方自治体などによって行なわれた。激増する失業者，貧困者に対して対応の限界を示した地方政府に代わり，連邦政府が経済的保障に責任を有する契機となったのが，1935年に成立した「社会保障法」に象徴される一連のニューディール政策に他ならない[3)]。

第二次世界大戦後，アメリカは経済成長を謳歌し，世界史上最大の「豊かな国」となった。例えば，経済学者のジョン・ガルブレイス（John Galbraith）は著書『豊かな社会』（1958年）の中で，失業の減少，実質賃金の上昇など経済成長を遂げたアメリカおいて，「貧困は，もはや普遍的もしくは大多数の不幸として表れていない」と述べたほどである[4)]。

しかし，1950年，連邦議会の両院経済報告合同委員会に提出された低所得世帯専門委員会報告「低所得世帯と経済安定」においては，完全雇用と繁栄を謳歌した1948年においてさえ，国民の実に26%が貧困状態（世帯年収2,000ドル以下）であった事実が公表された。さらに，同委員会が貧困に対する調査研究をまとめ，1955年11月の公聴会で行なった報告ならびに1959年に両院合同経済委員会の要請によって提出されたロバート・ランプマン（Robert Lampman）作成の関連資料『低所得人口と経済成長』では，「豊かな国」アメリカにおける貧困の実態が明らかされていた[5)]。しかしながら，こうした状況下にあっても，1950年代，経済的保障に関して連邦政府による政策的関与に消極的な共和党政権の下では，貧困問題が全国的水準で取り上げられることはほとんどなかった。

そして1960年代に入ると，アメリカにおける貧困問題を取り扱った著書および論文が多数発表されるようになった。それらのひとつである『もう一つのアメリカ―合衆国における貧困』（1962年）のなかでマイケル・ハリントン（Michael Harrington）は，アメリカでは数百万にのぼる人々が人間の尊厳を維持する水準以下で生存し，心身ともに痛めつけられながら生活していると指摘し，アメリカ国内の貧困の実態の解明と，包括的計画の実施を提言したのである[6)]。

確かに，アメリカ経済は，1961年2月以降，好況がつづいており，貧困世帯の割合は減少する傾向を示していたものの，その減少率は緩慢であった。これを見た民主党のジョン・F・ケネディ（John F. Kennedy）大統領は，貧困問題に対する対策に意欲を示し，大統領直属の「経済諮問委員会」のウォルター・ヘラー（Walter Heller）委員長，ランプマン委員らとともに，具体的な対応を開始した。彼らは，現金扶助を最小にして「自助」を最大にする「人間開発」をもとにした事業において，貧困状態にある青少年に重点を置くこと，また少数の貧困地域に対する集中的な対策事業を骨子とした案をまとめた[7)]。

このように，貧困問題に対して，経済発展による解消にゆだねることとともに，積極的に政治的対応を行なう必要が迫られた背景として，黒人運動に代表されるように，経済的繁栄からの恩恵を阻害されていた階層による大規模な抗議運動が大きな盛り上がりを見せていたこと，また，第二次世界大戦後のアメリカ社会の変化に伴って現れた社会の「病巣」に対し，社会科学者などを中心に，実際に貧困対策事業などに参加して積極的な対策を主張する有識者たちの声が高まったこと，さらには，東西冷戦体制が進行する一方，米ソ間での共存体制への移行に伴い，軍事支出の削減の一部を貧困事業へと割り当てることが賢明な選択と考えられたことなどがあげられる。ケネディ政権期においては，16歳から21歳までの青少年男女失業者に対しての職業訓練を計画する「青年雇用法案」，移民労働者，貧困地域住民，学校中退者，老齢者，障害者などのニーズを満たす計画を実行する地域社会に対して支援を行なう「国家奉仕隊法案」などが連邦議会に提案された。これらの法案は審議未了となったものの，しかし，ケネディ大統領の暗殺の後に大統領に昇格したジョンソン大統領によって，ケネディ政権期の貧困対策の構想が引き継がれることになった[8)]。

第4節　医療保障問題

アメリカにおいて，医療保障について連邦政府への要求が高まったのは，20世紀初頭である。労働者の待遇改善を目ざして労働補償立法の成立を求める活動を行っていた「アメリカ労働立法協会（AALL）」は，労働者の疾病に関する保障についてその活動の目を向け，1915年には医療制度改革への独自の法案を発表した。この法案は1917年には11の州の州議会に提出され，激しい議論を巻き起こした。当初こそアメリカ医師会，アメリカ病院協会，全米製造業者協会，そして労働者の間で好意的に受け止められていたものの，州政府が関与する強制的な医療保険制度を内容とする法案に対して，アメリカ医師会，アメリカ病院協会などが強力に反対し，労働者たちの中でも強制ではなく任意の医療保険を求める人々が存在し，結果的に1921年にいたるまでに，AALLの法案はこれを提案したすべての州で廃案となった[9)]。

1920年代に入り，アメリカにおける医療保障給付に関する調査・研究を行なう多様な団体が増加する一方で，1929年の大恐慌の発生によって，連邦政府による経済保障のみならず医療保障への関心はさらに高まりをみせた。1933年に大統領に就任したF・ローズベルトは，経済不況に対処するために一連の「ニューディール」政策を発表し推進していった。その際，医療保障については，1935 年に成立する社会保障法の立法過程で，医療や健康保険導入の可否が議論されたものの，しかし，社会保障法案の成立を優先するローズベルト大統領は，アメリカ医師会の激しい反対や南部民主党議員たちの反対を予期し，医療制度改革を断念したのである [10)]。その後，医療保険制度の導入を求めるニューヨーク州選出の民主党上院議員ロバート・ワグナー（Robert Wagner）らが，医療保障の包括的な制度の形成・発展を支援する連邦資金の増額を内容とする法案を連邦議会に提出したものの，しかし，ローズベルト大統領からの強い支援を得ることができず，結局廃案となった [11)]。

第二次世界大戦後，ローズベルト大統領の急死に伴い大統領に昇格したハリー・トルーマン（Harry Truman）は，自らの国内計画＝「フェア・ディール（Fair Deal）」の中で，強制的な国民皆保険制度の創設を含む包括的な医療計画を発表し，医療制度改革に積極的な姿勢を見せた。しかし，「医療の社会主義化」を掲げて反対するアメリカ医師会による大々的なキャンペーンによって，アメリカ社会各方面からの反対表明を増大させた。1940 年代後半のアメリカで高揚する反共・反社会主義の風潮のなかで，アメリカ医師会のキャンペーンは大きな効果を発揮したのであった。このため，妥協点を失ったトルーマン大統領は，1950 年代に入ると，激動する朝鮮半島情勢へとその関心を向けざるを得なかった [12)]。

1953 年に大統領に就任した共和党ドワイト・アイゼンハワー（Dwight Eisenhower）は，いかなる国民皆保険制度にも反対の姿勢を示した。こうした状況の中で，連邦議会においては，ロードアイランド州選出の民主党下院議員エイム・フォランド（Aime Forand）が，1957 年に社会保障法の下での老齢者の医療保障を内容とする法案を提案した。この法案は大きな注目を集め，皮肉にも，多大な資金を投入したアメリカ医師会による反対キャンペーンによって，老齢者のための医療保障に対する国民の関心を呼んだのである。

1960 年，医療保障に関する連邦議会での審議において，フォランドの法案はアイゼンハワー大統領の支持を得ることができずに廃案となった。しかし，民主党下院議員のロバート・カー（Robert Kerr, オクラホマ州）とウィルバー・

ミルズ（Wilbur Mills，アーカンソー州）が共同提案したカー・ミルズ法案が成立した。その内容は，貧しい老齢者に対する医療給付であり，受給者基準も州が決定するという内容のものであった。

1960年大統領選挙運動中にフォランド法案への支持を表明していたケネディ大統領は，連邦レベルでの医療保障制度の改革に積極的な態度を示した。まず「ニューフロンティア」政策の一部として老齢者に対する病院保険計画を提案し，就任後すぐに，65歳以上の老齢者を対象とした病院費および介護施設費用を保障し，その財源を社会保障税の0.25%の増税に求めることを内容とする法案を提案した。1962年にはケネディ大統領が支持するキング・アンダーソン法案が提出されたものの，しかし，アメリカ医師会のキャンペーン，連邦下院歳入委員会における反対に直面し，廃案となった。翌年の1963年にも同様のキング・アンダーソン法案が審議されたが，ケネディ大統領の暗殺に伴って審議の方は中断された[13]。

第5節　教育問題

教育に関しては，1930年代にF・ローズベルト大統領が行なった「ニューディール」政策を通じて，教育分野での連邦政府の役割の模索が行なわれていた。1930年代および1940年代を通じて，連邦政府による教育支援とは，実際には，「教育を連邦政府の管理下におく」ことを意味した。その結果，連邦議会では，連邦政府による教育支援を認める法案は，「貧しい」地域における学校への支援を除いて，成立しなかった[14]。

第二次世界大戦後，連邦政府の教育支援に関する議論のなかで，1940年代後半から，宗教団体が運営する学校への連邦政府の支援について各宗教団体からの反対が明らかにされ，また，1954年に連邦最高裁判所が下したいわゆる「ブラウン判決」の後，連邦議会における学校支援関連法案の議論では，白人児童と黒人児童への「平等な」支援を求める項目について，北部州選出議員たちと南部州選出議員たちとの間で激しい議論を呼んだ[15)]。そのため，連邦政府による教育支援は，進学を希望する退役軍人を支援するGI憲章や大学キャンパス内における学生寮建設のための低利貸付支援など，間接的，もしくは限定的なものにとどまったのである[16)]。

しかし，1957年のソ連による衛星スプートニクの打ち上げ成功は，アメリカ社会に大きな衝撃を与え，アメリカが科学の分野でソ連に遅れをとっている，あるいはアメリカの教育制度が劣っているとの議論が起こった。いわゆる「スプートニク・ショック（Sputnik Crisis）」を契機として，教育専門家や政府担当者たちが，とくに科学において学校カリキュラムの強化を促す一方で，連邦議会では，1958年，「スプートニク・ショック」を国家の「危機」と受け止めた議会は国防教育法案を成立させたのである。この法案の内容は，あらゆる学校教育レベルでの科学，数学，外国語教育を改善することを求め，10億ドルの連邦支出を認めたもので，アメリカの教育全般に対して連邦政府の責任を明確にする画期的な立法であった[17)]。

こうした中で，アメリカ各地の学校は，1960年代中ごろまでには，連邦政府に財政支援を渇望するようになっていた。第二次世界大戦後のベビー・ブーム世代の児童たちは，1950年代後半には学校へ入学するようになり，また，国民の間でも，産業構造の変化によって生じたオートメーション化と新技術の導入に伴い，就学の機会の拡大や教育施設の改善など，学校教育への関心が高まっていたからである。そして1960年代に入るや，入学者たちが増大し，地域の学校のみでは新たな学校施設の建設や教育の質向上などに対応することが困難な状況となっていた[18)]。

1961年に就任したケネディ大統領は，包括的な学校支援を求める法案を提案したものの，学校支援関連法案を阻んできた人種的，宗教的争点上の論争，連邦議会における支持者たちを結束させるリーダーシップの欠如，そして，共和党議員と南部民主党議員たちによる「保守連合」に阻まれ，目に見える成果を得ることができなかった。初のカトリック教徒の大統領として，ケネディは，政権の政策がカトリック教徒を優遇するという批判を避けることを望み，とくに教会団体が運営する学校に対する支援に神経質にならざるを得なかった[19)]。

第６節　生活の質の問題

・環境保全および環境汚染

17世紀初頭以来，入植したヨーロッパ人たちによる森林の耕地化と森林資源の輸出が行なわれた北アメリカ大陸では，いわば「無限」の資源の破壊・乱伐が続き，自然破壊による損失・被害が人々に脅威と受け止められたのは，いわゆる「フロンティアの消滅」が告げられた19世紀末であった。

19世紀末から20世紀後半にかけて，アメリカ社会では，自然環境の減少の防止と維持を求める人々により「自然保全運動」が展開された。その活動の成果は，1872年に世界初となる国立公園イエローストーンの指定や，その後のセコイア，ヨセミテなどが，国立公園として認定される結果を生み，また，この時期に，「シエラ・クラブ」あるいは「全米オーデュボン協会」など，後に環境運動の中核的組織となる団体が市民たちによって設立された。しかしながら，この運動を担った人々は，自然の保全に配慮することが可能な，金銭的・時間的余裕を持つ一部のエリート，または篤志家たちであり，都市部における荒廃した地域，事業活動によって生じる環境汚染などへの対策については，ほとんど関心が向けられないか，もしくは長期的視点を欠くものであった。

1930年代，F・ローズベルト大統領の下で，「ニューディール」政策の一環として，「民間国土保全部隊」が創設された。これは大恐慌によって失業を余儀なくされた青年たちを雇用し，道路建設，土壌の改良，山火事の防止や植林を行なわせることで，自然環境の改善を進めるものであった。また，テネシー渓谷開発公社（TVA）による水利事業は，テネシー河流域における有益な灌漑事業となった。しかしながら，これらの事業の中心にあった考え方は，自然環境を賢明に有効活用するというものであり，自然開発あるいは破壊を阻止するものではなかった[20)]。

環境汚染の問題は，アメリカではすでに19世紀末から発生していた。中部・東部の工業都市を中心として，石炭の使用による煙害が深刻さを増しており，1881年にはシカゴ市やシンシナティ市で煙害に対する規制条例が制定され，その後，1920年代までには人口20万人以上の多くの都市で同様の規制条例が設けられた[21)]。

第二次世界大戦後，アメリカは，科学技術の高度な発達，都市化，工業化に伴い経済的繁栄を享受する一方で，他方では全国各地において公害が発生し，それは人的被害をもたらすまでに悪化していた。1948年，ペンシルバニア州ドノラ市では，住民の大半が煙害のために呼吸疾患にかかり，20名が死亡する事件がおこり，また，1950年代にはいると，全国各地の大都市でスモッグ問題が深刻化していた。これらに加えて，河川，港湾地域の水質汚濁も指摘された。

大気汚染あるいは水質汚濁に対する政府の規制について，アメリカでは，それが伝統的に州政府の権限に属しており，州の自主規制にゆだねられていた。州権優位の伝統の中で，連邦政府の役割は環境汚染に関する調査研究などに限られ，環境汚染に十分な対応を行なうことができなかった。この問題に連邦レベルでの対応を求める声が高まっていたものの，1950年代，州権の尊重と州の責任を主張し，さらに連邦政府支出の抑制を望むアイゼンハワー大統領の下では，自然環境を改善するあるいは保全することを目的とした新たな提案は行なわれなかった[22)]。

1961年に大統領に就任したケネディは，前大統領とは対照的に，連邦政府の権限強化，とくに財政面での拡大を推進した。そのなかで，1963年に成立した「大気清浄法」は，地方自治体が計画する大気汚染規制に対して，保健教育福祉省長官の権限強化および補助金の増額をその内容とし，環境汚染問題への連邦政府の関与を拡大することになった[23)]。

・消費者保護

アメリカ社会において，19世紀中ごろから生じた都市化および産業の発展などに象徴される社会的・経済的状況の変化が急速に見られた。その結果，アメリカ社会では消費者問題が次第に自覚されるようになり，1899年には「全国消費者連盟」が結成された。初期の消費者運動は，消費者および労働者の視点から労働問題にも目を向け，純正食品および医薬品法などの初期の労働者保護立法の制定に寄与した。1929年から第二次世界大戦にかけて，消費者運動はアメリカ社会に根づき，商品テスト，消費者保護立法への活動，さらには消費者教育にまで拡大するようになった[24)]。

第二次世界大戦後，アメリカ社会での消費者保護意識の高まりに対応して，連邦政府は，人体に危害を及ぼす可能性がある多様な種類の危険物質もしくは製品に対して，実質的な規制を増大させていった。たとえば，核燃料および放射性物質に関しては，連邦政府の特別な管理下におくことを定めた「原子エネルギー法」が1946年に成立し，また，食品，医薬品および以前は規制の対象外であった製品の中に，危険性を持つ物質が含まれる可能性が発見された際，それを農務省もしくは食品医薬品局に提出する手続きを規定し義務付けたのが1947年の「連邦殺虫殺菌殺鼠法」である。

また，医薬品に関する重要な立法として，危険な薬品を求める際には医師の処方箋を必要とすることを規定した1951年の「医薬品処方箋法」，工場検査の際に食品医薬品局の権限強化を定めた1953年の「改正工場検査法」，そして，新薬の承認手続きにおける条件の追加，市場からの危険物質の早急な撤去を行なう際の食品医薬品局の権限の強化などを内容とする「1962年改正医薬品法」などがある[25)]。

連邦政府によるこれらの一連の規制に対して，産業界からは当初，懸念と反対が表明されたものの，しかしながら新たな規制が必要なのは明白であり，産業界は徐々に受け入れを表明していった。ただ，一部の業界では，例えば化粧品産業においては規制への反対が激しく，化粧品に関する規制を強化する法案は成立にいたらなかった。

一方，連邦政府による規制の不備を指摘する批判も生じた。レイチェル・カーソン（Rachel Carson）は，1962年に出版した『沈黙の春』の中で，DDTをはじめとする農薬に含まれる化学物質の危険性を主張し，農薬の無制限の使用が生態系と人体に及ぼす危険を説いた。カーソンの著作は国民に大きな衝撃を与え，化学物質に関する関心を高めることとなった[26)]。

第7節　その他

・移民法の改正

19世紀末まで，アメリカ国民の大部分は，イギリス，アイルランドもしくはドイツ，オランダ，北欧からのいわゆる「旧移民」であった。1890年から1914年の間に多数流入した「新移民」たちは，南・東ヨーロッパやアジア地域からの移民たちであり，このような状況下で，「旧移民」たちは，「新移民」たちが持ち込む見知らぬ言語，宗教，慣習に対して不快感を感じたのである。すでに，1882年に，主にカリフォルニア州で金鉱採掘や鉄道建設における安価な労働力を担っていた中国系移民に対して，国内での排斥運動を反映した中国系移民排斥法が制定され，また，1907年には，アメリカ政府と日本政府の間で日系移民の移住を禁止する紳士協定も締結されていた。

第一次世界大戦の勃発により，アメリカ国内で「枢軸国」出身の移民に対する排斥感情が高まるなか，大統領ウッドロー・ウィルソン（Woodrow Wilson）の拒否権を覆して成立した「1917年移民法」は，主に南・東ヨーロッパからの移民の流入を制限し，移民希望者に対して識字テストを課すことを定めたものである[27)]。第一次世界大戦後，アメリカ国内において南部諸州の農村からの黒人の都市部への移住，戦後の復員，産業における機械化の急速な進展によって，1920年代のアメリカ労働市場では労働者の相対的過剰が生じた。このような国内状況を背景にして，連邦議会において「1924年移民法」が成立したのである。その内容は，移民制限の方式がいわゆる「原国籍割り当て制度」であり，1890年以降に急増した南・東ヨーロッパやアジア地域からの移民流入の制限を目的とし，それはアングロ・サクソン系を中心とした先住国民の人種・民族的な偏見を反映していたのは否めない[28)]。

第二次世界大戦後においても,「原国籍割り当て制度」が移民政策の中心的課題としてすえられた。戦後,割り当て制度に反対する人々によって,連邦議会で割り当て制度の再検討が促されたものの,東西冷戦という国際状況の中で,“マッカーシズム”に示されたように反共産主義の風潮が広まり,制度改正は政治的に不可能であった。1924年移民法以来最大の移民法改正とされた1952年成立の移民帰化法においては,移民・帰化についての民族的・人種的差別をある程度緩和したものの,しかしながら原国籍に基づく割り当て数の配分の原則を改変するまでにはいたらなかった[29)]。

1961年に大統領に就任したケネディは,自身がアイルランド系移民の曾孫であることもあって,原国籍割り当て制度の改正を支持する態度を示した。だが,移民法改正についてケネディ大統領の協議事項における優先順位は低く,また,連邦議会においてもほとんど注目を浴びることなく,積極的に立法措置に動くことはなかった。しかし,1963年6月23日,ケネディ大統領は連邦議会に向けて特別教書を提出し,その中で5年をかけて新たな制度へと移行させ,移行期間中にはいかなる国も移民総数の10%を超えないようにすることを求め,また,移民審査機関に対して,技能を持った移民の受け入れに対する基準を設けることを要請した。しかし,連邦議会における法案審議を待たずに,ケネディ大統領は暗殺されたのであった[30)]。

第8節　おわりに

1963年11月,民主党のケネディ大統領が暗殺され,副大統領であったジョンソンは大統領へと昇格した。ジョンソン大統領は,前任者の路線を継続することを国民に約束し,ケネディ政権の遺産を継続しつつ,戦後のアメリカ社会に取り残された,あるいは新たに発見された問題に対して取り組むことになる。後述するように,ジョンソン自身が強力に推進した「偉大な社会」計画の中で,偉大な社会へ到達するために多くの立法を成立させた。例えば，公民権法案，反貧困法案，投票権法案，教育法案，メディケア，移民法の改正，消費者保護法案，環境保全法案，など“社会福祉”を実現するための重要な法案の成立である。

ジョンソン政権期に成立した多くの法案は，ジョンソン大統領が意図したように，アメリカ国民の生活のあらゆる分野に影響を与えたのはいうまでもない。それらはアメリカ史上最長の経済成長の中で，その恩恵にあずかれない人々，ことに貧しい人々や黒人，老人などの生活の質を向上させただけでなく，“中産階級”の人々の生活を向上させるものでもあった。

<注>

1) 砂田一郎『〔新版〕現代アメリカ政治－20世紀後半の政治社会変動』〔芦書房，1999年〕，107-111頁。

2) 中島和子『黒人の政治参加と第三世紀アメリカの出発』（中央大学出版，1989年），152-153頁。

3) アメリカ学会編『原典アメリカ史　第7巻』（岩波書店，1982年），240-241頁；大森彌「現代行政における『住民参加』の展開―1960年アメリカにおける『コミュニティ活動事業』の導入と変容―」『現代行政と官僚制，上巻』（東大出版，1974年），268頁。

4) 田中寿「資料：アメリカの貧困戦争」『レファレンス』第16巻，1号（1966年，11月），101頁。

5) 同上，101-103頁。

6) 同上，100-101，103-104頁。

7) 大森，前掲論文，「現代行政における『住民参加』の展開」，280-281頁。

8) 濱賀祐子「貧困との戦い―『経済機会法』の成立をめぐって―」藤本一美編『ジョンソン大統領とアメリカ政治』（つなん出版，2004年），147-149頁。

9) 天野拓『現代アメリカの医療改革と政党政治』（ミネルヴァ書房，2009年），70-72頁。

10) Theodore Marmor, *The Politics of Medicare Second Edition* (NY: Aldine De Gruyter, 2000), pp. 5-6.

11) 天野，前掲書，『現代アメリカの医療改革と政党政治』，73-76頁。

12) Congressional Quarterly Inc., *Congress and The Nation Volume 2* 1965-1968 (Washington, D.C., 1969), p. 754; 天野，前掲書，『現代アメリカの医療改革と政党政治』，76-78頁。

13）Marmor, *op. cit.*, *The Politics of Medicare*, pp. 31–44.

14）James L. Sundquist, *Politics and Policy* (Washington, D. C.: Brookings Institution, 1968), p. 155; Congressional Quarterly Inc., *Congress and The Nation Volume 1 1945–1964* (Washington, D.C., 1969), p. 1195.

15）*Ibid., Congress and The Nation 1945–1964*, pp. 1195–1197.

16）John A. Andrew, *Lyndon Johnson and the Great Society* (Chicago: Ivan R. Dee, 1998), pp. 115–116.

17）Congressional Quarterly Inc., *op. cit.*, *Congress and The Nation 1945–1964*, pp. 1200–1201; Sundquist, *op. cit.*, *Politics and Policy*, pp. 173–180.

18）Andrew, *op. cit.*, *Lyndon Johnson and the Great Society*, pp. 114–115.

19）*Ibid.*, 116.

20）岡野成行『アメリカの環境保護運動』(岩波書店, 1990年), 105–108頁;宗像優「ジョンソン政権と環境政策」藤本一美編『ジョンソン大統領とアメリカ政治』(つなん出版, 2004年), 165–166頁。

21）谷口安平「環境保護」川又良也編『総合研究アメリカ　4　平等と正義』(研究社, 1977年), 297–299頁。

22）Sundquist, *op. cit.*, *Politics and Policy*, p. 323.

23）宗像, 前掲論文,「ジョンソン政権と環境政策」, 167頁。

24）北川善太郎「アメリカにおける消費者保護と法」川又良也編『総合研究アメリカ　4　平等と正義』(研究社, 1977年), 250–251頁。

25）Congressional Quarterly Inc., *op. cit.*, *Congress and The Nation* 1945–1964, p. 1163.

26）谷口, 前掲論文,「環境保護」, 288頁。

27）Irving Bernstein, *Guns or Butter*: *The Presidency of Lyndon Johnson* (NY: Oxford University Press, Inc., 1996), pp. 245–249.

28）古矢旬『アメリカニズム―「普遍国家」アメリカのナショナリズム』(東京大学出版会, 2002年), 97–99頁。

29）同上, 99頁; Bernstein, *op. cit.*, *Guns or Butter*, p. 249.

30）*Ibid.*, pp. 250–252.

第3章　一般教書演説（1964年-1969年）に見る「偉大な社会」計画

第1節　はじめに

本章では,「偉大な社会」計画の概要を知るために，ジョンソン大統領が行った1964年から1969年までの毎年の「一般教書」演説を検討する。ここで一般教書を利用するのは，それがその時々のアメリカの時代状況と政権の哲学をある程度反映していると考えられるからである。アメリカ合衆国連邦憲法第二条第三節によれば，大統領は随時連邦の状況につき情報を連邦議会に与え，また，自ら必要にして良策なりと考える施策を連邦議会に提案する義務が課されている。大統領には直接法案を提出する権限がないため，一般教書を通じて，自らの政策の実行を連邦議会に要請する。従って，一般教書の内容を見れば，その年の政権が国内外に関する現状をどのように認識しているのか，また，時の大統領が具体的にいかなる立法措置＝政策課題を連邦議会に要請しているのか，その輪郭を把握することが可能であると考える[1)]。

本章では，まず第一に，その年の一般教書の概要を紹介し，その中でジョンソン大統領の国内政策に関する文言をとりあげて,ジョンソンが「偉大な社会」計画に関連して具体的にどのような立法措置を連邦議会に要請したかを検討する。第二に，一般教書で要請した提案がどのような形で立法化したかを述べ，また，その年にアメリカ社会で生じ，後にジョンソン政権が対応に苦慮する問題の萌芽となる社会的事件を述べる。それと同時に，年を追うごとに介入の度合いを深めるベトナム戦争について,戦費の増大により,「偉大な社会」計画が，次第に予算などの面で退潮を余儀なくされた動きを，予算教書などを通じて明らかにし，ジョンソン大統領が推進する，いわゆる「バターも大砲も」政策が破綻する状況を明らかにしたい。そして第三に，「偉大な社会」計画を具現した各法案の概要と意義を考察し，第三部の論述につないでいきたいと考える。

第2節　1964年の一般教書

ジョンソン大統領は，1964年1月8日，午後零時30分から連邦議会下院本会議場に集った上下両院議員に対し，1964年の一般教書演説を朗読した。大統領は国内問題にこの教書の重点をおき，特に公民権法案，減税法案の早期成立を要望し，また，貧困追放，政府の経費節約を強調した。教書は約2,900語，例年の一般教書に比べて外交問題に触れた部分が少なく，大西洋および太平洋協力体制の強化，国連強化，東西関係の改善，低開発国援助，中南米諸国との善隣政策の促進などについて，簡単に述べた程度にとどめた。しかし，大統領は，アメリカの平和追及，軍備縮小方針を明らかにするとともに，1月21日に再開される18カ国軍縮会議で新提案を行なうと言明した。このように，内外政策を通じて大統領はケネディ前大統領の方針を踏襲することを再確認し，「ケネディ大統領の諸計画を推進しようではないか。それは彼の死に対する悲しみからではなく，残された諸計画が正しいものであったからである」と述べた[2)]。1964年の一般教書は，ジョンソン大統領が，ケネディ大統領の計画や構想を実現するため，効果的で正直かつ質素な進歩的施政を行うことを表明するものであった。つまり，ケネディ政権時代の政策の継続を明らかにすることによって，国民および全世界に安心感を与えようとしたものであった[3)]。

内政政策に関しては，まず予算案において財政赤字を49億ドル（64年度は100億ドル）に削減し，新規債務負担権限の要請額も1,038億ドル（64年度は1,079億ドル）とするとして，緊縮方針を打ち出した。次に，貧困に対しての全面的な宣戦の布告を宣言した。さらに，教育計画の一部としての学校援助基金の設立と各地域における図書館の増設，老齢者に対する医療補助，住宅改良および市街地改善計画の一部としての老齢者，貧困者に対する住宅の供給，各地域における交通輸送機関の改善を提案した。この中で，国内問題で最も強調されたのは減税法案と公民権法案についてであり，減税法案は64年2月1日まで，公民権法案は64年の会期中までと，両法案とも期限目標が明らかにされた。

一方，「偉大な社会」の計画について，ケネディ大統領の諸政策を基本的に引き継いだジョンソン大統領は，残りの任期の間に大統領選挙に備える材料を確保するため，前政権の残した政策に沿ってこれをさらに一歩前進させることを内外に表明した[4)]。ジョンソンは，一般教書の中で，9ページのうち最初の7ページを内政面に当て，社会・経済生活における改善と充実への青写真を国民に示した。しかもそれは，単なる理想論としてではなく，一般の国民が十分に理解できるように説明を行ない，その目的を達成しようとしていたことが注目された。連邦政府が貧困に対してまず第一に全面的な宣戦を布告し，次に貧困に対してこれを改善することを強調し，ジョンソンは次のように述べた。「貧困とは国家的問題であり，全国的な組織と支援体制を改善する必要がある。この攻勢を効果的にするために諸州や都市における段階においても組織され，支援されなければならない」[5)]。これは基本的な必要を満たすにも足りない収入で生活を余儀なくされている家族の5分の1を支援するものであるとし，具体的には，地域開発計画の拡大，青年雇用法の制定，食糧配給計画の拡大分配，国民奉仕（ナショナル・サービス）部隊の創設，失業保険の近代化，オートメーションに関する上級レベルの委員会の設置，最低賃金法の改正を実施しなければならないこと，などを提案した。

次に，アメリカの教育計画の一部として，国内で最も深刻な状況にある地域における相談・助言と教育，訓練の質の向上を目的とした特別の学校援助資金の設立，あらゆる地域におけるより多くの図書館・病院の建設，老齢の市民が病院に入院する保障を行う必要があることを訴えた。また，老齢者医療保険制度については，勤労者と雇用者からの毎月1ドル以内の拠出金による社会保障制度によってそれを支援するとした。さらに住宅改良，市街地改善計画の一部として，スラムから出される人々に援助を与え，貧困者と老人に住宅を与え，そして最終的にすべての家庭が良質な住宅に住めるように努力しなければならないことを示した。他方で，各地域をむすぶ大量輸送機関と低コストの輸送手段の改善を行なわなければならないことも強調した。アメリカ各地で大きな問題となっている人種差別問題については，これは“道徳的”問題であるとして，64年会期中の公民権法案成立を訴えた。これに加えて，移民入国制度に関して差別待遇の法律を改善しなければならないとした[6)]。

1964年1月に開会された第88連邦議会では，1964年一般教書で述べた提案について，まず，ジョンソン大統領が期限目標を示して成立を強く訴えた減税法案が2月28日に，また，ジョンソンが同じく今会期中での成立を望んだ公民権法案も，連邦上院での“フィリバスター”の打破に成功し，7月2日に成立した。これによって，前ケネディ政権の2つの遺産である減税法案および公民権法案の成立が現実のものとなった。さらに，ジョンソンが一般教書の中で宣言した「貧困との戦い」の中核となる経済機会法案が8月20日に成立するにいたり，ジョンソンは，1964年秋に行なわれる大統領選挙前までに，国民に対して大きな成果を示すことができたのである[7)]。

一方，一般教書の中でジョンソン大統領が要請した老齢者への医療補助（メディケア），連邦政府による教育援助など，その他の重要な法案は，成立にいたらなかった。ジョンソンは，大統領選挙の直前にいたるまで，諸法案の成立に精力的かつ熱心に取り組んだ。たとえば，両院協議会で廃案となったメディケアについて，法案が上院を通過して両院協議会で審議されている間，その審議の過程を注視し，関係閣僚および連邦議員たちと連絡を取り，たびたび協議を行なった[8)]。

しかしながら，1964年大統領選挙運動にむけて，成立にいたらなかった法案が，再選を目ざすジョンソン大統領にとって格好の材料を提供したのもまた否めない。つまり，一方で「偉大な社会」の建設というスローガンを掲げつつ，他方でジョンソンは，不成立に終わった法案の推進のために自らへの支持を国民に訴えることができたからである[9)]。

1964年大統領選挙の結果は，ジョンソン大統領の圧倒的勝利に終わった。

さらに，同時に行なわれた連邦議会選挙では，上下両院ともに民主党が議席を増やし，多数の民主党リベラル派議員が当選した。これによって，上下両院の重要委員会内における民主・共和両党間の勢力に変更が加えられることになり，ジョンソンが望む諸法案が成立する大きな機会が生じたのである。

他方，1964年という年は，後のジョンソン政権が困難に直面する問題がすでに表面化した年でもあった。そのひとつは，黒人暴動の全国化と恒常化である。公民権法成立後の7月，ニューヨーク州のニューヨーク市およびマンチェスター市で黒人暴動が発生し，それは州兵が出動して鎮圧にあたるほど大規模なものとなった。この暴動は，公民権運動が活発な南部だけでなく，東北部の都市部においても深刻な人種問題が存在すること，また，公民権法施行による地位向上のみでは収まらない不満が黒人たちの中に存在することを示すものであった。頻発する黒人暴動は，7月に入ってから集中的に発生したことから，以後，それは，「長い暑い夏（Long Hot Summer）」と称されるようになる[10)]。

もうひとつは，8月上旬，北ベトナム近海で起こった「トンキン湾事件（Gulf of Tonkin Incident）」に続く，連邦議会による8月7日の「トンキン湾決議（Gulf of Tonkin Resolution）」である。「トンキン湾決議」によってベトナム政策に対する“白紙委任状”を手にしたジョンソン大統領は，当初，国民に対して「戦闘の拡大を望まない」と説明したものの，後に，ベトナムでの戦線拡大，泥沼化へと続く契機となるものであった[11)]。

第3節　1965年の一般教書

ジョンソン大統領は，1965年1月4日午後9時，連邦議会上下両院合同会議に出席し，大統領選挙当選後としては最初の1965年一般教書を朗読した。大統領はこの中で，新年度における外交，内政の基本方針を明らかにし，連邦議会および国民の一致協力を求めた[12)]。

まず外交問題について，世界が依然として脅威の中にあることを認め，自由に対する侵略とあくまで戦うと同時に，ソ連，東欧共産圏との平和的相互理解を深めていく希望を表明し，ソ連首脳の訪米招請を間接的な表現で示した。西ヨーロッパに対しては自主性を尊重すること，中南米には「進歩のための同盟」への支持を拡大していくことを約束し，65 年中に両地域を訪問する意向を述べた。また，アジアにおいては共産主義がますます侵略的な様相を呈しているとして，「アメリカの安全はアジアの平和に結びついている」と 10 年来の南ベトナムへの援助は継続することを強調した。ただ，中国については直接にはなにも言及しなかった[13]。

一方，国内問題については，教書全体の約３分の２が割かれ，ジョンソン大統領が希望する「偉大な社会」計画の輪郭が具体的な立法提案の形をとって明確に示された。現在のアメリカの基本的な課題は，経済成長の継続，すべての国民に対しての機会の開放，国民の生活の質的向上の３点にあるとしながら，教育，貧困追放，保健，社会保障，都市改造，物品税減税，公害防止，高速鉄道計画，芸術家の保護などの具体的な立法提案を説明した。また政府部門においては能率を向上させ経費節減を促進するための機構再編成を検討することを示し，各種の法律の不備に対する改正を提案した。

「偉大な社会」計画に関する項目については，1965 年の一般教書のなかで，ジョンソンは，次のように述べた。「我々は歴史上もっとも大きな経済福祉の高まりのなかにいるが，我々は隣人と自然から疎外されたような，荒廃した都市と荒涼とした郊外に閉じこめられるような，教育の欠如と余暇の不足によって妨げられるような，そのような豊かさの中には住みたくない」と。ジョンソンは，国民に向けて直接「偉大な社会」計画への到達を呼びかけたのである。

まず，あらゆる児童の精神と能力を育成・確保するための教育計画の開始，疾病への大規模攻撃の開始，アメリカの諸都市をよりよく改善する国家的努力の開始，困難と不況に苦しむ地域への新たな計画の開始，アメリカの美化，河川および大気の浄化，犯罪の防止と抑制のための努力の開始，投票する権利と機会を妨げる障害の除去，芸術と思想の尊重と支援，無駄と非効率に対する全面的なキャンペーンの開始，を提案した。

その上で，「我々の基本的な責務は３点あり，経済成長を維持すること，大部分のアメリカ人が享受している機会をすべてのアメリカ人に開放すること，あらゆる人々にたいして生活の質を改善すること，である」とし，以下の内容をさらに詳しく政策の中で述べた。すなわち，「成長する経済」の項目では，基本政策は繁栄の維持であるとし，そのための完全雇用の追求，物品税の削減，景気後退の兆候に対する迅速な措置，均衡予算と均衡経済，海外市場の開拓，農業経営者に対する支援，国家の発展に取り残された地域の地域回復計画，労働者に現代の技術を習得させるための努力の強化，（労組などの）保護を受けていない労働者に対する最低賃金適用の拡大，タフト・ハートレー法のユニオン・ショップ禁止条項の撤廃，失業改善と失業補償制の近代化，高速鉄道計画，を提案した。

次いで「すべての人々に機会を」の項目の中では，大部分のアメリカ人はよりよい生活を享受しているものの，依然としてあまりに多くの人々が貧困と無知，恐怖の生活を送っているとして，老人に対する社会保障を基にした医療施設の提供，生活困窮者に対する給付の増額，貧困戦争に対する努力の倍加，黒人に対する公民権の施行と投票権行使の障害の除去，移民法の改正，を提案した。

さらに「豊かな生活のために」の項目の中では，アメリカ的な生活の質を向上させることが必要であるとして，より具体的に，貧困家庭における学齢以前の幼児に対する計画，低所得者家庭の初等中等児童の援助，高校生に対する大学進学への奨学金給付，大学生に対する低金利での学費貸し付け，各種研究センターの施設水準の向上，健康に関する研究と診察に対する大規模な計画，全体的な大都市地域の開発と住宅計画，そのための住宅・都市開発省の創設，高速道路美化，都市環境の改善，河川および大気の浄化，環境汚染に対する法的整備，を訴えた。以上の目標を達成するためには政府機構が近代的で能率的でなければならないとして，政府機構の再編成，経費の節減を検討していることを述べた[14)]。

1965年1月から開会された第89議会第一会期は，ジョンソン大統領にとって連邦議会から大きな成果を引き出した会期となった。連邦議会において，自らが望んだ法案を次々と成立させたジョンソンは，10月7日，“わが国の歴史上，諸委員会および上下両院から創造的な諸法案を最も多く生み出した…途方もない第89議会[15)]”と述べたほどであった。

まず，貧困の撲滅に関しては，1964年に成立した経済機会法，アパラチア地域開発法などへの予算が昨年とほぼ倍に当たる17億8,5000万ドルの承認をえた。教育に関しては，初等・中等教育に対する連邦政府による援助を内容とする「初等中等教育法（Elementary Secondary Education Act of 1965)」(4月11日成立)，また，保健医療の分野では，民主党リベラル派の20年来の念願であった老齢者に対する医療補助が「メディケア・メディケイド（Medicare and Medicaid)」として成立（1965年社会保障法改正,7月30日成立）した。さらに，黒人投票権に関して，黒人に対する投票権の更なる保護を定めた「投票権法」(8月6日)が成立した。その他の重要立法として,「移民法の改正」(10月3日)，都市住宅省の新設（9月9日)，「水質汚染法」(10月2日)，「大気汚染法」(10月20日)，「消費税減税」(6月21日）などが挙げられる[16)]。

一方,ベトナム政策については,1965年は,本格的な北爆の開始とエスカレーションの年であった。ジョンソン大統領は，2月，北ベトナムへの爆撃を決定，3月にはアメリカ軍7万5,000人を派遣した。その数は，6月末までには12万5,000人に達し，アメリカ軍の犠牲者については，10月に入ると毎週1,000名を超える戦死者が報告されるようになった。この年，連邦議会には，ジョンソンのベトナム政策を批判する一部の上院議員たちが存在したものの，他方でジョンソンが要請した約58億ドルのベトナムへの特別支出を圧倒的多数で承認したのである[17)]。

このように，対ベトナム政策がエスカレーションの一途をたどるなか，ベトナム戦争を中心としたジョンソン政権の外交政策への批判のきっかけとなったのが，3月24日にミシガン大学で行なわれた「討論集会（ティーチイン)」であった。これを契機として，全米の大学，あるいは諸外国において同様の抗議運動が展開された。4月17日には，ワシントンD.C.において学生を中心とした抗議行動が行なわれ，これ以後，ベトナム戦争反対運動が全国各地で高まりを見せていくことになる。

また，人種問題では，8月11日，カリフォルニア州ロサンゼルスのワッツ地区において大規模な黒人暴動が発生した。16日まで続いた暴動は，死者36名，逮捕者は4,000名を超え，被害総額としては1億7,500万ドル以上とアメリカ史上最大規模のものとなった。折りしも，事件発生の5日前の8月6日には，黒人投票権保護を強化する投票権法が成立したばかりであった[18)]。

第4節　1966年の一般教書

ジョンソン大統領は1966年1月12日午後9時，連邦議会上下両院合同会議に出席して一般教書を朗読し，1966年における内政，外交の基本方針を明らかにした。大統領はこの中で,特にベトナム問題に重点をおいて説明を行い,平和解決のための努力を続けることを約束するとともに，共産勢力による侵略がやむまではベトナムに残る決意であることを強調した。

ジョンソン大統領は，クリスマス休戦にはじまる“平和攻勢”については20日間北爆を停止し，100カ国以上の国と話し合い，様々な伝達手段を通じてアメリカの立場を明らかにしたにもかかわらず，北ベトナムからはいまだに何の返答もなく失敗したのか成功したのかわからない，ということを明らかにした。また，アメリカの立場は，ベトナムに何の野心もなく，民族自決の原則のもとに戦っていること，アメリカは54年と62年の「ジュネーブ協定」を守ること，4項目（北ベトナム提示）であろうと14項目であろうと，いかなる提案でも，会議のテーブルで討議するつもりであること，南ベトナムが自らの将来を決めることが保証される場合には，アメリカ軍は撤退することなどを強調した。今後の見通しについては，長い，困難な戦闘か，または長い，困難な会議か，あるいはその両方かわからないとし，停止した北ベトナム爆撃の再開のめどについてもなんの示唆もなかった。またベトナム戦争の根源は，北ベトナムからの侵略にある，という事情を説明し，アメリカは過去三代の大統領の約束を守らなければならないこと，またアジア諸国の独立はアメリカの保護に頼るところが大きく，アメリカは決してアジアを征服者にゆだねるつもりはないことなど，強硬な姿勢を示した。その上で，そのために新年度予算1,128億ドルのうち，国防費として583億ドルを要求したのである[19)]。

ジョンソンのベトナム戦争に対する姿勢はこれまでになく高いものであった。しかし，ベトナム問題に関する文言は「連邦議会に対してよりも国民に向けて発した戦意高揚演説の印象を与える」ように具体的説明に欠く，きわめて情緒的で抽象的な表現が用いられた空疎な内容のものに終始した[20)]。

一方，内政問題については，ジョンソン大統領は，「ベトナムで戦いながらも偉大な社会を継続できると信じる」と述べ，ベトナムでの努力と平行して「偉大な社会」の建設も進めることを強調した。国内政策について，具体的な政策の示されないベトナム政策と比べて，明確な政策を提案した。すなわち，貧困との戦い，保健，教育，社会福祉，都市開発などの諸政策を引き続き推進することを明らかにして「大砲もバターも」両立させる考えを示したのである[21)]。

1966年の一般教書は，国内においては「偉大な社会」計画をさらに促進させることを提案する一方，国外において，対ベトナム戦争により重点を置いた内容であった。しかしながら，ジョンソン大統領は，一般教書の中で，「偉大な社会」計画に対する支出を惜しまないし，ベトナムでの戦費増大に対してはあくまで他の経費節約，支出増などで応じることを表明した[22)]。

ジョンソン大統領は，連邦議会に対する要請として次の10項目を提案した。すなわち，①前年（1965年）連邦議会が成立させた保健・教育計画のための資金供与，②貧困追放の積極的遂行，③自助の決意を持つ国の援助に新方針樹立，④ソ連，東ヨーロッパとの通商拡大措置，⑤都市中心部，スラムの大規模な再開発，⑥河川浄化，⑦街頭犯罪防止，⑧公民権に関する犯罪の連邦犯罪扱い，⑨運輸省新設，⑩下院議員任期の4年への延長，である。これら10項目のうち，7項目に関して，これまでジョンソンが提唱してきた「偉大な社会」

計画に関係するものであり，また，「偉大な社会は３つの道に沿ってわれわれを導く」以下の文言も「偉大な社会」計画に関するジョンソンの見解，そしてそれについての具体的な提案が示されていた。

まず，第一の道（成長）において，「経済成長がわれわれの福祉を支え，われわれの進歩のための手段を提供する」というジョンソン大統領の見解を述べ，過去５年間における労働者の賃金，就業人口，企業の収益，平均農業経営者収益の上昇および国際収支の赤字減少を具体的数字で示した。そして，経済成長に伴うインフレを警戒し，これを防止するために労使双方が物価と賃金の安定に努めることが重要であるとした。ベトナム戦費の増大に関しては，「ベトナムのために必要となればさらなる政府支出，歳入の追加を求めることに躊躇はしない」として自動車税，電話使用税の一時的差し戻しで対処することを提案し，それに加えて納税機構の改善，税制の簡素化を述べた。

次に，第二の道（正義）においては，連邦，州裁判所での人種差別をしない陪審員を選ぶ際の不可欠な必要条件を確立するための立法措置，およびこれらの必要条件を実施するために必要な権限を司法長官に与える立法措置，公民権運動家あるいは憲法で保障された権利を行使するものに危害を加えることに対する連邦裁判所の管轄権を強化する立法措置，およびそれらの犯罪に対する罰則を強化する立法措置，住宅の売買，賃貸に際しての人種差別を禁止する立法措置，を提案した。また，連邦議会に向けての貧困に対する闘争のさらなる促進の要求，農村の生活と農地汚染を改善するための新しい地域開発区の建設を示した。労働者に関しては，失業保険の改善，最低賃金法の拡大，タフト・ハートレー法14条Ｂ項の撤廃を提案した。さらに，連邦議会に対して，国家の利益に重大な損害を与えるようなストライキに対処するための法案，それが州や地方の権限を侵害することのないような法案を検討するように求めた。

最後に，第三の道（解放）においては，今年も生活の質の改善を続けなければならないとして，昨年の保健・教育計画の改善と遂行，教育部隊，家賃補助，コロンビア特別区の自治の３計画についての下院における早急な立法手続きの完了，国民のよりよい生活のための私企業と連邦政府の協力，大都市における発展のための計画促進，あらゆる河川の汚染に対するさらなる資金の準備，増加する犯罪に対処するための各地の警察力の近代化，強化の促進，1966年高速道路安全法の提案，消費者のための商品包装物における内容物の明確な表記，を示した。さらに，行政各部機構を改善し都市，州，国家間の関係を現代化する必要があるとして，運輸省の創設，連邦組織に関する検討委員会の設置，政治献金に関する非現実な制限の改正，下院議員任期の4年への拡大，を提案したのである[23]。

第89議会第二会期において成立した主要法案として，まず，貧困対策関連諸法への予算が17億5,000万ドル承認されたことが挙げられる。しかしながら，それはジョンソン大統領が要請した額よりも削減されたものであり，ジョンソン政権も，連邦議会での審議過程で予算増額を求めて積極的に行動することはなかった。教育の分野では，1965年に成立した初等中等教育法への予算増額を規定した「初等学校支援法」（11月3日），都市再開発計画では，都市の荒廃への対応と再開発を意図する「デモンストレーション都市法」（11月3日）が成立した。消費者保護に関する立法は，連邦政府による自動車の安全基準を設けた「自動車安全法」（9月9日），自動車事故対策を定めた「高速道路安全法」（9月9日），運輸省の新設（10月15日），その他の重要立法として，「最低賃金法」（9月23日），「水質汚染管理法」（11月3日），「商品包装表示法」（10月19日），「情報自由法」（7月4日），が挙げられる[24]。

1966年の連邦議会では，ジョンソン政権が提案した法案の成立率はおおむね良好であったといってよい。実際，10月24日には，ホワイトハウスは，1965年の第一会期を含めた第89議会の業績のリストを公表し，30もの立法を“画期的な，歴史的重要性を帯びる”ものとして列挙してみせた[25]。しかしながら，11月8日に行なわれた中間選挙では，連邦上下両院ともに共和党議員が議席を増大させる結果となった。上下両院における民主党の過半数の優位を崩すまでには至らなかったものの，下院では共和党が45議席も増やし，また，同時に行なわれた州知事選挙においても，10の州において共和党知事が誕生することとなった。

一方，1966年におけるベトナム政策は，拡大の一途をたどり，ベトナム戦争の「泥沼化」や「アメリカ化」が叫ばれるようになった。これは，アメリカ軍の大量投入と大量爆撃が，規模と段階でともに拡大されたためであった。南ベトナム駐留のアメリカ軍は38万9,000名までに上り，ベトナム戦費は220億ドルが投入され，戦死者数は5,000名近くに達した[26)]。

こうした中で,連邦議会の中では,ベトナム戦争に異議を唱えるいわゆる「ハト派」が登場した。彼らはジョンソン政権の対外政策を公けに批判した。アメリカの基本的な外交・軍事政策をめぐって，民主党を中心とするハト派の集団が，ジョンソン政権に対して明確な反対表明を行なったのである。

また，人種問題に関して，夏季を迎えると各地のスラム地区で黒人を中心とする暴動が頻発した。このことは，東北部の諸都市における黒人問題の深刻化を示す一方，黒人に対するいわゆる「ホワイト・バックラッシュ（白人の巻き返し)」が顕在化していることをも示した。各地での黒人暴動とともに，急進的な黒人団体と差別主義団体との衝突が発生する事態に至るなど，アメリカ国内で混乱が続いた。

第5節　1967年の一般教書

ジョンソン大統領は1月10日の午後9時30分，この日開催された第90議会の上下両院合同会議に出席，一般教書を朗読して，1967年の内政，外交の基本政策を明らかにした。大統領はその中で「ベトナム」に関しては「名誉ある平和」を得るまで限定戦争を続行・強化していくことを改めて宣言するとともに，内政面では計画の優先順位，相互調整に配慮しつつ，「偉大な社会」計画を拡大していく方針を示した。こうした国防，内政面での支出増を健全な経済発展の中でまかなっていくためには財源不足は覆えず，「ベトナム」に関連した「異常な支出」が続くと見られる約2年間に限って，個人，法人所得税の6%増税を連邦議会に提案する考えを表明した。

ジョンソン大統領は，今年の一般教書の中で，国際情勢とアメリカ社会の現状をともに「過渡期の時代」ととらえ，これを生き抜くためアメリカ国民が格別の重荷を負わなければならないことを訴える調子が目立った。一方，ソ連との関係では，ソ連が，近年長距離ミサイル能力を整備していることに触れつつも，アメリカがこれに対応してミサイル迎撃ミサイル（ABM）の開発に踏み切る方向は示さず，ソ連と軍縮問題，核問題で話し合う姿勢を強く打ち出した。また，1966年の一般教書では触れられなかった中国問題についても「中国国民と国際社会の和解を強く希望する」と述べ，中国がその勢力と知識を自国民の福祉の向上に向けるようになることを希望した[27]。

ジョンソン大統領が，ベトナム政策について当初から劇的な新提案を行なうことは予想されなかったが,やはり「戦争は得るものより犠牲の大きいことを，共産側が悟るまで圧力を加え続ける」とか「あらゆる物量をゆっくり，容赦なく投入していく戦略が目的達成のため最善である」として，共産側への重圧を徐々に強めていく考え方を繰り返し述べた。そして，浸透が止まり，戦争が静まるまでアメリカは「ベトナムに断固とどまる」と強調した。また，平和攻勢についても「国連そのほかによる適当な平和イニシアティブを全面的に支持する」と述べたものの，しかし，これらベトナム政策の基本線が従来のアメリカの立場をまったく超えないものであった[28]。

一方，内政面においては，貧困との戦い，商務省と労働省の合併新設，公害防止，自然保護，公民権，徴兵制度，プライバシー保護，社会保障支払額の増額，犯罪対策，スラム対策，貧困児童対策など「偉大な社会」計画に関する提案も数多く示された。しかし，これらの内容には力点がなく，1966年に比べて予算増額の面では押さえられたものとなり，ベトナム戦争の拡大が「偉大な社会」計画の実施にとって大きな阻害要因となっていることが示された。

肝心の「偉大な社会」に関する項目について，ジョンソン大統領は，過去3年間の進歩をさらに進展させるために「5つの方法」を提示した。そのなかの3つ（計画，協力，優先順位,）において，内政に関するジョンソンの提案が述べられた。まず「計画」の中において，過去3年の間に成立した新しい計画は，効率的にその効果が示され，可能な限り最上の方法でもって管理されるべきものであるとし，成功や失敗を通じてその戦略を変更し，戦術を修正しなければならないとした。ジョンソンは，大都市のゲットー地区に住む人々に届くような，また，ヘッド・スタート（学齢前児童教育）計画を通じて，若く小さな子供たちに届くような特別な方法と資金の必要性を主張した。さらに，商務省と労働省を合併した新しい省庁の設立，地方交付金の改善と簡素化を提案した。次に「協力」の中では，あらゆるレベルにおける政府間の効果的な協力が重要であるとし，とくに行政府と連邦議会との協力関係を主張した。さらに，州や地方政府に交付される国内計画のための連邦支出は莫大なものであり，それらが賢明に，公正に，効率よく使われることを要求した。そして「優先順位」の中でジョンソンは，入手可能な資源の中において我々が確立してきた優先順位を実行しなければならないことを主張し，ヘッド・スタート計画の強化，社会保障範囲の拡大，雇用の際の年齢に関する不当な差別の禁止，アメリカ・インディアン及び季節農村労働者への自立支援，モデル都市計画の助成，大気汚染防止対策，国土の環境美化対策，住宅に関する差別禁止，選抜徴兵制の公正化，国家の安全保障に関わる以外のあらゆる盗聴の禁止，大規模停電，有害家電及び天然ガスパイプラインの安全性への消費者に対する保護，教育放送番組の促進，大規模な犯罪防止対策を連邦議会に強く要請したのである[29)]。

1967年1月に開会した第90議会第一会期は，ジョンソン大統領が自ら望む成果を挙げることがほとんどできない会期に終始した。つまり，ジョンソンが当初要請・支持した重要法案は軒並み廃案となり，成立にこぎつけた法案についても，その予算が大幅に削減された結果，承認されるにいたったものが多く存在した。その例として，対外援助法，社会保障改正，モデル都市，初等・中等教育援助，貧困対策の諸計画などが挙げられる。とくに，都市再開発や貧困対策計画に対して，「暴動者への見返り」であるとして強い批判が浴びせられた。また，ジョンソン政権が強く求めた所得税・法人税増税法案については，連邦下院で強い反対に直面し，退けられた。1967年の会期において，ジョンソン大統領の要請のまま，内容の大幅な変更なしで成立をみたものは，ベトナム戦費を含め，米ソ領事条約など，わずかなものにとどまった[30)]。

このように，ジョンソン大統領が連邦議会で困難に直面した背景として，1966年の中間選挙における共和党の伸長と民主党リベラル派議員たちの落選も挙げられる。しかし，連邦議会の態度の硬化をより直接的に反映したものは，対外的にはベトナム戦争，国内においては頻発する都市暴動，およびそれらに起因する連邦政府支出の増大に対する，アメリカ国民の大きな不満であった。

1967年におけるジョンソン大統領のベトナム政策は，はっきりと行き詰まりを示した。ベトナム駐留米軍は50万を超え，北ベトナムへの爆撃を大幅に拡大したものの，米軍の軍事的優位を確立することができなかった。11月末には国防長官マクナマラが辞任を表明し，ジョンソン政権は，和平への足がかりもつかむことができず，ベトナム戦争は完全な「泥沼化」の様相を呈した。それに加えて，連邦議会上院では，「ハト派」議員たちからの批判が高まり，さらに世論調査においては，国民の間でのジョンソン大統領の支持率およびベトナム政策への支持の低下が明らかになった。

連邦議会内でのジョンソン政権と「ハト派」の論戦が激しくなる中で，国内の知識人たち，著名人たちからの批判も高まりを見せた。さらに，学生，一般市民による反戦運動も激しさを増していった。4月，公民権指導者であるマーティン・L・キング牧師の呼びかけにこたえ，ニューヨーク市など国内各主要都市において反戦デモ・集会が行なわれた。とくに，10月から展開された「ベトナム反戦週間」中には，オークランド市およびワシントンD.C.でデモ隊と治安当局・連邦軍とが衝突する事態に発展し，歌手・著名人たちを含む多くの逮捕者を出すにいたった。

黒人暴動については，1967年に入ってさらに拡大・急進化した。4月はオマハ，ナッシュビルなど5件，5月にはヒューストンなど6件，6月ではシンシナティなど10件，そして，「長い暑い夏」が始まる7月には，50件を超えた。とくに激しい暴動は，ニュージャージー州のニューアーク市（7月12日～17日）とミシガン州デトロイト市（7月20日～28日）での暴動であった。ニューアーク市では，商店街への焼き討ちや襲撃などで，死者26名，逮捕者は1,400

名を超え，損害額は1,500万ドルと推定された。

一方，デトロイト市での暴動は，警官・州兵と黒人たちとの間での銃撃戦が展開され，死者43名，負傷者1,000名以上，逮捕者にいたっては7,200名に達し，鎮圧のために連邦軍が出動する結果となった。このような事態を受けて，ジョンソン大統領は，7月27日，国民に向けて演説を行ない，一連の人種暴動を検討する「政府諮問委員会（カーナー委員会）」の設置，州兵の特別訓練の実施などの措置をとることを発表した。1967年の4月から9月までの全国で発生した人種暴動は，実に死者83名，負傷者3,210人，逮捕者8,746人，被害総額5億2,480万ドルに達したのであり，アメリカ社会は分裂のきざしを見せ始めた[31)]。

第6節　1968年の一般教書

ジョンソン大統領は1968年1月17日午後9時，連邦議会上下両院合同会議で一般教書を朗読，1968年のアメリカの内外政策の基本路線を明らかにした。ベトナム和平に関しては，北ベトナムのチン外相の「平和呼びかけ」は引き続き探索中であるとして，北爆停止か，継続かの最終決断を下すことは避けた。しかし，北爆停止に応ずる際のアメリカの条件を「サンアントニオ方式」(大統領が1967年9月テキサス州サンアントニオで行った演説に基づくものとして，①平和交渉が直ちに始まり，建設的なものとなるとの合理的見通しが必要である，②共産側が過去のようにアメリカの自制を利用する態度に出てはならない)，という従来に比べてかなり硬直した表現にまとめて提示された点が注目された。

また，先行きの暗い内外の経済については，①アメリカ経済のインフレの危機を強く警告するとともに，インフレ防止と予算の赤字縮小のため個人，法人所得税10%増税案の早期議会通過を要請する，②国際通貨制度を強化し，金価格を1オンス＝35ドルに維持するため，法定金準備制度の撤廃を立法化する必要がある，③元日に提案したドル防衛策に関連する立法措置をとるように議会に要請する，などの点を訴えた。

なお，肝心の「偉大な社会」計画については，ジョンソン大統領は引き続き強化，拡大する方針をうたい，失業対策，低所得者用住宅対策，モデル都市，児童健康対策などの重点実施が示された。とくに，1968年の大統領選挙のひとつの争点となると目された黒人暴動をはじめとする都市の犯罪についても，詳しい対策が並べ挙げられた。しかし，この中では1967年の連邦議会で削られた予算の復活を要求するものや，議会審議が難航している法案の通過を要請するものが多く，内政面での予算は人口増に伴う義務的経費の増加がほとんどで，新政策に伴う予算増はごくわずかに押さえられた。このため1969会計年度予算の規模は1,860億ドルと予想の線をわずかに下回るものとなった。

一般教書の中ではこのほか，①中国の内紛は続き，中国政府の極端な急進主義は中国国民を孤立させている。しかし，アメリカは新聞記者の交換，文化，教育面での交流，基本食料の交換についての話し合いを行う用意がある，②ソ連との間には大きな差があるにもかかわらず，関係は改善されてきた。我々は宇宙飛行士の保護に関する調印をして近く上院に送付できる，③ジュネーブのフィッシャー軍縮担当大使から17日に入った連絡によると，核拡散防止条約の草案は近くジュネーブ軍縮会議に提出される見通しで，本年中に上院に送付できるものと期待する，④アメリカは国際開発協会（第二世界銀行）の拡張やアジア開発銀行の増資に応分の協力をする用意がある，などの点が表明された[32)]。

今回の一般教書では，ジョンソン大統領は，アメリカは今試練に直面しているがそれを乗り越える力と意志は十分にあるということを述べて国民に自信を持たせ，ジョンソンが考える目的を穏やかな調子で説き聞かせようとする内容であった。また，今回の一般教書の特徴は外交，防衛問題がかなり圧縮され内政・経済に大半が割かれており，秋の大統領選挙を意識してベトナム問題以外の困難な問題に触れることを避けたように感じ取れる内容であった。

「偉大な社会」に関する項目についてジョンソン大統領は，「アメリカ人は有史いらい，いかなる人々も経験したことのない繁栄を享受している」と述べたが，しかし全国平均よりも失業率が高い地域の存在，都市での暴力，街頭での犯罪増加，依然として低賃金の農業労働者，あらゆる家族に対する新しい住宅の不足，病院及び医療費の上昇，多くの河川および大都市での大気汚染，等の問題に言及し，問題は「いかにしてすべての人々が豊かさの恩恵にあずかることができるか，である」と述べた。ジョンソンは，さらなる雇用拡大のための21億ドルにのぼる労働力計画，都市の再建設，低・中所得者向け住宅の33万戸の建設，貧困家庭の母親と幼児を対象とする幼児保健5カ年計画，消費者保護のための連邦商業委員会に対する新しい権限の付与，食品品質保証，自動車保険，電気機器による放射能障害保護などの消費者行政の推進，消費者の発言権増大のための大統領特別顧問の任命，を提案した。

また，犯罪増加の対する連邦議会への緊急の要請として，昨年上程した「明るい町」法案の連邦議会での早急な成立と銃砲規制法の採択を要求し，麻薬や危険な薬品の密売者に対する罰則の強化を求める薬品規制法案の提出，連邦捜査局（FBI）の支部増設を表明した。

さらに，その他の施策についての勧告として，農業労働者の所得増加および消費者の食料不足保護を目的とする農産物保障準備制度の創設，新たな大気汚染防止法案，医療費の上昇に対する抑制措置，復員軍人を地域社会においてその経歴を活用させるための援助，環境汚染防止対策へのさらなる強化と財政的援助，若者の大学入学を促すための教育機会法，を提案した。ジョンソンは「未決の重要法案について，連邦議会に審議を促す」として，公平な陪審制度，連邦政府の権限保護，雇用平等の実現，住宅賃貸上の差別撤廃，に関する公民権上のいくつかの措置を要請した。また，高等教育法，青少年非行防止法，アメリカの景勝地を管理・保存するための環境保護法案，高速道路美化法，の成立を求めた[33)]。

ところで，ジョンソン大統領が1968年一般教書を演説した2週間後の1月30日，ベトナムでは，南ベトナム解放戦線による大攻勢（テト攻勢）が展開された。ジョンソンは，民族解放戦線に対する軍事的な「大勝利」を発表したものの，しかし，アメリカ大使館などへの民族解放戦線の攻撃のニュースに衝撃を受けたアメリカ国民は，ベトナム戦争に対する疑念をより一層高めた。世論調査でも低下し続けるジョンソンへの支持率が明らかとなった。このような中，3月には，民主党の大統領予備選挙に出馬した上院議員ユージーン・マッカーシーが現職ジョンソンに対して善戦し，また，民主党のロバート・ケネディ上院議員が，前言を翻して大統領予備選への出馬を行なった。民主党全国大会での大統領候補者指名獲得への困難を悟ったジョンソンは，3月31日，北ベトナムへの爆撃停止と1968年大統領選挙への不出馬を表明したのである[34)]。

北爆の停止と大統領不出馬の表明以降，連邦議会におけるジョンソン大統領のイニシアティブは低下の一途をたどったのはいうまでもない。それは，連邦議会上院における核拡散防止条約の批准持ち越し，さらには，ジョンソン大統領が指名した連邦最高裁判事の指名拒否などに示された。連邦議会において，対外的にはベトナム戦争，国内に関してはインフレ，犯罪，治安の悪化に対する論争が展開されるなか，ジョンソン大統領が得た成果として，住宅の販売・賃貸に関する人種差別撤廃を規定する「公平住宅法」（4月11日），マーティン・L・キング牧師およびR・ケネディ上院議員の暗殺事件を契機として成立した「銃砲販売取締法」（10月22日）などが挙げられる。また，インフレの阻止を目指した増税に関しては，連邦支出削減と抱き合わせたすえにようやく成立（6月28日）するにいたった。他方，ジョンソンが要請した医療，教育，福祉予算などは軒並み減額を余儀なくされる結果となった[35)]。

一方，国内においては，治安が一段と悪化した。4月4日，テネシー州メンフィスで，公民権指導者であるキング牧師が狙撃され，暗殺された。この事件をきっかけとして，アメリカの各都市で暴動が巻き起こり，その数は125都市に及んだ。これらの暴動によって，死者43名，負傷者4,000名，逮捕者は1万5,000名に達した。また，6月5日には，カリフォルニア州ロサンゼルスで，民主党予備選挙運動中であったR・ケネディが至近距離から銃弾を受け，死亡した。狙撃犯は直後に取り押さえられたものの，犯人の犯行動機がケネディの「新イスラエル」的態度によるものと伝えられるに及んで，「人種の坩堝」

といわれるアメリカ社会に大きな衝撃を与えることとなった。これらの事件に加えて，各地の大学内で生じていた学園紛争が高まりを見せ，これらはベトナム反戦運動とあいまって，国内における混乱状況に一層の拍車をかけることとなった[36)]。

1968年11月の大統領選挙において，「法と秩序」を掲げた共和党大統領候補リチャード・ニクソンが，民主党大統領候補で現職の副大統領ヒューバート・ハンフリー，米国独立党の候補で元アラバマ州知事のジョージ・ウォーレスを破り，大統領に当選した。アメリカがベトナム戦争，物価の上昇，増税，各地での治安の悪化などの問題を抱える中で，有権者たちは，共和党ニクソンへと政権交代を選んだ。こうして，共和党は8年ぶりに政権を担当することになったのである。

第7節　1969年の一般教書とジョンソン政権の総括

1969年の一般教書は，いわばジョンソン大統領の「お別れ演説」に相当するものである。1969年1月20日の12時をもって，共和党のニクソン新政権が発足した。それを数日後に控えた1月14日の午後9時過ぎから，ジョンソン大統領は連邦議会の指導者たちの要請を入れたかたちで，連邦議会上下両院合同会議において，最後の「一般教書」演説を行なったのである。

そこには，足かけ6年に及ぶジョンソン政権の内政および外交政策の総括が行なわれており，それと同時に，積み残した多くの課題の実現と次期ニクソン政権に対する要請が語られている[37)]。

まず，前半部分は，内政面に割かれており，ジョンソン政権が強力に推進した「偉大な社会」計画の成果が指摘されている。すなわち，経済機会法による貧困対策の成果，公民権の成立による差別の是正，メディケアの成立による老齢者医療の前進，中・高等教育法の制定による学校教育への補助など，「偉大な社会」計画の推進によってアメリカ社会が大きく発展したなど，そこでは，ジョンソン大統領の業績が列記されていた。

それに対して，後半部分は，依然として解決のめどがたっていないベトナム戦争の早期解決へのあせりが色濃く示され，ニクソン政権がこの問題に真剣に対応することに多くの期待を寄せており，そこには，ジョンソン大統領の無念さがかいまみられる。

また，積み残した課題として，ジョンソン大統領は，例えば，都市犯罪の防止，財政赤字の解消，公務員制度の改革，住宅問題の改善などを主要なものとして挙げている。さらに世界平和の実現について一層努力すべきだと述べている。

いずれにせよ，ジョンソン民主党政権はここで終焉するわけである。1930年代以来の「ニューデイール・リベラリズム」＝「大きな政府」に代表される“社会福祉体制”は完備された一方，ベトナム戦争に足を取られたアメリカは大きくつまずいたまま，ニクソン共和党政権に権力の座をゆずり渡すことになった。以後アメリカ社会は，「リベラル」から新たに「新保守主義的」傾向を強めていくのである。

以上述べてきたように，ジョンソンは大統領任期期間中の6回の一般教書演説のなかで，彼自身が進める「偉大な社会」計画を具体的に示していった。一般教書の中で示されたジョンソンの進める「偉大な社会」計画の概要は，ほぼ以下のようにまとめることができる[38)]。

1．貧乏追放計画　①青少年対策＝16-21歳の失業青少年を職業訓練部隊(National Job Corps）として各地の訓練センターに収容，一般教育と職業訓練をする。教育と訓練にはVISTA（Volunteers In Service To America）が動員される。②地方計画＝各州市町当局が青少年の課外教育，娯楽センター建設，失業者訓練など地域に適した施策を行う。経済機会局が承認した施策には連邦政府が最初の2年間は経費の90%までを融資する。③失業者・貧困農民補助金＝失業者が新しい職業につく訓練のために補助金を，失業者を雇う経営者には奨励金を出す。貧困農民には農地購入の補助金を出す。④不況地域振興計画＝アパラチア，ミネソタ，ミシガンの炭鉱地帯などの産業振興と失業者対策。

2. 経済繁栄維持策＝物価安定，輸出振興，農業政策拡充，物品税削減などの繁栄維持策を行い，所得税減税，公共支出増加などの景気対策を準備する。

3. 機会の平等化策＝①老人の医療保障。②黒人差別禁止。③移民制限撤廃。④貧困家庭子弟の教育補助―など。

4. 生活の質的向上策＝①保健施設拡充。②新しい都市計画（スラム街，老朽建物の改善など）。③交通・運輸機関の整備（ボストン―ワシントン間高速鉄道など）。④犯罪防止（地方警察の近代化など）。⑤自然美保護（大気・河川汚染防止，公園，保養地の管理強化など）。⑥生活の科学振興（塩水の淡水化研究促進など）―など。

以上，毎年の一般教書演説の内容とその主な特色を述べてきたのは，年度を追うごとにジョンソン大統領の政策推進の比重が，当初の「偉大な社会」計画の達成よりも，むしろベトナム戦争への対応に追われ，「偉大な社会」が次第に色あせていくと同時に，ジョンソン大統領ないしは同政権の“あせり”と“混乱した”状態を見ることができるからである。

ちなみに，「偉大な社会」計画関連の予算については，ジョンソン大統領自身が指摘しているように，1964年度の300億ドルから1969年度には680億ドルになり，約2倍に増加した。しかしその一方で，1968年にはベトナム戦争の戦費だけで250億ドルにも達するなど，とくに予算の面で「偉大な社会」計画が頓挫しつつあったことが明白である。たとえば，1966年度の新年度会計1,128億ドルのうち，国防費として583億ドルを要求（全予算の47.6%）するなど，その多くがベトナム戦争へまわったのは否定できない[39]。

ジョンソン大統領が一般教書やその他の特別教書で述べた多くの提案は連邦議会において審議にかけられた。ケネディ大統領時代には成立しなかった法案をつぎつぎと成立にこぎ着けたジョンソンの法案成立率は，1964年には58%，1965年と1966年にはそれぞれ69%，56%と，前任者のケネディ大統領の1963年の法案成立率27%，アイゼンハワー大統領の1957年の37%とを比べると圧倒的な成立率を達成したことが理解できる[40]。ことに，第89連邦議会はアメリカ史上最高の立法成績を残した[41)]。しかしながら，このような連邦議会のジョンソンに対する協力的な態度も，1967年になると，ベトナム政策に対する民主党内部からの批判の高まり，1966年中間選挙の連邦議会における共和党の伸長，各地に発生した黒人暴動による連邦議会の保守化などによって，しだいに硬直化を余儀なくされていった[42)]。そして，1968年3月31日のジョンソンの大統領選不出馬表明以降は，連邦議会に対するジョンソンのイニシアティブは完全に失われてしまうのである[43)]。

以上で述べた論述を踏まえて，次に，偉大な社会計画が法律としてどのように具体化されていったのか，その内容と経緯を概略的に検討する。

第8節　公民権の拡大

ジョンソン大統領は，就任後直ちにケネディ大統領の残した課題のひとつである「新公民権法」の成立に着手し，主要な公民権運動の指導者たちをホワイトハウスに呼んで会見した[44)]。南部州選出で長年の議会経験者であり，アイゼンハワー政権時代において1957年の公民権法にその法案を弱めるような行動をとったジョンソンに対して，公民権運動の指導者たちは実際にはかなりの不安を抱いていた。しかし，公民権運動の指導者たちにジョンソンは，公民権法に関する速やかな進展を約束し，また協力を要請した。公民権法案に対する連邦下院の審議のなかで，ルイジアナ州選出のエドウィン・ウィリス（Edwin Willis）議員はその法案の条項をもとに連邦政府が南部州へ介入することを非難し，また，アラバマ州選出のアーミステッド・セルデン（Armistead Selden, Jr.）議員はその法案には「アメリカ全体主義の種が含まれている」と非難した[45)]。バージニア州選出のハワード・スミス（Howard Smith）議員に至っては，法案が人種，肌の色，信条に基づく差別を禁止していることに着目し，この差別禁止条項に，さらに性に基づく差別を禁止する条項を加える修正案を提示した[46)]。スミスは，この条項を加えることによって人種的少数派のための公民権法案に賛成を表明している議員たちが，その法案の反対者となることを期待したのである。公民権法案の支持者たちはこの修正案を含めた法案を受け入れたが，しかし，スミスが期待したような事態は生じることなく，修正された法案は下院を通過し上院へと送付された。下院において修正された法案は，上院においては南部民主党勢力のさらなる激しい抵抗にさらされることとなった。ジョージア州選出のリチャード・ラッセル（Richard Russell）議員は南部保守派を結集し，史上最長といわれる「フィリバスター（議事妨害）」を展開した[47]。それに対して，ミネソタ州選出の民主党議員ヒューバート・ハンフリー（Hubert Humphrey）とカリフォルニア州選出の共和党議員トーマス・カシェル（Thomas Kuchel）は法案支持の議員たちを結集しフィリバスターを打破しようと試みた。彼らがとった行動は，イリノイ州選出の共和党院内総務エヴェレット・ダークセン（Everett Dirksen）議員を法案支持に傾かせることであった。ダークセンは中西部州出身の保守派であり，上院内で民主党南部保守派と両党のリベラル派たちの間の勢力均衡を保つ役割を果たしていた[48]。公民権法案の支持者たちは，ダークセンにその法案に多少の修正を加えて共和党提出の法案として採決させようと働きかけた。ダークセンは，1964年2月の『ギャラップ世論調査』において国民の61%が法案通過を支持しているのを知っており，法案支持者たちの働きかけを受け入れた。南部保守派たちのフィリバスターは1964年6月19日に終了したが，開始されてから534時間以上も経過していたのである。その修正法案は最終的に賛成73対反対27で上院を通過し，下院においても賛成289対反対126で承認され，7月2日にジョンソンはその法案に署名をした[49]。

1964年公民権法は，次のような特色を持っていた。すなわち，①白人と黒人の登録に違う基準を適用してはならない。また，手続きの不備を理由に選挙権を制限してはならない。司法長官は，投票権保護のため，個人に代わって訴訟を起こすことができ，上級審判事を加えた合議制の公平な裁判を要求しうる，②一般の不特定な客を相手とする宿泊施設，料飲食店，興行場，および，そのなかにある売店やプールなどでの差別を禁止し司法長官に違反に対する代理訴訟権限を認める，③政府が所有，または運営している施設（公園，体育施設，病院，図書館など）での差別を禁じ，司法長官に代理訴訟権を認める，④公立学校での差別撤廃がおこなわれないとき，または，それが形式的なものにとどまるときは，司法長官が父兄に代わって訴訟を提起することができる，⑤連邦が補助する事業での差別を禁じる，⑥雇用，解雇，賃金などの不平等を禁じ，これを実際に守らせるため「平等雇用委員会」を設置する。それでも差別が改まらなければ，個人で訴訟することができる，⑦地域社会関係局を新設し，地域での人種問題改善を援助する，などであった[50)]。

1964年の公民権法は，その規模と徹底さにおいてリンカーン大統領の奴隷解放宣言以来画期的な措置であるとされた[51)]。1964年公民権法施行後に注目された南部諸州での白人たちの動向は，当初，意外なほどの従順さと，ほんの一部の抵抗が見られただけであった。ミシシッピー州の州都ジャクソンでは，白人差別主義団体「白人市民評議会」を有力メンバーに持つ商業会議所が実業家たちに公民権法の遵守を訴えたほどであった[52)]。しかし，実際には黒人の公民権は予想したほど回復したとは呼べない状況であった。というのも，依然として深南部諸州の多くの郡においては，黒人の選挙登録率が選挙資格のある黒人人口の25%以下という状況であったからだ。また1964年公民権法が施行されてから67件もの投票権に関する訴訟が提起されたにもかかわらず，裁判が開始されたのはそのうち16件にすぎなかった[53)]。これに対して，黒人団体や公民権団体は，南部諸州の自治体が実施していた黒人妨害問題につき，黒人有権者に対する選挙名簿の登録勧誘やデモなどを展開した。1964年の公民権法には，投票権保護規定もあり，州法においても“正面きっての差別”は禁じられていた。しかし，それでも有権者登録官は巧妙な方法で黒人の投票を妨害した。それに対抗して，黒人や白人支援者，学生たちは，デモや座り込みをして反対した。そのため白人によるテロ行為，殺人事件まで続発した[54)]。1965年3月7日の南部キリスト教指導者会議のキング牧師に率いられたアラバマ州セルマからモントゴメリーまでのデモ行進や，それに対する警官たちの弾圧などが全国のメディアによって報道されたのは周知のとおりである。

そこでジョンソン大統領は，3月15日，連邦議会に対する特別教書のなかで南部の選挙慣習を強く非難し[55]，黒人の投票権確保のための立法を連邦議会に要請した[56]。投票権法案の内容は次のようであった[57]。

①人種もしくは肌の色を投票する権利の基準にすることを禁止する，②投票する権利を妨げるテストや方法を無効にするための罰則（trigger formula）を採用する，③1964年大統領選挙において選挙登録を行ったもしくは実際に投票した人の割合が，その地区の有権者資格を有する全人口の50%以下であった場合，その地区の所在する州もしくは郡は，制限的な選挙登録手続を停止しなければならない，④上の条項の対象範囲に含まれる地区は，選挙慣習を変更する際に，連邦司法省もしくはコロンビア特別区における連邦地方裁によってその変更を事前許可されることなしに，いかなる変更もしてはならない，⑤黒人の選挙登録を促進するために連邦有権者登録官を任命する，などであった。

以上のように，投票権法案はいわば1964年公民権法の法律の抜け穴を封じる目的で立案されたものであった。ジョンソン大統領は共和党員院内総務のダークセン上院議員に働きかけ，共和党議員の支持を集めて南部保守派の抵抗に備えた。上院における南部保守派の先頭に立っていたノースカロライナ選出のサム・アービン（Sam Ervin）議員は，この投票権法案自体が差別主義的であることを非難した。この法案は，投票率が低くそして少数派人種の選挙登録率が低い地域を有する州でのみ，特定の選挙慣習を禁止とする条項を含んでいたからであった[58]。南部保守派の展開したフィリバスターは，5月25日，圧倒的多数での討論終結動議の可決により終了し，多少修正を加えられた法案は5月26日に賛成77対反対19[59]で上院を通過した。下院においても修正が加えられたが，7月9日，賛成333対反対85で通過した。両院協議会に送付された法案は3週間審議が行われた[60]。最終案は，下院が承認した人頭税の全国一律廃止条項を修正し，条項のなかの「廃止」という文言を削除するかわりに，各裁判所が人頭税一律廃止は合憲であるか否か判断するという文言を付け加えることによって，採決にこぎつけた。ここに投票権法案は8月6日にジョンソン大統領によって署名され，成立したのである。

第９節　貧困との戦い

ジョンソン大統領が進める反貧困法案の立法の一つとしての「経済機会法」をあげることができる。同法案は1964年８月20日に成立した。ジョンソン大統領は1964年３月16日に貧困との闘争に関する特別教書のなかで，アメリカの機会をあらゆる国民に分配する必要があると強調し，反貧困法案を連邦議会の議題に乗せるように勧告した。ジョンソンの補佐官たちは，貧困の影響が広範囲に及んでいることを精力的に証言した[61]。国防長官のマクナマラ（Robert S. McNamara）は選抜徴兵制の研究を引用し，アメリカの若者の３人に１人が徴兵制度の最低基準を満たすことができない原因は貧困にあると証言した。労働長官のワーツ（Willard Wirtz）は，16歳から21歳までの73万人の若者が学校を中退して失業状態にあり，その他に35万人の若者が完全に労働力人口の枠外にいる状況で，若者の人口増加に対しての雇用拡大は伴っておらず，ベビーブーム世代の若者は64年には18歳に達する，と述べた。司法長官であったR・ケネディ（Robert Kennedy）は，ウェストバージニア州の１年生になった子供の59%が，12歳になる前に学校を中退しており，貧困が，若者の教育機会を奪い，彼らの失業と同様に青少年非行，アルコール中毒，麻薬中毒，読み書き能力の欠如，犯罪を引き起こすと主張した。

この法案に対して，共和党議員たちは，「性急な草案」，「州無視の連邦主義違犯」，「選挙の年に仕込まれた仕掛け」，「経済機会庁長官は独裁者的権限を持つ“貧困ツァー（poverty czar）”である」と批判したものの，しかし，彼らは法案に正面から批判を浴びせることができなかった[62]。この年に選挙を控えていた連邦議員たちにとって，この法案を正面から批判を加えることは，貧困を支持しているという疑惑を招きかねないからであった。当該法案は，上院において労働厚生委員会にかけられ，わずかな反対のみで通過し，下院において賛成226対反対185，上院において賛成61対反対34で通過した。こうして経済機会法案はほぼ修正を受けずに，8月20日のジョンソン大統領の署名をもって成立したのである。

第三部で詳述するように，経済機会法の内容は，第一部—仕事部隊（Job Corps）の創設，大学生のために労働勉学計画の策定および失業している若者に労働訓練計画の策定。第二部—コミュニティ活動計画（Community Action Program），成人基礎教育計画，貧困児童のための奉仕支援計画。第三部—農村における貧困と戦うための支援計画。第四部—中小企業のための雇用および投資促進事業。第五部—失業している貧しい親たちのための労働経験計画。第六部—国民奉仕部隊（VISTA），貧困と戦うための国内版平和部隊，であった[63]。経済機会法の主要な点は次の5点におかれた[64]。すなわち，①通常の社会人として権利を与えられていない約50万のアメリカ青年に，技能を伸ばし，勉学をつづける機会を与える，②あらゆる共同体社会が，貧困と戦うための計画を立て，実行するのを援助する，③献身的なアメリカ人に，貧困から逃れることを妨げている特殊な障害を打破する機会を与える，④献身的なアメリカ人に，貧困に対する戦いへ志願兵として参加する機会を与える，⑤労働者，農民に，貧困から逃れることを妨げている特殊な障害を打破する機会を与える，これを実行するため，連邦議会は9億4,750千万ドルの予算を承認し，経済機会局が大統領府の中に設置されたのである。

次いで翌年の1965年には，「アパラチア地域開発法」が成立した。経済機会法が反貧困対策の包括的な貧困駆逐政策とすれば，緊急を要する地域対策として打ち出されたのがアパラチア（Appalachia）地方開発計画であり，連邦議会はこれについて約11億ドルの予算を承認した[65]。なお，アパラチア地区とは，ウェストバージニア，アラバマ，ジョージア，ケンタッキー，メリーランド，ノースカロライナ，オハイオ，ペンシルバニア，サウスカロライナ，テネシー，バージニアの11州にまたがる貧困地域を指し，豊かなアメリカ経済のなかで，この地区は石炭，繊維，鉄道などの斜陽産業に依存しており，新しい経済体制への適用性も少ないために賃金水準は全国平均より20%も低く，失業率は40%も高い状態であった。そして，この地区に住む人々の大部分は貧しい白人（poor white）であった。この法律によってアパラチア地区協議会が設立され，事業計画が調整された。事業内容には，道路建設，病院施設，職業訓練学校の設立，天然資源の再開発などが含まれた[66]。

第10節　医療および教育

ジョンソン大統領が進める「偉大な社会」施策における重要な立法の一つであった高齢者医療保障（メディケア）と貧困家庭医療扶助（メディケイド）は，1965年7月20日に成立した。第二次世界大戦後の歴代政権が実現を目指したにもかかわらず，アメリカ医師会と保守的な連邦議会によって，提案されるたびに葬られてきたこの法案は，1964年大統領選挙において，連邦議会に多数のリベラル派議員が加わったことで成立の可能性が高まった。ジョンソン大統領は，1965年に連邦議会が開会されると直ちに行動を起こした。アメリカ医師会や保険業界の反対にもかかわらず，社会保障法を修正する形でもりこまれ，下院を賛成307対反対116[67]，上院を賛成70対反対24で通過した。メディケアの内容は，65歳以上の高齢者を対象とするもので，加入は強制であって，補助の支給を拒否することはできるが，しかし加入を拒否することはできない[68]。補助額は賃金税と加入者の掛け金を基準にして給付される。高齢者の入院費，養老施設費，派遣看護婦などの費用などを補助する。このようにメディケイドは，年齢にかかわらず低所得家庭に医療扶助を行うものであり，連邦政府の資金提供でもって州が自立していない子供，高齢者，そして障害者をかかえる貧しい家庭に対して包括的な医療補助を与える，というものであった[69]。

一方，教育に関する立法も，ジョンソン大統領が進める「偉大な社会」計画の重要な一部であった。ジョンソン自身が以前に教師として南部テキサスの貧しい地区で教鞭をとっていた経験から，ジョンソンは，質の高い教育が何よりも機会への入り口である，と信じていた[70]。貧困が質の高い教育を受ける機会を失わせている，という認識のもとに，ジョンソン政権は1965年4月11

日に「初等中等教育法（Elementary Secondary education Act of 1965）」を成立させた。この法案に対する議論の中心にあったのは，公立学校だけでなく私立学校や教会が運営している学校にも連邦援助を行うのか否か，であった[71)]。最終的に，連邦援助は学校そのものに対象をするのではなく，児童たちに援助を行うということで落ち着いた。初等中等教育法の内容は，「対象児童給付方式（child-benefit theory）」を採用し，スラム地区と農村の貧しい児童に援助を提供するものであり，連邦政府の資金は，州の学校児童一人あたりの平均教育費用に基づいて提供され，低所得家庭出身の児童数に応じてその額が決定された。また，教科書と他の指導教材を購入するための学校図書館への五カ年計画，補助教育施設とサービスを設立するための州への援助なども含まれていた[72)]。1965年には，初等中等教育法だけでなく高等教育法も成立した。その内容は，大学生への連邦奨学金制度，大学図書館，大学教育施設への連邦援助などであった[73)]。

第11節　生活の質

ジョンソン大統領の「偉大な社会」計画は，その中にアメリカ人の生活の質の改善する立法も含まれていた。その立法の範囲は，環境美化，消費者の権利にまで及んだ。まず，消費者問題については，「1966年交通および自動車安全法」，「公正包装表示法」（1966年），「食肉安全法」（1967年），「消費者金融保護（公正貸し付け）法」（1968年），「養鶏産品安全法」（1968年）である[74)]。まず，「1966年交通および自動車安全法」は運輸省長官に自動車に対する安全基準を定める権限を与え，安全基準に違反している自動車を製造した企業に制裁金を科すものであり，さらに，自動車に欠陥を見つけた際には，自動車製造会社は回収通告を出し，自動車所有者に情報提供をしなければならない，というものであった。この立法によって消費者は，安全な製品に対する権利を有するということだけではなく，欠陥品に対する迅速な対策の権利を有することも意識するようになった[75]。次に「公正包装表示法」は，商品の包装表示に明確かつ一定の基準を定め，ポンド，オンス，液量基準の内容量を定めた。また，内容量表示に関して，曖昧な表示をすることを規制した[76]。さらに，「食肉安全法」（1967年）は，各州の食肉に関する安全検査基準を連邦の定める基準に引き上げることを要求するものであった[77]。続いて「消費者金融保護（公正貸し付け）法」（1968年）は，信用取引をする際に，融資者は消費者に有用な情報開示を行わなければならないことを定め，融資者による特定の手続きをもとに計算された年率から，消費者は貸し付け費用と分割払い計画についての情報を与えられなくてはならないことを定めた[78]。最後に，「養鶏産品安全法」（1968年）は，州内もしくは州間の養鶏産品の輸送の検査基準を連邦レベルに引き上げることを定めたものである[79]。

一方，環境美化の問題に関しては，1965年に成立した高速道路美化法が挙げられる。この立法は大統領夫人レイディ・バード・ジョンソン（Lady Bird Johnson）によって進められたものであり，その内容は，州間および主要な高速道路の景観を改善するために，特定の商業地域と工業地域以外で，州が高速道路に沿って置いてある広告掲示板と廃品を回収しなかった場合，高速道路に対する連邦援助を縮小するというもであった[80]。しかし，1968年までに，この法律に対する予算は大幅に削除されてしまった[81]。

1965年に成立した1965年水質法は，国民の生活水供給に関する重要な立法であった。この立法の目的は，河川の下流域における汚染を防止するのではなく，上流域における水源の汚染を防止するというものである。その内容は，諸州が基準を設置し，その基準は連邦保健教育福祉省に認可を受けなければならない。また，各州と自治体に下水処理施設に対する連邦援助を増額する，というものであった[82]。水質汚染防止と同様に，大気汚染防止の立法も成立した。重要な立法として「1967年大気質法（the 1967 Air Quality Act）」があり，これは大気汚染防止のために全国的な事業の枠組みを示すものであった[83]。具体的には，連邦政府が全国に大気汚染防止区域を設定し，個々の汚染物質基準を公布し，各州が自らの事業を策定することを望むものであった。また自然保護に関して,「1964年原生自然法」,1968年には,「レッドウッド国立公園法」,「国立トレイルシステム〔自然歩道〕法」,「原生景勝河川法」が相ついで成立した。この中でとくに注目されたのは「原生景勝河川法」で，社会立法としては大胆な一歩であったといえる[84]。というもの，連邦政府が自然保護のために私有地を取得することと並んで，州間にまたがる自然河川を保全の対象にしたからであった。カリフォルニア，アイダホ，ニューメキシコ，オレゴン，ミズーリ，ミネソタ，ウィスコンシン各州の，総計約1,100キロメートルが指定された。

第12節　その他

ジョンソン大統領の進める「偉大な社会」計画の中で，上述の施策以外に重要な立法に1965年移民法がある。1965年移民法は，1965年10月3日に制定された。これは1952年に成立した1952年移民法（マッカラン・ウォルター法）の改正という形がとられた。1965年1月13日，ジョンソン大統領は①原国籍割り当て制5年以内の廃止，②移民総枠を現在の15万8,361人から約7,000人増加し，1国の枠は全体の10%以内とする，③黄色人種差別条項を廃止する，ことを骨子とした移民法改正案を提出した[85]。1965年法の立法過程で激しい議論を呼び起こしたのは，西半球地域に対する移民枠の設定に関するものであった[86]。下院を通過した同法案は，西半球地域からの移民に対しては従来通りに無制限に認めるものであった。しかし，上院においてこれに対しても上限を課すことを強く主張したのが,ノースカロライナ州選出のサム・アービン（Sam Ervin）議員,イリノイ州選出のエヴェレット・ダークセン（Everett Dirksen）議員などの“移民排斥論者”たちである。彼らは原国籍割り当て制度に反対するジョンソンらの論理を逆手にとり，東半球のみの移民枠設定はそれこそ移民志願者の出身地別に差別していることになると批判した。その結果,上院案には西半球移民制限枠が盛り込まれることとなった。両院協議会においても，移民排斥論者たちの修正は親移民論者の反対を乗り越え，さらに上下両院をも通過した。1965年移民法の内容は，原国籍割り当て制度の廃止，一年間の移民の上限を東半球17万人，西半球12万人とする設定を軸に，アメリカ市民の親族である移民志願者，特別の教育，技能，技術を持つ移民志願者は他の移民に優先する「優先順位制度（preference system）」を採用する，というものであった[87]。

最後に忘れてはならないのが，1966年に成立した「情報自由法」である。その中核となるのはつぎのような文言であった。「法に別に定める場合を除き，公的記録資料は，正当な理由により秘密とされる情報を除いて，適正かつ直接に関係する者が公表された手続きに従ってこれを利用することができる」[88]。それは，国防報告書や政府職員や医療に関する記録のような若干のものを除く連邦政府の記録を，国民が取得する機会を拡大させるものであり，情報公開を拒まれた場合には，連邦裁判所において訴訟を起こすことを認めるものであった[89]。この法律の成立によって，多くの政府記録が公開され，さまざまな社会活動団体が，公開された情報をもとに世論を喚起し，社会問題に対する立法を連邦議会において成立させる例もみられたことを記しておきたい[90]。

第13節　おわりに

ジョンソン大統領は，自身が強力に進めた「偉大な社会」計画を基にして，偉大な社会へ到達するために多くの立法を成立させた。例えば，公民権法案，反貧困法案，投票権法案，教育法案，メディケア，移民法の改正，消費者保護法案，環境保全法案など，“社会福祉”を実現するための重要な法案が成立した。それらは，ジョンソンが意図したように，アメリカ人の生活のあらゆる分野に影響を与えたのは確かである。それらの法案はアメリカ史上最長の経済成長の中で，その恩恵にあずかれない人々，貧しい人々や黒人，老人などの生活の質を向上させただけでなく，中産階級の人々の生活をも向上させる内容であった。

ジョンソンは「偉大な社会」計画の中で，アメリカ社会に残存する様々な問題を解決することを望んだ。しかしそれは，他方で持続的な経済成長を維持することと同時に，経済成長の成功の証としての中産階級の人々の生活を，急激に変化させざるを得なかったことも事実である。相次ぐ黒人暴動や，反戦運動，反体制運動などの治安の悪化，急激なインフレ，ベトナム戦争の泥沼化，中産階級が依拠している社会構造，政治および経済体制に対する改革など，多くの社会問題を解決する際にその前提条件が崩れていったとき，ジョンソンの「偉大な社会」計画への国民の支持は徐々に低下していった。

ジョンソンが「偉大な社会」計画の中で示した試みは一面では，アメリカの社会および国家的体質とを大きく変革する試みでもあった[91]。しかしながら，アメリカ人はこのような改革に対して，個人としては犠牲を払うが，地域社会としては受け入れなかった。また，大多数の国民は，あらゆる変革は緩やかに行われるべきものであると考えていた。従って，「偉大な社会」計画は，ジョンソンがホワイトハウスを去った後も多くの議論の的となった。議論の多くは保守派からの批判であり，時にはリベラル派からの批判もあった。いわゆる連邦政府資金のばらまき，連邦政府の財政支出増大，連邦政府の州に対する過度の介入，福祉体制依存の人口の増大などである。しかし，この過程において，ジョンソンはアメリカ社会の“暗部”を多くのアメリカ人に認識させただけではない。問題を解決する方法として一連の“社会福祉”政策を連邦議会の議題に乗せて多くの法案を成立させ，そしてこれを実行に移していった。それらの多くがさまざまな議論を伴いながらも現在のアメリカのなかで中軸部分が残存しているという事実は，ジョンソンの「偉大な社会」計画は先見性を持った，ある種の進歩的な政策であったと考えることも十分に可能である[92]。

以上の認識を前提にした上で，次の第三部においては，ジョンソン大統領が促進した「偉大な社会」計画の中でも，現代のアメリカ社会にとって，特に重要だと考えられる公民権法，経済機会法，メディケア・メディケイド，初等・中等教育法，および高速道路美化法に的を絞り，その基本的理念，立法過程，および法律施行上の問題点などを中心に論じ，アメリカにおける「社会福祉体制」の理念と実体を検討していきたいと思う。

<注>

1）藤本一美『クリントンの時代』（専修大学出版，2001年），6-7頁;藤本一美，濵賀祐子，末次俊之訳著『資料：戦後米国大統領の「一般教書」第１巻—1945年〜1961年—「ルーズベルト，トルーマン，アイゼンハワー」』（大空社，2006年），１頁。

2）*Public Papers of the Presidents of the United States: Lyndon B. Johnson, 1963-1964* (US. GPO, 1965), pp. 112-118;『朝日新聞』1964年１月９日。

3）『朝日年鑑，1964年版』（朝日新聞社，1965年），51-53頁，155-159頁；『世界年鑑，1964年版』（共同通信社，1965年），17-19頁，293-325頁;『朝日新聞』1964年１月９日；*Public Papers of the Presidents of the United States: Lyndon B. Johnson, 1963-1964* (US. GPO, 1965), pp. 112-118; 藤本一美，濵賀祐子，末次俊之訳著『資料：戦後米国大統領の「一般教書」第２巻—1961年〜1977年—「ケネディ，ジョンソン，ニクソン，フォード」』（大空社，2005年），91-97頁。

4）『朝日新聞』（朝日新聞社），1964年１月９日。

5）仲晃「ゴールドウォーターの敗北とアメリカの国内事情」『国際年報　1964-1965年』（国際問題研究所，1965年），729頁。

6）『朝日新聞』（朝日新聞社），1964年１月９日。

7）*Congressional Quarterly Almanac 1964*, p. 69.

8）David Blumenthal and James A. Morone, *The Heart of Power-Health and Politics in the Oval Office* (Berkeley: University of California Press, 2009), pp. 181-185.

9）*Ibid.*

10）仲，前掲書，「ゴールドウォーターの敗北とアメリカの国内事情」，729頁。

11）1965年８月２日および４日，南ベトナム海軍の北ベトナム沿岸攻撃作戦において後方支援を実施していたアメリカ海軍駆逐艦マドックスおよびターナー・ジョイが，北ベトナム魚雷艇からの攻撃を受け，これに応戦した。ついで８月８日，上記の米海軍艦艇が複数の北ベトナム魚雷艇から攻撃を受けたと報告した。２度目の攻撃を報告されたジョンソン大統領は，翌日，アメリカ海軍に対し，複数の北ベトナム基地への報復攻撃を命じた（赤木莞爾「トンキン湾事件」『日本外交史事典』（山川出版，1992年），659頁）。しかしながら，2005年10月，『ニューヨークタイムズ』紙は，国家安全保障局の報告書を引用し，８月４日，２回目の攻撃が情報当局の捏造であったことを明らかにした。

12）『朝日年鑑，1965年版』（朝日新聞社，1966年），77-78頁，182-186頁；『世界年鑑，1965年版』（共同通信社，1966年），33-34頁，293-294頁；『朝日新聞』（朝日新聞社），1965年１月５日;*Public Papers of the Presidents of the United States: Lyndon B.*

Johnson, 1965 (US. GPO, 1966), pp. 1-9；藤本，賀，末次，前掲書，『資料：戦後米国大統領の「一般教書」第2巻—1961年〜1977年—「ケネディ，ジョンソン，ニクソン，フォード」』，111-121頁。

13) 『朝日新聞』，1965年1月5日，〔夕〕。

14) *Public Papers of the Presidents of the United States: Lyndon B. Johnson, 1965, Volume 1* (US. GPO, 1966), pp. 1-9.

15) *Public Papers of the Presidents of the United States: Lyndon B. Johnson, 1965, Volume 2* (US. GPO, 1966), pp. 1057-1059.

16) *Congressional Quarterly Almanac 1965*, pp. 65-79.

17) Walter LaFeber, "Johnson, Vietnam, and Tocqueville," Warren I. Cohen and Nancy Bernkopf Tucker, eds., *Lyndon Johnson Confronts the World: American Foreign Policy 1963-1968* (New York: Cambridge University Press, 1994), pp. 34-35; *Public Papers of the Presidents of the United States: Lyndon B. Johnson, 1965, Volume 2* (US. GPO, 1966), pp. 66, 74.

18) 「アメリカ史上最悪の黒人暴動」『世界週報』，1965年8月31日号，6-7頁。

19) 『朝日新聞』，1966年1月13日，〔夕〕。

20) 泉昌一「アメリカの政治と社会」『国際年報 1965年』〔国際問題研究所，1966年〕，637-638頁。

21) 『朝日年鑑，1966年版』(朝日新聞社，1967年)，78頁。

22) 同上。

23) 『朝日新聞』(朝日新聞社)，1966年1月13日，〔夕〕；*Public Papers of the Presidents of the United States: Lyndon B. Johnson, 1966* (US. GPO, 1967), pp. 3-12; 藤本，賀，末次，前掲書，『資料：戦後米国大統領の「一般教書」第2巻—1961年〜1977年—「ケネディ，ジョンソン，ニクソン，フォード」』，141-151頁。

24) *Congressional Quarterly Almanac 1966*, pp. 68-81.

25) *Ibid.*, p. 114.

26) 『朝日年鑑，1967年版』，69頁，197頁。

27) 藤本，賀，末次，前掲書，『資料：戦後米国大統領の「一般教書」第2巻—1961年〜1977年—「ケネディ，ジョンソン，ニクソン，フォード」』，171-183頁。

28) 『朝日新聞』，1967年1月11日，〔夕〕。

29) *Public Papers of the Presidents of the United States: Lyndon B. Johnson, 1967* (US. GPO, 1966), pp. 2-14.

30) *Congressional Quarterly Almanac 1967*, pp. 73, 161;『朝日年鑑，1968年版』，200頁。

31) *Public Papers of the Presidents of the United States: Lyndon B. Johnson, 1967* (US. GPO, 1968), pp. 721-724.『世界年鑑，1968年版』，421頁。

32）『朝日新聞』，1968年1月18日，〔夕〕。

33）*Public Papers of the Presidents of the United States Lyndon B. Johnson, 1968*（US. GPO, 1969），pp. 25-33; 藤本，濱賀，末次，前掲書，『資料:戦後米国大統領の「一般教書」第2巻—1961年～1977年—「ケネディ,ジョンソン,ニクソン,フォード」』，207-215頁。『朝日新聞』（朝日新聞社），1968年1月18日，〔夕〕。

34）山田敬信「ジョンソン大統領の不出馬表明とベトナム戦争政策」『名古屋大学法政論集』第102号（1985年11月），196頁。

35）*Congressional Quarterly Almanac 1968*, pp. 69-79, 97-99.

36）砂田一郎『現代アメリカ政治—20世紀後半の政治社会変動』（芦書房，1999年），130-140頁；『朝日年鑑，1969年版』，95頁。

37）藤本，濱賀，末次，前掲書，『資料：戦後米国大統領の「一般教書」第2巻—1961年～1977年—「ケネディ，ジョンソン，ニクソン，フォード」』，233-239頁。

38）『世界年鑑，1965年版』（共同通信社，1966年），397頁。

39）このように，ベトナム戦争がいかに，ジョンソン大統領が推進した「偉大な社会」計画の足かせになったが理解できよう。本書はベトナム戦争を直接対象としてこれを論じているわけではないので，問題点を簡単にとどめるだけにしておきたい。

40）Bruce J. Schulman, *Lyndon B. Johnson and American Liberalism*（Boston: Bedford Books, 1995），p. 91.

41）*Congressional Quarterly Almanac 1966*, p. 69.

42）『世界年鑑，1968年版』（共同通信社，1969年），397-398頁。

43）同上，398頁。

44）Schulman, *op. cit., Lyndon B. Johnson and American Liberalism*, p. 72.

45）John A. Andrew, *Lyndon Johnson and the Great Society*（Chicago: Ivan R. Dee Inc., 1998），p. 25.

46）Schulman, *op. cit., Lyndon B. Johnson and American Liberalism*, p. 73.

47）仲，前掲書，『国際年報1963-64年』，732-733頁。

48）Andrew, *op. cit., Lyndon Johnson and the Great Society*, p. 26.

49）Ibid., p. 28.

50）『朝日年鑑，1966年版』（朝日新聞社，1967年），198頁。

51）*Congressional Quarterly Almanac* 1964, p. 69.

52）仲，前掲書，『国際年報1963-64年』，732-733頁。

53）Andrew, *op. cit., Lyndon Johnson and the Great Society*, p. 34.

54）『朝日年鑑，1965年版』（朝日新聞社，1966年），77頁。

55）Special Message to the Congress: March 15, 1965, *Public Papers of the Presidents of the United States: Lyndon B. Johnson, 1965, Vol. 1*（Washington, D.C.: Government Printing Office, 1965），pp. 281-287.

56）『朝日年鑑，1965 年版』（朝日新聞社，1966 年），77 頁。
57） Andrew, *op. cit.*, *Lyndon Johnson and the Great Society*, p. 37.
58） *Ibid.*, p. 38.
59） *Congressional Quarterly Almanac* 1965, p. 73.
60） *Ibid.*
61） Andrew, *op. cit.*, *Lyndon Johnson and the Great Society*, p. 66.
62） 大森彌「現代行政における『住民参加』の展開—1960 年アメリカにおける「コミュニティ活動事業」の導入と変容—」『現代行政と官僚制, 上巻』(東大出版, 1974 年), 291 頁。
63） Andrew, *op. cit.*, *Lyndon Johnson and the Great Society*, pp. 64–65.
64） 仲，前掲書,『国際年報 1963–64 年』，729–730 頁。
65） 同上。
66） *Congressional Quarterly Almanac 1965*, p. 75.
67） *Ibid.*, p. 69.
68） Andrew, *op. cit.*, *Lyndon Johnson and the Great Society*, p. 100.
69）『朝日年鑑，1966 年版』（朝日新聞社，1967 年），77 頁。
70） Andrew, *op. cit.*, *Lyndon Johnson and the Great Society*, p. 114.
71） *Congressional Quarterly Almanac 1965*, p. 68.
72） Andrew, *op. cit.*, *Lyndon Johnson and the Great Society*, p. 120.
73） *Congressional Quarterly Almanac 1965*, p. 69.
74） V. B. シェファー著，内田正夫訳『環境保護の夜明け』（1994 年，日本経済評論社），37–41 頁。
75） Andrew, *op. cit.*, *Lyndon Johnson and the Great Society*, p. 166.
76） *Congressional Quarterly Almanac 1966*, p. 73.
77） *Congressional Quarterly Almanac 1968*, p. 79.
78） *Ibid.*
79） *Ibid.*
80） *Congressional Quarterly Almanac 1965*, p. 75.
81） Andrew, *op. cit.*, *Lyndon Johnson and the Great Society*, p. 173.
82） *Congressional Quarterly Almanac 1965*, p. 76.
83） Andrew, *op. cit.*, *Lyndon Johnson and the Great Society*, p. 173.
84） シェファー，前掲書,『環境保護の夜明け』，219–223 頁。
85）『世界年鑑，1965 年版』（共同通信社，1966 年），316 頁。
86） 古矢旬「『移民国家』アメリカの変貌 (1) —1965 年移民法から 1986 年移民法へ—」『北大法学論集 4』（40 巻，5・6 下巻，1991 年），2172 頁。
87） *Congressional Quarterly Almanac 1965*, p. 72.
88） *Ibid.*, p. 72.

89)　*Ibid.*, p. 75.

90)　自由人権協会編『情報公開法を作ろう―アメリカ情報自由法に学ぶ―』（花伝社, 1990 年), 29 頁。

91)　Andrew, *op. cit.*, *Lyndon Johnson and the Great Society*, pp. 198–199.

92)　砂田一郎『〔新版〕現代アメリカ政治―20 世紀後半の政治社会変動』(芦書房, 1999 年), 118 頁。

第三部

「偉大な社会」計画の促進

第4章　公民権法—少数派の差別撤廃

第1節　はじめに

リンドン・B・ジョンソン（Lyndon Baines Johnson）政権期（1963-1969年）において，「公民権（Civil Rights）」が多くの進展を遂げたのは周知のことである。すなわち，1964年の公民権法および1965年の公民権法（投票権法）は，その内容が徹底した強力な立法であり，それはアメリカ史上画期的なものであった。とりわけ，1964年の公民権法は，黒人公民権の保証，公共施設での差別禁止，連邦政府管理施設での差別禁止，白人と黒人共学の推進，連邦公民権委員会（差別撤廃団体の訴えを調査する機関）の存続，連邦政府の援助を受けている事業での差別撤廃，雇用機会の平等化，公民権事件の法廷手続きの保護，地域社会関係局の設置，予算の訴訟の10項目から構成されていた。その特徴としては，①司法長官が差別事件の被害者である黒人に代わって訴訟を起こす権限が大幅に拡大された，②差別禁止の公共施設の範囲を大幅に広げ，ホテル，レストラン，映画館，劇場，ガソリン・スタンド，競技場など具体例を示し，この禁止規定が州法に優先すること，③従来は州裁判所から連邦裁判所に上告し，差し戻された差別関係訴訟は再上告を認められなかったが，黒人に対して有利な連邦裁判所活用の道が開かれたこと，などが挙げられる。1964年公民権法は，従来個人の自由に属すると考えられていた部分まで踏み込んだ点で，また，その広範囲な適用性という点で，リンカーンの奴隷解放宣言以来の画期的な立法と言われた[1)]。これに続く，1965年公民権法（投票権法）は，それまで黒人の投票登録を阻んできた障害に対して，詳細に禁止項目を挙げ，より効果的に投票登録が行えるように連邦機構を定めたものであった[2)]。さらに1968年には，住宅に関する人種差別を禁止する公民権法（「公平住宅法」, Fair Housing Act）も加わり，ジョンソン政権期において，黒人に対する公民権は大きく改善されたのである。

1964年公民権法が成立した直後の1964年大統領選挙において，ジョンソンはみごとに当選を果たし，そして，前大統領J・F・ケネディ暗殺によって副大統領から大統領に昇格し選挙を経ずに就任した大統領から，今度は地すべり的大勝による選挙結果によって国民の信託を受けた大統領となった。しかし，共和党候補であるバリー・M. ゴールドウォーター（Barry M. Goldwater）によって「深南部（the Deep South)」と呼ばれるアラバマ州，ジョージア州，ルイジアナ州，ミシシッピ州，およびサウスカロナイナ州を奪われてしまった。これら事実が示していることは，それがジョンソンの公民権政策に対する南部白人の「反発」の表れであった，ということである。

ジョンソン大統領は，人種差別の激しい州の一つとして知られる南部テキサス州の生まれで，その政治的経歴の当初において「南部リベラル」に属していたが，しかし，第二次世界戦後しだいに右傾化していった。そして，大統領になるや，再びリベラルな方向に政治的スタンスを変えていったのである。

1964年の大統領選に向けて，ケネディ路線を継承し，かつ国民の支持を集めて，ジョンソン政権の基盤強化のため利用するに際し，ジョンソンの公民権法成立に向けた努力は，大統領選の当否を問われる材料，つまり政権の業績としてきわめて重要であった。アメリカの政治的潮流が保守からリベラルへと転換し，その波に乗り，1930年代以降の民主党政権（ローズベルト，トルーマン，そしてケネディ)がなしえなかった強力な公民権法の成立は，ジョンソンにとって，歴史的成果を記すという，ジョンソン大統領の政治的経歴の中で輝かしい業績の一つとなっただけでない。その後の政権運営にとって重要な成果として位置づけられるものであった。連邦議会の中では，実際に，ケネディではなく，ジョンソンが大統領であったゆえに，公民権への反対派をして「いかなる妥協案をも引き出すことができない状況となった」(リチャード・ラッセル上院議員）と言わしめる状況を作り上げ，ケネディ大統領が当初提案した内容よりも強力な法案が成立するにいたった。もちろん，一方で連邦議会における公民権法案を強力に支持した議員たちの役割の重要性については異論のないところである。だが，他方でジョンソン大統領自身も，強力な内容の法案を提案し成立させた過程において，重要な役割を担ったのは確かである。

本章の目的は，以上の認識を踏まえて，次のような点を明らかにしたい。すなわち，それではジョンソン大統領自身が，公民権問題に関してどのような考えを抱いていたのか。そのために，ジョンソンの政治的経歴の中で公民権に関する発言・行動をさぐり，それらの変化を検討する。それによって，ジョンソンの公民権に対する考え方の基本は何か，またその考え方はどのようにして形成されたのか，さらに，ジョンソンが多彩な政治的経歴の過程で，「権力獲得」とその維持のために公民権をどのように利用したかを明らかに出来れば幸いである。その上で，副大統領時代のジョンソンが，ケネディ大統領によって，連邦政府との契約企業内における人種差別調停を行なう「平等雇用機会委員会(President's Committee on Equal Employment Opportunity, PCEEO)」の委員長に就任し，その後大統領に昇格したジョンソンが，1964年公民権法成立の際にケネディの継承者として法案成立を支持すると同時に，ジョンソンがそれまで継続していた公民権支持の態度を画期的な法案へと実現した視点から，1964年の公民権法の成立過程を分析する。従って本章では，従来，ほとんど検討されていなかった，PCEEO内でのジョンソンの役割と活動にも的を絞っている。

第2節　リンドン・ジョンソンと「人種差別撤廃」

(1) 青年時代―テキサスの風土，幼年期，父の影響，教師

リンドン・ベインズ・ジョンソン（以下，ジョンソンと略する）は1908年8月27日，テキサス州のストーンウォール近くで生まれた。その後，家族はジョンソン・シティに移り住み，少年期の大部分をその町で過ごした。

ジョンソン・シティを郡庁所在地とするブランコ郡は，黒人人口が非常に少

なかったので，少年期のジョンソンにとって，黒人と接する機会はほとんどなかった。なお，メキシコ系の人口は黒人よりもさらに少数であり，純粋なテキサス人は近隣住民がみな知り合いという関係であった。そこでは農作物，とくに綿の収穫の時期には，子供たちも含めて近隣の住民たちが共同して綿の取り入れの作業を行った。だから，ジョンソンの少年時代には，その町での生活は黒人に対する人種差別という意識を植えつけるものは何も存在していなかったといってよい[3)]。

テキサス州下院議員であった父親のサム（Sam Early Johnson, Jr.）は，ジョンソンのその後の政治的経歴に大きな影響を与えた人物である。サムの政治家としての活動はおもに「リベラル」の立場を反映し，州議会でも彼が賛成票を投じるのは概して「リベラル」な提案に関するものであった。とくに彼は，人種差別団体である「クー・クラックス・クラン（Ku Klux Klan)」に反対し，彼らを追い出そうと活動していた。実際，その団体のメンバーである牧師が午後の礼拝の集会のために州下院議事堂を使用することを認める決議に反対するなど，サムは彼らを激しく非難し，彼らと対峙した。その強硬な反クー・クラックス・クランの態度は，妻のレベッカ（Rebekah），息子のジョンソンら家族が彼の身を案じるほどのものであった，という[4)]。

ジョンソンが少数派人種に対する差別を強く意識したのは，彼がサウスウエスト・テキサス州立師範大学[5)]（Southwest Texas State Teacher's College）へ入学して在籍したまま休学して，学資の不足を補うために南テキサスに位置するコトラの町の小学校教師に赴任した時であった。

コトラの町は，全人口3,000人のうち80%がメキシコ系であり，アングロサクソン系の白人は少数派に属していた。メキシコ系の住人の大部分は農業従事者で，仕事を求めてメキシコから移住してきた人々であった。コトラの町に住むアングロサクソン系白人たちは，彼らを一時的な外国人労働者とみなし，アメリカ人が居住する社会から孤立した人々だとみていた。少数派であるアングロサクソン系の人々は，メキシコ系住民から公民権を剥奪して人種隔離を強め，市民的・社会的な平等を享受することを阻止するために団結した。メキシコ系の人々は「クー・クラックス・クラン」に標的にされるなど，公共施設でのサービスの拒否にあい，施設内では隔離されていた[6)]。

ジョンソンが赴任したウェルハウゼン小学校は，メキシコ系の生徒たちが通ういわば隔離された学校であった。生徒たちは昼食を持ってくることもままならないほど貧しく，ほとんど英語を話せなかった。歴史の教師兼校長として，ジョンソンは生徒をかわいがり，設備の乏しい学校の運動用具を購入し，課外活動で彼らとソフトボール，バレーボール，討論，文学クラブなどを通じてともに時間をすごした。ジョンソンは，大多数の英語の話せない生徒に対し英語を学ぶよう厳しく指導した。後に，ジョンソンはしばしばコトラでの経験について言及し，幼い生徒たちが彼に与えた深い印象について語っている。そして彼の人生の中で初めて，メキシコ系少数者に対する白人社会の人種差別を意識するようになったのである[7)]。

(2) 秘書，全国青年局（NYA），および連邦下院議員時代

1930年，ジョンソンは大学を卒業すると同時に，ヒューストン高校に教師として職を得た。しかし，前テキサス州知事の演説代行を務めたことをきっかけに，テキサス州連邦下院議員のリチャード・クレーバーグ（Richard Kleberg）の秘書として，1931年からワシントンD.C.においてクレーバーグの事務所に勤務することとなった。ジョンソンは秘書としての仕事をこなしていく過程で，折からの大恐慌によって経済的破綻に苦しめられている選挙民の相談に乗り，連邦政府機関との仲裁の労をとり，クレーバーグの選挙区民に「恩典」を与えた。ジョンソンは，クレーバーグの事務所をローズベルト政権が推進するニューディール政策を執行する機関のひとつとして活用し，南テキサスの選挙民に多くの利益を与えたのであった[8)]。

しかし，こうした活動のため，1935年の春，クレーバーグから解雇の旨を伝えられたジョンソンは，連邦議員秘書としてワシントンD.C.で働く間に親しくなったテキサス州選出のリベラル派下院議員モーリー・マーベリック（Maury Maverick），および後に連邦下院議長となるサム・レイバーン（Sam

Rayburn）議員に相談した。そのときには，両者ともスタッフとしての仕事の空きがなかったものの，幸運にも，ローズベルト政権が，新しい連邦機関である「全国青年局（the National Youth Administration, NYA)」を創設し，テキサスにおけるNYA局長への人材を探していた[9)]。こうして，マーベリックとレイバーンの取り計らいによりジョンソンはNYAのテキサス州局長に就任することになった。NYAの全国局長は，精力的な“ニューディーラー”でかつ南部のリベラルでもあり,早くから黒人公民権の擁護者であったオーブリー・ウィリアムズ（Aubrey Williams）であった[10)]。

1935年の時点において，アメリカでは，2,200万人の若者のうち，20%が学校を退学し,仕事を求めて地方を放浪していた。テキサス州においても,ジョンソンがテキサス州のNYA局長に就任した頃は，16歳から25歳までの青年の約12万5,000人が生活保護を受け，何らかの支援なしでは勉学を放棄しなければならない若者が多数存在していたのである[11)]。

NYAのテキサス州局長に就任したジョンソンは，テキサス州内の多くの若者に就職の斡旋を行い，学業資金が不足し勉学を中断していた若者の多く復学させる業績を残した。ジョンソンにとってNYAを指揮することは，テキサス州での彼の知名度を上げ，また自らの理想を実行に移すことができる仕事であった。テキサス州のNYA局長に就任した1935年の8月から1937年の2月までに，ジョンソンは，実際，3万人の若者に仕事を与えた。その3分の2は学生であった。その業績の故に，NYAの全国局長であるウィリアムズが他の州の局長をテキサス州へ派遣して学ばせるほどであった[12)]。

ジョンソンは，NYAの活動のなかで革新的な機関を創設した。それは，「初心者大学センター（Freshmen College Center)」であり，家族が恐慌の影響で生活保護を受けているために進学を断念し，就職しなければならない高校卒業生に対し，NYAの資金援助により，一つもしくは二つの学資無料の課程をその機関で受講できるようにしたのである[13)]。

NYAはまた，黒人たちを支援することにも力を入れていた。その活動は，南部において人種隔離の慣習に従いながらも，下働きなどの仕事に多くの黒人たちを雇用し，少額ながらも貧しい黒人の若者たちに直接資金を援助した。それは，1930年代後半から，40年代初期にかけて他の連邦機関よりも多くの支援を黒人たちに与えたといわれる[14]。

ところで，テキサス州においては，1930年代後半に，85万5,000人の黒人が存在し，その数は，アメリカにおける黒人人口の6.5%，テキサス州全人口の14.7%を占めていた。特に，16歳から25歳の間のテキサス州内に居住する青少年の黒人人口は，その年齢の人口のなかで27.8%を占めていた。全米各地の黒人たちの状況と同じく，彼らは大恐慌のなかで最も貧困にあえいでいたのである[15]。

テキサス州のNYA事業において，黒人たちへの支援を強く進めるNYA本部は，ジョンソンにテキサス州のNYAの諮問委員会に黒人委員を任命するよう促した。しかしジョンソンは，それを拒否した。何故なら彼は，「最近100年間でのテキサスにおける人種問題は…それ自体を一夜では覆すことができない社会的慣行と習俗の明確な制度に変化させてきた。（私の）見た限りではテキサス州での人種間には調和と平穏が保たれている。しかし，黒人と白人を一つの共通の委員会に混ぜる試みのような，慣習に反する行動によって，長い間定着している境界を超え，根深い習俗を覆すことはきわめて困難である」と認識していたからである[16]。つまり，ジョンソンは，黒人・白人混合の委員会の設立によって，テキサス州内で黒人の若者たちに施している活動が阻害されることを強調したのであった。そこでジョンソンは，州内の著名な黒人たちからなる「黒人諮問委員会（Negro State Advisory Committee）」を別途に任命し，その委員会に黒人への支援計画を監督させた。ジョンソンは「これらの方法で，テキサスのNYAが，黒人の若者たちをテキサスにおける世論の矢面に立たせることよりも，彼らに恩恵を与えるためにより多くのことをなすことができると私は確信している」と述べている[17]。

ジョンソンは，南部を支配する厳格な人種隔離の一線を保持しながらも，密かに指導的立場の黒人たちと会合を持ち，支援計画の作成に参加させたのである[18]。実際，上述のように黒人諮問委員会を設立し，各委員に州の各地域一つを担当させ，計画への支援と黒人の若者も計画へ参加する機会が与えられることを呼びかけるために各地で演説をして歩き，失業している黒人の若者たちに与えられた仕事や職業訓練を監督した。ジョンソンはまた，黒人学生に対する支援にも力をいれた。すなわち，1936年の3月までには，887名の高校生や473名の大学生に援助を行ない，設立した20の「初学者大学センター」のうち15校を黒人に開放した。また，NYAからの白人大学への資金が残った際には，黒人大学の各理事に電話をかけ，その余剰資金を黒人大学に提供し，さらに，白人の若者たちの計画のために募った募金を，黒人大学の設備や不足品の資金に当てたのである[19]。

1937年3月，現職連邦下院議員の死去によって空席となった議席を求めて，ジョンソンはNYAのテキサス州局長を辞任し，特別選挙に立候補することを決めた。1937年の特別選挙はテキサス第10選挙区で行われることになっており，それは州都オースティンがあるトラヴィス郡を含む，中央テキサスの10の郡から構成されていた。その選挙区内の黒人の占める割合は高く，10の郡平均で20%を超えていた。しかしながらその一方で，黒人は一般に公民権を剥奪されており，テキサス州においていかなる政治勢力ともなり得なかった[20]。

こうした状況の中で，ジョンソンは選挙運動で黒人票を獲得する行動にでた。つまり，小さな町での選挙演説の後，側近たちの忠告にもかかわらず，黒人たちと握手を交わし，また，選挙区であるオースティンに住む数少ない黒人指導者たちと黒人教会で秘密裏に会合し，彼らに対して支援を求めたのである。その会合でジョンソンは，自分が「連邦議会へ登院したら，投票権を求める黒人たちを受け入れる行動を起こすことができ，われわれはともに，彼らの投票権に関して理解することができるであろう」と語った。その会合に出席していた黒人の教育者F・R・ライス（F. R. Rice）は，「その会合以来，黒人たちはジョンソンを支持した」と指摘している[21]。

その後，ジョンソンは連邦下院議員として6期，12年間を努める。しかし，皮肉なことに連邦下院議員として選出されたジョンソンは，連邦議会において公民権に関して，一貫して反対の立場をとった。連邦議会に提出された公民権の関連法案の審議において，ジョンソンは1940年の反リンチ法案に反対し，1942年，1943年，1945年，そして1947年においては，人頭税を廃止する法案にも反対票を投じた。さらに1946年には，トルーマン政権が推進する公民権政策の一環として提出された「公正雇用実施委員会（Fair Employment Practice Commission)」に関する法案に対して，他の南部議員たちと行動をともにして法案を廃案にした[22)]。しかしその一方で，ジョンソン議員は，連邦議会の公民権に関する審議の外では,少数派人種に対して配慮を見せていた。例えば，当時ある連邦機関が貧しい農家のために農機具その他のための資金貸付を行っていたが，その機関の資金貸付の申請が白人農家のみに限られ，黒人農家には行われていないことを知ったジョンソンは，その連邦機関と交渉して黒人農家にも資金貸し付けの申請を行なえるようにした[23)]。また，連邦資金による低家賃の公共住宅建設の応募が開始されたとき，ジョンソンは連邦政府の公共住宅の関連部局を歩きまわり，テキサス州内の都市に認可されるように積極的に行動した。その結果，オースティンのスラム地区においてその承認を受け，白人だけではなく，黒人，メキシコ系アメリカ人の貧しい人々も支援することができたのである[24)]。

(3) 1948年連邦上院議員選挙と連邦上院議員時代

ジョンソンはその後，1948年に連邦上院選挙に立候補した。その選挙運動を展開する際，選挙演説の中で，彼が後に自ら署名することになる機会平等を求める諸法案を批判し，また同じく後に説得に努めることになる労働組合の指導者たちを批判し，そしてさらに彼が後に提案するメディケア（老齢者医療保険計画）と類似した社会主義化された医療に対して戦うことを公約に掲げて，選挙運動を展開した[25)]。ジョンソンはまた，トルーマン大統領の公民権計画に対しても同様の立場をとった。トルーマンは，リンチに対する連邦法，連邦公正雇用実施委員会（FEPC)，州間輸送におけるジム・クロウの撤廃，そして投票権の保護を提案していた。これに対しジョンソンは，それらを「茶番でごまかしの提案，すなわち，自由という見せ掛けで警察国家を打ち立てようとする試み」であると考えた。ジョンソンは述べる。「私は反リンチ法案に反対する。州が殺人に対して法律を執行することが可能なのであり，また執行するのである。私はFEPCに反対する。ある人が誰を雇うべきかあなた方に言いうるならば，彼はあなた方に，誰々は雇うことはできない，と言いうるからである」[26)]。

しかし，テキサス州における政治状況は，選挙運動を行なう候補者たちに，政治勢力としての黒人たちに対する態度に変化を余儀なくさせた。テキサス州における1948年の連邦上院議員選挙は，民主党の予備選挙において，黒人の参加が認められた最初の選挙であった。実は，1900年代初頭から，テキサス州において，黒人は民主党予備選挙の投票から排除されていたのである。「全国有色人種向上協会（the National Association for the Advancement of Colored People, NAACP）」は，民主党予備選挙における黒人の排除に対して多くの訴訟を提起し，1944年のSmith v. Allright（321 U.S. 657, 64S. Ct. 757（1944））に関する連邦最高裁判決によって，民主党はテキサスにおける民主党予備選挙から法的に黒人を排除することは認められなくなった。もちろん，黒人の投票を阻害する要因，地域の白人による暴力，脅迫，そして貧しい黒人の投票を阻害する人頭税は依然として存在し，投票ができる黒人の数が実際に増大したわけではなかった。だが，連邦最高裁判決に伴う1946年のテキサス州知事選における予備選挙において，投票資格を有する黒人の14%，推定7万5,000人が投票したという。1948年には，18%，10万人の黒人が投票登録を行った。そこでジョンソンは，1948年選挙において，もし，1946年に投票を行った黒人有権者を獲得できれば，テキサス州におけるすべての有権者約100万人のうち，ほぼ7%を占めることになると計算したのである[27)]。

民主党予備選挙における主要な対立候補は，前テキサス知事のコーク・スティーブンソン（Coke Stevenson）で，黒人が多く居住する都市ヒューストンにおいて黒人たちの支援者たちがいた。スティーブンソンは，黒人に対する教育機会の拡大，少数派人種の囚人の恩赦や仮釈放に対する公平な考慮を主張した。これに対して，黒人地域社会向けの主要な新聞は，スティーブンソンを批判する論説を載せてジョンソンを支援し，また，黒人事業家たちは黒人従業員の票を取りまとめた。ジョンソンの選挙事務所は農村地域において，その地域の指導的黒人に多くの書簡を送り，投票登録を有する黒人の票を取りまとめさせたのである[28)]。

予備選挙での得票数は，スティーブンソンが47万7,077票，一方，ジョンソンが40万5,617票を獲得した。その次がジョージ・ペディ（George Peddy）の23万7,195票，そのほかの候補者の獲得票数は8万2,503票であり，上位二者の決選投票が行われることになった。決選投票の結果は，ジョンソン49万4,191票，スティーブンソン49万4,104票で，わずか87票差でジョンソンが勝利した。決選投票では，農村地域の黒人有権者の65-90%がジョンソンを支持し，また，テキサスの黒人人口の半分が居住していた都市地域（サンアントニオ，ヒューストン，ダラス，フォートワース，そしてオースティン）で，黒人有権者たちは，ジョンソン当選のための重要な役割を担ったのである[29)]。

連邦上院議員としてジョンソンは，第一期目に，下院議員時代と同様の立場を維持し続けた。つまり，ワシントンD.C.自治法案に差別的な公共施設に関する修正案に賛成票を投じ，人頭税の撤廃に関する法案，労働組合内での人種差別禁止に対する修正案に対し，それらを議会内で棚上げさせる行動をとり，トルーマン政権が進めるFEPCに関する法案に対しても，これに反対する南部議員たちと行動をともにした[30)]。

1949年3月，トルーマン政権は，公民権法案の成立に際し反対派の防波堤となっていた「フィリバスター（議事妨害）」を抑制するため，上院議事規則第22条（Rule 22）の修正を求めるキャンペーンを始めた。これは，上院議員3分の2の票決によってフィリバスターを終結させることのできる「討論終結動議（motion on cloture）」に関する項目である。この動議は，特定の法案に関する討論には適用が可能であるものの，しかし法案を審議するための動議に対する討論には適用できなかった。トルーマンは，この規則をあらゆる討論に適用させることによって，南部議員たちの議事妨害を終結できるように修正を行うことを求めたのであった。このような行動に対し，ジョージア州選出のリチャード・ラッセル（Richard Russell）議員を中心として，第22条のいかなる修正をも阻止する協議を行うため，南部州選出議員からなる「南部議員協議会（the Dixie Association）」のメンバーたちが招集された。だが，ジョンソンは，その会議を欠席したのである[31]。

南部議員協議会の会合を欠席したジョンソンは，上院議事規則第22条に関して演説を行った。その演説の内容は，討論終結動議に焦点を定めたもので，連邦上院は多数者の熱情から少数者を保護するためにある，として無制限の討論を行う上院の権利を強く擁護し，トルーマン政権の公民権計画，とくにFEPCを非難した。また，ジョンソンは，「私が少数者について述べる時，私はこの用語をただ南部のみを意味するようなことはしない。それは，この国を構成している，人種，宗教，政治，経済上の，そしてその他あらゆる国民，少数者に属するものである。…いかなる偏見も，出生，肌の色，先祖の出自による理不尽な偏見ほど，広く蔓延し，非常に危険なものはない」と述べた。しかし，人頭税の廃止や反リンチ法案に対して，「連邦の法，連邦の管理という解決策は，1869年においても解決策ではなかったし，1949年においても解決策ではない」と主張したのである。ジョンソンは実際に，1950年，上院においてFEPC法案に対する南部議員たちのフィリバスターを阻止するために採られた討論終結動議に反対している[32]。

ジョンソンは，彼の立場に抗議する人びとに次の様に答えた。「将来において，過去においてもそうであったように，私は，よりよい住宅，よりよい学校教育，よりよい健康医療，…を通して，あらゆるアメリカ人の機会と恩恵を平等化させるために働くつもりである」。そして，彼らに対して，ジョンソンが行った公共住宅支援など，国民の生活水準を向上させ，あらゆる人々のために経済的機会を拡大する多くの措置を約束したのである[33]。

ジョンソンは，彼の反公民権の立場が少数派人種への福祉上の無関心，ニューディールの信念の放棄などと見られたことに狼狽した。さらに，ジョンソンは，情熱をなだめて意見の一致を促し，秩序を確保しながら進む進歩への道を理解しない，妥協の余地がない左右両派の極端主義者たちに我慢ならなかった。討論終結動議に関する演説の執筆をF・ローズベルト政権下で補佐官であったジェイムズ・ロウ（James Rowe）に依頼して拒絶されたとき，ジョンソンは，「私は，あらゆる人が平等に作られていると思う。私はあらゆる人が平等な機会を持つことを望んでいる。私は，君の公民権のスローガンが雄弁で感銘を与えるものであるとさえ思う。しかし，君たちが人道主義の精神を法律にしようとする時，君たちはいつも，君たちの中の博愛と信念，あるいは道理のいかなる感覚をも失うように見える。公民権法案を連邦議会に提出することは，慈善行為ではない」と述べたのである[34]。

第 3 節　ジョンソンと 1964 年公民権法案の成立

(1) 連邦上院多数派院内総務

ジョンソン[35]は，1954 年，連邦上院議員に再選された後，北部リベラル派との接触を図ろうと努めた。ジョンソンはまた，政治的に世話しそして上院において有能なリベラルへとして育てたミネソタ州選出の民主党リベラル派上院議員ヒューバート・ハンフリー（Hubert Humphrey）を北部リベラル派への個人的な仲介者に仕立てた[36]。また，リベラル派たちのジョンソンに対する不信を払拭させるため，ジョンソンは，1955 年 11 月 21 日，テキサス州で「心のこもった計画（A Program with a Heart)」という長い演説を行った。その演説の内容はリベラルな改革を含む 13 条からなる演説であり，その中には人頭税の廃止も含まれていた[37]。

すでに述べたように，ジョンソンは連邦議員に当選以来，すべての公民権法案に反対票を投じてきた。しかしながら，1954 年における連邦最高裁のブラウン判決に対して，一転してジョンソンはその判決を擁護し，さらに，1956 年に南部議員たちによるブラウン判決反対の声明文を決議した際には，ジョンソンはその決議文への署名を拒否さえしたのである[38]。

南部議員たちによるブラウン判決反対決議へのジョンソンの署名拒否は，ジョンソンにとって大きな政治的決断であった。というのも，公民権という，民主党が分裂する大きな要因であった争点に対し，テキサスという南部州出身のリベラリストからはじまったジョンソンの経歴の中で，ジョンソンが民主党の中でその全国的指導者の地位を確保し，最終的に大統領職を望むようになる場合に，公民権問題は，必ず越えなければならない大きな障壁であったからだ[39]。しかもその公民権は，落とし所を慎重に決定しなければならかった。つまり，北部リベラル派が納得し，南部保守派が民主党だけでなく連邦からも離脱しないよう“ソフト・ランディング”させる解決策を模索しなければならなかった。仮に，西部および中西部の連邦議員を説得して連邦議会において法案を成立させたとしても，当該法律が，南部のリベラリストの大多数が考えていたように，穏健で，南部の状況に沿う形の，そして南部の経済発展に寄与する法律でなければ，ジョンソンは民主党内での指導力を失うばかりか，南部を民主党から共和党へと与えること，しかもかつては“ソリッドサウス”と呼ばれた伝統的に民主党が支配してきた州を失いかねなかった[40]。こうして，ジョンソンは，民主党および連邦政府の将来を勘案して，ジョンソンの政治的未来のために，民主党多数派院内総務として主導権を握る必要があった。そこで，ジョンソンは連邦政府が提出する公民権法を支持する決意をしたのである[41]。

1957年公民権法案について，ジョンソンは，広く上院議員に受け入れられる法案を作成するように試み,北部リベラル派に対して否決よりも妥協を促し，一方，南部議員たちには効果の少ない，強力でない法案を受け入れるように説得した。法案が下院を通過した後，ジョンソンは，リチャード・ラッセル(Richard Russell) 上院議員に相談し，次の2項を削除すればフィリバスターをおこなわないことを約束させた。それは，①学校での人種統合を推進するSection Ⅲ，②公民権訴訟において裁判所命令に違反したいかなるものに対しての陪審裁判を保障する項目，であった[42]。

まず①ついては，ジョンソンは西部州選出の上院議員たちに働きかけた。彼らは，おおむね公民権法案に賛成であったものの，それ以上に西部における水資源と電力開発に関するアイダホ州のヘルズキャニオンダム（Hells Canyon Dam）計画への予算が承認されなかったことにひどく失望していた。そこでジョンソンは，南部議員たちのダム予算案支持と引き換えに西部議員たちにSection Ⅲの削除を持ちかけたのである[43]。

②については，北部リベラル議員たちは南部における陪審裁判，すべて南部白人の陪審員による裁判では公民権法違反者に対して有罪とすることができないと主張していた。地方の陪審員ではなく，連邦判事に表決の決定を行わせることを望んでいたのである。そこでジョンソンは，いくつかの訴訟について陪審裁判を規定するものの，しかしその他の訴訟は規定しない法案修正案を支持した。また，ある上院議員に，広く象徴的な条文，すなわち，人種，信条，肌の色に関わらず，すべてのアメリカ人が連邦陪審員を務める権利を保障する条文を挿入させ，さらに，2人の穏健なリベラル議員を説得して，この変更を受け入れるように促した。かくして，この陪審裁判に関する修正案は僅差で通過したのである[44]。

ジョンソンは，1957年公民権法について，それが象徴的なものに過ぎないことを認め，次のように語っている。「私は，来年は少しだけ多くのものを得る。その次の年はまた少しだけ多くのものを得ていく。私と北部の友人たちとの違いは，彼らがそれらを一夜にして南部に強制することはできないと私は知っていることだ。少しだけ前進して固める。そして再び前進する。長い目で見れば，私の方法は彼らのやり方よりも早いことが明らかになるだろう」[45]。

1957年公民権法の成立は，その成立にいたる過程でジョンソンの大きな役割を各方面に示すことになった。第一に，民主党の議員たちに，民主党の分裂の危機に際し，公民権法案審議において民主党が20年間のうちで最も偉大な結束を見せたことを示すことができた。第二に，国民に対して，この法律が歴史的な転換点であることを示すことができた。82年ぶりとなる公民権法成立について，ジョンソンは「投票権を持たない人は，何の保護もない人である。彼は実際に無力である。投票権を持つ人は自らの手に自らの運命を握る人である。われわれは始めた。それはまだほんの始まりに過ぎない。われわれはそれが可能であることを知っているし，われわれはやり方を知っている」と語った。第三に，連邦上院の同僚たちに，公民権の審議は，穏健で威厳あるものであり，マッカーシー時代の傷ついた連邦議会上院に対する国民からの敬意を回復させたことを示すことができた。第四に，ジョンソンの選挙区における保守的な有権者たちに対し，公民権に分類されるあらゆる領域への連邦裁判所の介入を規定するSection Ⅲの削除，そして上院で代替案の承認を促したことにより自らの指導的役割を示すことができたのである[46]。

ただここで，留意すべきは，以下のような動向である。すなわち，第二次世界大戦後，ジョンソンは，テキサス州では，重要な争点である人種差別問題について，しだいに「保守派」の意向に沿って行動するようになったことである。つまり，ジョンソンはトルーマン大統領の促進した公民権に反対し，アメリカの政治的動向が変化する中で，彼はしだいに右傾化していったのである[47]。

1960年に成立した公民権法に関して，ジョンソンは，当該法案が人種差別に対して核心をつく内容であるよりも，黒人たちの憲法上の権利を保護し，そして，南部が「非合法に支配された地域」という扱いを受けない，妥協的法案の方を模索した[48]。すなわち，「中庸」，「良識」，「公正な行動」，そして「国民」のための勝利となる法案を促し，連邦議会に提出された公民権法案の各部分を削除する行動にでたのである。ジョンソンは，上院での審議で南部議員たちによるフィリバスターが行われた際，下院に提出され審議されている公民権法案に修正を加えて上院の南部議員にも受け入れられるようにし，下院から送付された公民権法案を上院での審議で可決し，そして成立にこぎつけたのである[49]

ジョンソンが副大統領，特に大統領になってから，公民権法に対して積極的な態度を示すようになった背景として，1960年の大統領選挙が挙げられる。ジョン・F・ケネディの大統領選挙を契機に，そこにはアメリカの全国的な政治ムードが「リベラル」な方向に大きく変わった事実を忘れてはならない。典型的な「戦略的政治家」であり全国的な代表として大統領の席をうかがい，全国民の支持を確保する意味においても，ジョンソンは“進歩的穏健派”として態度へ大きく転換していかざるを得なかった[50)]。

(2) 副大統領時代―PCEEOでの活動と1963年公民権法案

ジョンソンは，1960年の民主党全国大会においてジョン・F・ケネディに大差をつけられ，大統領候補の座をのがした。そして，ケネディの要請によって副大統領候補として，1960年大統領選を戦うこととなった。民主党の正副大統領候補となったケネディ・ジョンソンは，本選挙では，共和党正副大統領候補であるリチャード・M・ニクソン，ヘンリー・C・ロッジとの戦いで接戦の末に勝利し，ケネディが1961年1月20日に大統領に就任すると同時に，ジョンソンは副大統領に就任した[51)]。

ケネディは，選挙運動中から，公民権に関する争点について，行政府による広範囲にわたる大胆な行動を繰り返し求めていた。特に，自分が大統領に就任した暁には，連邦政府が援助する住宅の人種差別を禁止する行政命令を公布することを約束し，連邦政府との間で契約を結ぶ企業について既存の委員会を再編成することを約束していた[52)]。ケネディと彼の側近たちはまた，公民権の争点が次の４年間にアメリカの国内問題を主導し，ケネディ自身の再選にも影響を与えることを十分に認識していたのである[53)]。

しかし，1960年大統領選における僅差での勝利，そして連邦議員選挙での上院議席２減，下院議席20減の民主党の後退という結果は，ケネディが選挙運動中に明確にしていた公民権の推進について，ケネディ政権側に公民権に対する戦略の見直しを迫ることになった[54)]。

実際，連邦議会の両院における僅差の過半数という民主党の基盤では，重要委員会の委員長職を多く占める南部保守派議員たちの反対を乗り超え，新たな公民権法案を議会審議に持ち込んで成立させることはきわめて困難な状況下にあり，また，北部のリベラル派と南部の保守派をかかえる民主党を分裂させる危険性も含んでいた。さらに，連邦援助の住宅建設における人種差別禁止の行政命令公布についても，北部州選出の議員たちからの支持を得ることができるかという点も疑わしかった[55]。そこでケネディ大統領は，公民権を新たな法案として連邦議会へと提出することを先延ばしし，行政命令，特に，連邦政府との事業を契約している企業内での人種差別禁止を目的とする委員会設立によって公民権問題に対処することを決めたのである。

ケネディ大統領は，ジョンソン副大統領に対して，連邦契約企業に関する委員会の委員長に就任するように求め，行政命令の草案作成に参加するように要請した。しかし，ジョンソンは，「私には財源もなく，いかなる権限もなく，したがって私には何もない」と述べ，連邦政府の事業を行なうあらゆる契約企業が差別的な慣習を撤廃する声明書に署名し，そして委員会に彼らの誓約に反した企業との契約を解消する権限を与えるようにしないかぎり，ケネディ政権8年間に多くの成果を生み出すことは困難である，と答えたのである[56]。

ジョンソンは委員長職に就任することに躊躇していた。その背景として，8年後，ケネディ政権後の後継者候補となる場合に，この委員長の役職では，仮に委員会が一定の成果を残したとしても，北部リベラル派からは措置が不十分であるという不満，一方南部の保守派からは，措置が性急であるという具合に両者からの不満に直面する可能性があったからである[57]。さらに，委員会の措置に関して，ジョンソンの副大統領候補に反対したロバート・ケネディ司法長官によって，委員会の活動に制限が加わり，ジョンソンが描く措置が思うように行うことができないのではないかという不安もあった[58]。だが最終的に，委員長職への就任について数回の固辞にもかかわらず，ケネディは最終的に，ジョンソンを説得して委員長に就任させたのである。

ジョンソンは1961年3月，「平等雇用機会に関する大統領委員会(President's Committee on Equal Employment Opportunity, PCEEO)」の委員長に就任し，PCEEOに多くの時間をささげた。テキサス州出身の労働組合の指導者で，労働省の副長官に登用され，そしてPCEEOの新たな執行副委員長にジョンソンに任命されたジェリー・ホールマン（Jerry Holleman）は，この辺の事情を以下のように回顧している[59]。ジョンソンが副大統領となり，その時期がジョンソンにとって“非常にみじめな”期間であったにもかかわらず，ホールマンと頻繁に会談し，ホールマンと熱心に働いた。つまり，実際には，ジョンソンは，PCEEOの委員長の課題に真剣に取り組んでいたのである。さらに，委員長に就任したジョンソンと会談した「人種平等会議（Congress of Racial Equality, CORE)」のジェイムズ・ファーマー（James Farmer）は，「彼は誠実で，興味深く，情熱的な関心事が伝わってくる人物であった。彼に対する私の見方はその会談で変わった。彼は，政治的打算のゆえにそれに取り組んでいるだけでなく，彼はそれに強い信念を持っているからであった。私はそれを確信した」[60]。

ケネディ大統領が公布した行政命令の内容は，政府契約企業による人種差別の禁止するものであり，「雇用平等機会に関する大統領委員会（President's Committee on Equal Employment Opportunity, PCEEO)」は，その行政命令を施行する機関であった。連邦政府と事業契約を結ぶいかなる企業もしくは労働組合も，人種差別を根絶しなければならないか，もしくはその政府契約を失う危険を負わなければならなかった。これは連邦契約企業の被雇用者に対する公民権保護を強化するものであり，雇用者は，人種主義的慣習を改善する実際の活動を示す必要があった[61]。

現実には，PCEEOが連邦政府と企業との契約解除を通達することはまれであり，当事者間の和解を交渉し，緊張を和らげながら促し，説得した。ジョンソンは1961年5月に開かれた全国における48の契約企業が集った会合において，アメリカの生活の中に人種差別が現実に存在しており，その犠牲者たちへの同情は，適切な対応とは言えないと述べ，その上で「彼らは仕事を必要としており，彼らが我慢することができれば，彼らの子供，孫たちは正義をその手に得るであろう，と彼らに言うだけでは不十分である。われわれは今行動しなければならない」と主張した。ジョンソンは，委員会が契約企業に対し差別撤廃を強制する権限を有していることを指摘しつつも，「私は，人々を脅迫もしくは虐めることでこの問題が解決されるとは考えない」として，企業の自発的もしくは善意によって改善されることを強調したのである[62]。

委員会の最初の成果は，ジョージア州にあるロッキード飛行機社のマリエッタ工場におけるジム・クロウの廃止であった。当時，ロッキード社は，米国空軍との契約を有し，連邦最大の契約事業を受注していた。NAACPによるマリエッタ工場に対する告訴に対応していたジョージア州アトランタの弁護士で企業家のロバート・トラウトマン（Robert Troutman）は，空軍との契約を危険にさらすことを避け，和解を望むロッキード社と協議を行ない，マリエッタ工場内の人種隔離の表示や白人占有のカフェテリアの撤廃を行わせた。さらに，ロッキード社はPCEEOのスタッフとともに，黒人に対する雇用の増大，昇進に関する長期的な雇用交渉を行った[63]。いわゆる「進歩のための計画（Plan For Progress）」と名付けられたこの方式によって，トラウトマンは1962年中に85の企業を説得し，雇用時における人種差別的慣習を撤廃し，黒人従業員の昇進のための計画を進展させる誓約書に署名をさせたのである[64]。

実際，トラウトマンが示した「進歩のため計画」方式は，ジョンソンにとって，契約企業に差別撤廃を強制しないという点で好ましい計画であった。だが，ジョンソンはトラウトマンが委員会内で中心的役割を担うことを嫌った。なぜなら，トラウトマンはもちろん，副大統領に対しても敬意を持って接する人物であったものの，元々ケネディ側の人間であり，ケネディ大統領の信頼を得る巧みな能力を持ち合わせていたからである。他方で，トラウトマンは企業に対して穏健で自発的改善を促す計画を推進しており，また，彼自身が，ケネディ政権が促進する公民権政策に対する批判から，ジョンソンやケネディを守る楯となりうる人物でもあった。さらに，委員会が積極的な政策を推進し，より強制的な権限を契約企業に行使すべきであるとする急進派を抑える役割をも果たしていた[65]。

PCEEO内部では，契約企業に対してPCEEOが自発性を期待して企業内の差別的慣習を改善させることを重点におくトラウトマンら穏健派と，他方，PCEEOがより積極的に介入して，企業に差別改善を強制的に行わせるという強硬論者たちとの間で，分裂が生じていた。こうした事態を目にしたジョンソンは，企業に対して署名を促すには両者のアプローチが必要であると主張して，両者の間で仲介者として分裂を収束することを試みた。しかしながら，1962

年の間，PCEEOの政策推進の方向について議論が激化し，そのことが公となってくるにつれ，ケネディ大統領はトラウトマンの計画がごまかしや錯覚，幻想となり，実質的成果が生まれないことを懸念した[66)]。

さらに，「進歩のための計画」方式に依拠して積極的に契約企業との間の誓約を結ぶPCEEOに対して，黒人公民権団体などから，「進歩のための計画」が，黒人労働者の地位が相対的に低く扱われている繊維産業，公共事業会社，鉄道，各種建設業においては，実際の改善が見込めない無力なものであり，大企業の一部が計画への署名を雇用差別に対する罰則回避への保証とみなし，PCEEOが掲げる進展が，白人の失業率の2倍を示す黒人失業率に対してなんら成果を示すものではない，との非難の声があがった。また，契約企業との誓約を大々的に公表，宣伝するPCEEOに対し，共和党ニューヨーク知事であるロックフェラー（Nelson Rockefeller）は，ケネディ政権が黒人たちの熱望を利用して“文面に反する約束”を行なっていると批判した。しかもジョンソンに対しても，司法長官と他の政権スタッフたちがより大きな提案と積極的な行動を支持している一方で，ジョンソンが企業側に過度の配慮を見せているとの批判があがったのである[67)]。

このような批判を受けて，最終的に委員会では，トラウトマンが辞任し，一方，ジョンソンはPCEEOの圧力と活動を強化するためPCEEOの活動を調査し評価する報告書をスタッフに依頼した。その報告書の中には，契約企業に対する自発的遵守から強制的遵守への政策転換，そして内部における対立を解消して業務を運営する専任の執行副委員長の任命を含む，スタッフの再編成などが提案された。この報告書を受けてジョンソンは，ミシガンの黒人弁護士で，テキサス州における長年の友人の息子であるホバート・テイラーJr.（Hobart Taylor, Jr.）を執行副委員長に任命し，PCEEOの業務に当たらせた。こうして，ジョンソンは，PCEEOの管理権を事実上確保したわけである[68)]。

PCEEOの活動は，1962年の中頃までにいくらかの進展を見た。ジョンソンは連邦政府と民間部門との間で黒人の雇用機会を拡大するためにPCEEOを積極的に活用し，その結果，連邦政府内での黒人の就業数は1962年に17%

も増加し，1963年には22%の増加をみた。ジョンソンは，個人的にも，連邦政府内の指導部を熱心に説得し，連邦政府上級職における黒人の就業者数を35%も増加させたのである。さらに，PCEEOは，連邦政府との契約業者に対して，黒人から提出された1,700の訴状に対応して改善するよう指導し，連邦政府での職を求める1,610の申し立てに対して72%が申し立て者を有利なかたちで解決がはかられた。また，労働組合内での差別慣習を撤廃するために行った活動も重要であった。手工業に従事する労働者は，労働組合の徒弟制度プログラムを通じて必要とされる技能を高めた。しかしながら，熟練労働者の賃金低下を防止するために熟練工の数を制限していたために，黒人たちはほとんどそのプログラムに参加することができずにいた。このためジョンソンは「アメリカ労働総同盟・産業別労働者組合会議（AFL–CIO）」の118の国際労働組合，338の会員制地域労働組合に対して，「公正な慣習のための計画（Plans for Fair Practices)」に署名させ，人種隔離されている組合支部と徒弟プログラムを撤廃するように促したのであった[69)]。

ところで1961年から1962年にかけて発生した公民権に関連した事件に対応したケネディ大統領は，大きな指導力を発揮した。1961年5月に「人種平等会議（CORE)」が計画したフリーダム・ライダースの運動は南部各地で白人たちの抵抗を引き起こした。また，1962年9月に発生したミシシッピ大学におけるジェイムズ・メレデスの入学許可をめぐる事件では多数の負傷者を出し，連邦政府と州知事との間の確執をもたらした。これに対してケネディは，連邦軍を出動させて事態を沈静化させたのである。確かに，ケネディ政権の対応は行政府主導の限られたものであったものの，一方で，地方の警察当局，あるいは反公民権団体が，州間の旅行を妨害することを禁止する司法命令を勝ち取り，黒人投票権を求める訴訟を行ない，人頭税を廃止する憲法修正第24条を連邦議会で承認させ，また，40名の黒人を連邦政府の役職へと任命したのである[70)]。

しかし，1963年の3月に行われたアラバマ州バーミンガムでの黒人たちのデモは，その後6月まで続く大規模な暴動に発展し，ケネディ政権にとって大統領権限の限界を認識させる大きな圧力となった。そこで，ケネディ大統領は，公民権担当補佐官たちを現地に派遣して人種調停にあたらせ，連邦軍をバーミンガムに派兵して事態を鎮定させる対応を示し，そして，6月19日，連邦議会で特別教書を読み上げて，新たな公民権法案を提案したのである[71]。

こうした状況を目にしたジョンソン副大統領は，公民権法案を連邦議会に提出する前に，まず成されるべきことを行なわなければ，公民権法案が成立に至らないだけでなく，ケネディ政権が進める他の計画についても多くの問題を与えることになると感じていた。というのも，公民権の真の争点は，なによりも雇用，教育，住宅における平等な機会を与えることであり，公民権運動指導者たちに公民権争点に対する献身と彼らからの支持を訴えるとともに，大統領は，より積極的に南部に出向いて自ら人種差別の実態を目にし，国民に対して改善を訴える必要があると考えていたからである[72]。

しかし，ケネディ大統領が，公民権法案を作成し，また，議会対策にジョンソンの助言を求めないことについて，ジョンソンの方では，これをケネディから評価を得ていない，もしくは無視されているものと考えていた[73]。実際，ケネディ政権内では，1963年公民権法案の草案についてジョンソンから意見が求められることはまったくなく，事実上，ジョンソンは草案作成の過程から除外されていたのである。6月3日に新聞各社はケネディ政権が連邦議会に公民権法案を提出するとの報道を行なった後，ジョンソンは，ケネディ大統領の補佐官との会話の中で，「私は，それを誰が作成したのか知らない。草案を見たこともない。副大統領が草案に何が含まれているのかを知らないとすれば，まったく，どのようにして他の人に草案の内容を知ってもらうのだ。私は，『ニューヨーク・タイムズ』から知ったのだ」と，怒りをこめて語っている[74]。

ケネディ大統領が連邦議会に法案を提出することを決意した数日後，ジョンソンは，ある担当補佐官に向かって，ケネディ大統領への忠誠と大統領の決定を支持することを述べるとともに，法案成立をめぐる議会戦術について語った。ジョンソンの見解では，共和党の議会指導部と協議して上下両院ともに超党派での支持を確保し，とくに上院においてはダークセン議員の支持を取り付けることで，フィリバスターを打破する討論終結動議に必要な支持を確保できるというものであった。6月中旬までに，ケネディ政権の対議会戦略は，ジョンソンが提案したものとほぼ同様の方法が採用された[75]。

ジョンソンは，ケネディ政権が公民権法案支持の獲得のために行った活動の中で，各界からの支持獲得を求めて熱心に行動した。ケネディ大統領が公民権法案を連邦議会に提案した後，公民権運動の指導者たちとの議会戦術について話し合う会合では，大々的なデモ行進で連邦議員に圧力を加えて法案成立を促すと主張する関係者たちに対し，ジョンソンは，法案成立に決定的な票となる，法案支持，不支持を明確に表明していない議員たちの州に，法案の支持を訴える必要があると強く主張した[76]。また，ジャーナリスト，労働および企業界の指導者，公民権支持派，反対派と会合を行なった際には，歴史家のアーサー・M・シュレジンガー（Arthur M. Schlesinger）がいみじくも述べているように，彼らに対するジョンソンの説得方法は，“十字軍的な”語調を含み，「大統領，もしくは司法長官よりも強い印象を与える」ものであったという[77]。

こうして1963年6月19日に連邦議会に提出された公民権法案は，連邦議会両院の司法委員会に送付された[78]。上院では，早速公聴会がもたれたものの，審議は進まなかった。一方，下院司法委員会では，長期にわたる公聴会の後，民主・共和両党の法案を支持する議員たちとの協力および連邦政府の支援により，10月29日に法案提出時よりも広範な内容の修正案が可決され，11月21日，下院議事運営委員会に送付された[79]。だが，翌日の11月22日，ケネディ大統領はテキサス州ダラスでの遊説中に暗殺されてしまったのである。

(3) ジョンソン大統領と1964年公民権法案の成立

大統領に昇格したジョンソンは，ケネディ政権時代の大統領補佐官たち，そして国民に対して，自分が公民権推進に断固として献身するという決意を知らせる必要があった。大統領に就任後，ジョンソン大統領は大統領補佐官のビル・モイヤーズ（Bill Moyers）とジャック・バレンティ（Jack Valenti）を呼びつけ，政権の第一の優先事項は公民権法案の成立であると語った[80]。ジョンソン大統領は，11月27日の両院合同会議での演説では，「いかなる追悼演説もしくは賛辞も，ケネディ大統領が長年にわたって闘った公民権法案の最大限にして早急なる成立以上に,彼の記憶を雄弁に称えることはできない。我々は，平等な権利に関してこの国で十分に長く語ってきた。我々は百年もしくはそれ以上語ってきたのである。次の章を書き足すのは今である。それを法典に書き加えるのは今なのである[81]」と述べて，ケネディ前大統領を引き合いに出して公民権法案の成立を強く訴えたのである。

ジョンソン大統領はさらに，自らが黒人の確固とした味方であることを再確認させるため，黒人指導者と一連の会談を行なった。実際，11月29日から12月5日[82]までの間に，主要な公民権団体指導者と行なった会談の中で，公民権法案に対する共和党議員たちからの支持の確保，そして自らの公民権推進の確固たる献身ぶりを強調した。また，彼らに対して，行動の抑制の必要性も説き，連邦議会とその議事手続きが外部の煽動なしに行なわれることを望んだのである[83]。

すでに述べたように，ジョンソン大統領は，連邦議会に対して，自らが公民権に対して真剣に取り組むことを納得させることが必要であった。そこで，12月3日に行なわれた民主党の指導部との会議の席では，法案成立のための支持を確保するため，民主党議員が共和党議員たちと密接に働きかけるように主張した[84]。また，12月4日には，上院少数派院内総務のエヴェレット・ダークセン（Everett Dirksen）議員と会談をもち，上院が来年早々にその法案の審議を行なうことをダークセンに公表させた。さらに，12月5日には，ジョンソン大統領は，ケネディ前大統領がすでに法案の支持を取り付けていた下院少数派院内総務のチャールズ・ハレック（Charles Halleck）議員とも会談し，可能な限り早い段階での下院本会議場の採決のため，議事日程について意見を交わした[85]。ジョンソンは，民主・共和両党の指導部に対して，連邦議会で手付かずの状況にある公民権法案に積極的に取り組むように促した。そして，公民権法案反対派を取りまとめるジョージア州選出の民主党上院議員リチャード・ラッセル議員に対して，ジョンソンは「妥協するつもりはない」と述べ，自らの法案支持の態度を明確に示したのである[86]。

ジョンソン大統領は，大統領演説や声明の中でも繰り返して，公民権の問題が“道徳的”問題であることを強調した。例えば，1964年1月8日の最初の一般教書演説の中で，ジョンソン大統領は「我々は，人種差別の一部ではなくすべてを廃止しなければならない。なぜなら，人種差別は，単に経済的問題，社会的問題，政治的問題，国際的問題であるだけでなく，それは道徳的問題でもあるからである[87]」と主張した。企業界からの支持を求める会合においても同様であった。ジョンソン大統領は「アメリカが世界における指導力を発揮するのは，それがわが国の経済力によるものでなく，わが国の道徳水準によるものである[88]」と述べて，企業内での差別撤廃を求めると同時に，“道徳的”問題として解決するための支援を要請した。そして，道徳的問題として世論の支持を求めるために，ジョンソン大統領は，教会組織にも目を向け，カソリック，プロテスタント，およびユダヤ教の指導者たちを集めて法案への支持を求めた。とくに，南部の教会組織に対しては，「公民権に関して，いかなるキリスト教の団体においても，南部のバプティスト派たちほど責任を担っている団体はない。南部の信者たちを導きながら，彼らの態度は，あなた方の説教，教訓，戒めによって確固としたものになり，あるいは変わるものなのである[89]」と語ったのである。

ところで，ジョンソン大統領にとって，公民権法成立への支持を求めるにあたって，何よりも北部リベラル派からの支持が必要不可欠であった。だが現実には，ジョンソンは，北部リベラル派との関係があまり良くなかった。というのも，リベラル派たちは，ジョンソンがこれまで公民権の推進を阻害した人物であると見ていたからである。上述のように，1957年および1960年の公民権法成立に関わった当時のジョンソンは，リベラル派が望んだ法案の内容を，反対派との取引によって弱めた人物と見られていた。当時，民主党多数派院内総務として，ジョンソンは，党内での大統領候補指名獲得を視野に入れながら，民主党分裂という事態を想定して法案成立に取り組んでいた。だが，今や大統領となったジョンソンは，リベラル派からの支援なしには，法案成立が危ういことを十分に理解していた。1964年の大統領選に向けて民主党候補者として指名を手にするためにも，北部リベラル派が抱くジョンソンに対するイメージを払拭する必要があった。また，前任者ケネディの支持基盤が「リベラル・エスタブリッシュメント」であったことから，ケネディの残した遺産継承者として，リベラル派に対してジョンソン自身が本物の“リベラル”であることを証明し，信頼を勝ち取ることが必要であった[90]。ケネディ政権の大統領補佐官たちを多数留任させ，そして，黒人指導者たちとの会談を行なうなど，公民権問題に迅速に対応する姿勢を見せたのは，そのための布石でもあった[91]。

ジョンソン大統領は，連邦下院での審議に際し，積極的な支持を表明し，公民権法案への支持票を確保するための支援を惜しまなかった。大統領は12月3日，民主党の議会指導部に対して，議事運営委員会を回避するための手続き(a discharge petition) を支持する意向を示した。法案支持議員たちが議事運営委員会を回避する請願署名を集めることを支援し，署名を躊躇している議員には直接電話をかけ，説得を行なったのである。また，委員会回避手続きに必要な署名数を確保するにあたり，民主党リベラル派が公民権法案に全面的な主導権を得ることに共和党議員たちが危惧していることを考え，ジョンソン大統領は，民主党議員による共和党議員への説得には，むしろ法案に対する主導権争いを表面化させることを避け，共和党議員に対して「一対一」での署名を依頼した[92]。当該法案が下院本会議へと送付されて審議が進む中，ジョンソン大統領は，記者会見で，下院で審議されている法案が「いかなる大きな修正なしで」可決されるべきであることを強調した[93]。実際に大統領は自ら，民主・共和両党の議員に電話をかけ，大きな変更となるような修正案を提案した議員と取引を行なった。NAACPのクラレンス・ミッチェル (Clarence Mitchell) によれば「ジョンソンの仲裁がなければ，法案を維持するために必要な票を確保することができなかった事態が数多く存在した」といわれる[94]。

2月10日，連邦下院でHR7152は賛成290対反対110で可決され，連邦上院へと送付された。その翌日，ジョンソン大統領は，公民権担当の首席補佐官たちをホワイトハウスに集め，会議を開いた。そこでは，真の戦いは上院であるとし，上院での法案成立のための戦略が話し合われた。ジョンソンは，上院でどのように法案を推進するか確信を持つことができず，さらに，フィリバスターを打破する討論終結動議への支持票が不足していることへの憂慮を示した。フィリバスターを打破するための方法について，ジョンソンは，「討論終結動議（a cloture vote）」よりも，むしろ24時間続けて審議し，フィリバスターの演説者たちを疲弊させ，それでもって，反対者たちの根を上げさせることを望んだ。だが，その方法は，一方で，公民権支持者たちを疲弊させ，さらには分裂することも予想された。実は，それこそ南部の反対議員たちが望むところであった。討論終結動議については，それに必要な上院議員67名以上の確保が判然としなかった。しかも，過去11回の討論終結動議はすべてが否決され，成功をみなかった[95]。かくして，ジョンソンは，南部反対派によるフィリバスターが予想される中で，それを打破するために共和党議員たちの支持を取りまとめるには，エヴェレット・ダークセン議員の支持が最も重要であることを強調した[96]。

ダークセンからの支持を確保するため，ジョンソンが描いた戦略は，ダークセンに「歴史上の英雄」になる機会を与えることであった[97]。そこで，ジョンソンの要請にしたがって，ハンフリーはダークセンにはりつき，ダークセンを法案支持に傾けることを熱心に試みた。ハンフリーのダークセンを取り込もうとする行動は，例えば，常にダークセンのそばにはりついていることはもとより，テレビのインタビューでハンフリーはダークセンを褒め上げ，上院議員超党派組織が発行していた「ニューズレター」においても，ダークセンを賞賛したものを作成した行動に如実にうかがえる[98]。一方，ハンフリーは，上院において，支持の不明確な議員に圧力を加えるために，カリフォルニア州選出の共和党議員トーマス・カシェル（Thomas Kuchel）議員とともに，法案支持勢力を本会議場で巧みに反映させるための組織を作りあげた。その組織は，公民権支持の超党派多数を維持し，議会戦略に統一的に行動させる役割を担った。さらに，ハンフリーは，「公民権指導者会議（the Leadership Conference on Civil Rights, LCCR)」に参加している諸団体を通じて，草の根のロビイングを展開するように促した。とくに教会関係の団体に対して，積極的な行動を求めたのである[99]。このようなハンフリーの行動は，ジョンソンとリベラル派との橋渡しの役割を果たすのに十分役に立ったのはいうまでもない[100]。

2月26日，上院は司法委員会を回避して公民権法案を直接本会議場で審議するというM・マンスフィールド民主党上院院内総務が提出した動議を可決し，1964年3月26日，連邦上院史上最長となったフィリバスターがはじまった。

ジョンソン大統領は，公民権法案に明確に反対の態度をとる南部選出議員に対し,その結束が強固であることを認識していた。彼がジョセフ・ロウ（Joseph Rauh）に語ったところによれば，「サーモンド（Thurmond），オーリン・ジョンストン（Olin Johnston），ラッセル（Richard Russell），あるいはタルマージ（Herman Talmage）各議員の支持を得ることは不可能である」ことを理解していた。だが，ジョンソンが南部選出議員時代に同僚であった何人かの南部州議員に対して，議会における公民権法案の進展のために協力の依頼を試みた。例えば，ウェストバージニア州選出の上院議員ロバート・バード（Robert Byrd）に対して，公共施設条項と雇用法案を上院本会議場で審議するために，それを上程することを承認するよう説得した[101]。バードは，ジョンソンが提案した他の政策には支持するが公民権についてはラッセルたちと行動を共にするとして拒否していたからだ。しかし，ジョンソン大統領は，補佐官たちから，大統領がフィリバスター打破の成功を疑うようなことを公に示唆すれば，法案への支持を不明確にしている議員からの票を逃す可能性があることを告げられた。そこでジョンソンは，自らの不安を口に出さないことを約束し，法案が上院に上程されてからも，「一切の妥協もしない」との態度を貫いたのである[102]。

そのような状況の中で，3月に入り，人種差別を掲げて大統領候補として立候補したアラバマ州知事ジョージ・ウォーレス（George Wallace）が，民主党予備選挙において，ウィスコンシン州，インディアナ州，およびメリーランド州[103]でそれぞれ34%，29.8%，42.7%の票を獲得した。ジョンソン大統領は，これらの州予備選挙において，ウォーレスの選挙運動に対抗するべく，手入れを行なった[104]。このため，ウォーレスは3州においてひとつも勝ちを収めることがなかった。一方，北部において，彼の獲得票は高まる黒人のデモへの白人たちの反動として受け取られた。この時，反黒人政治を示すものとして表面化したのが「ホワイト・バックラッシュ」であり，多数の白人ブルーカラー層の不満や恐れを示した用語が，ジャーナリストや政治家たちの間に蔓延することとなった[105]。ジョンソン大統領は，「南部選出議員を結束させるウォーレスの選挙運動は，公民権法案との戦いを続けさせることになり，ウォーレスが予備選挙で一州でも勝ちを収めることになれば，連邦上院におけるリベラル議員たちが崩れ始めるかもしれない」と心配していた[106]。その一方で，ジョンソン大統領は，「公民権支持派を結束させる」ことも真剣に考えた。「われわれの国民は，今審議されている公民権法案が法典に書き加えられるまで，苦悩にさいなまれた安楽の中に生きることになる。問題は，もはや，“それは成立するのか”にあるのではない。問題は，“いつ，それは成立するのか”にあるのである[107]」と述べて，公民権支持勢力の議員たちを鼓舞したのである。

フィリバスターが続く4月21日，共和党上院少数派院内総務のダークセンはようやく，公民権法案への支持を宣言した[108]。彼は，連邦上院における公民権派の指導者たちおよび司法省に，法案に彼の要求を盛り込むために交渉を行なっていた。しかし，4月29日，ジョンソンと会談した際，ダークセンは，ジョンソンの態度にはほとんど交渉の余地がなく，譲歩を引き出すことができないことに気づいた[109]。その後二週間の間に，ハンフリー，マンスフィールド，そしてカッツェンバックは，ほとんど毎日のようにダークセンと会い，内容的に変更がなく，表現はダークセン自身のものである修正案を作成するように促した。そうすることにより，ダークセンを最終的にとりこむことに成功したのである[110]。

討論終結動議に必要な賛成票の不足を危惧するジョンソン大統領は，票を上乗せするために更なる行動をとった。例えば，支持に揺らぐアリゾナ州選出の民主党上院議員カール・ヘイデン（Carl Haden）に対して，ジョンソンは内務省長官と会談させ，ジョンソン政権が「中央アリゾナ水利事業（the Central Arizona Water Project)」を支援すること約束した。また，南部議員たちへの打撃を和らげるため，ジョンソンは，「テネシー河—トム・ビッグバイ事業（the Tennessee River – Tom Bigby Project)」の推進に躊躇する予算局局長カーミット・ゴードン（Kermit Gordon）に圧力をかけ，これを承認させた。さらに，連邦議会で民主・共和両党の間で懸案となっている「綿・小麦法案（the cotton and wheat bill)」について，北部都市部出身議員に賛成票を投じるよう働きかけたのである[111)]。

かくして，6月10日，両党の上院院内総務によって提案された討論終結動議は，100名全員の上院議員が出席する中で，採決が行なわれた。結果は，可決に必要な数67票を上回る賛成71対反対29であった。ここに，フィリバスターは，史上初めて打破されたのである。法案は，6月19日に上院を賛成73対反対27で通過し，直ちに上院案が下院に送付され，7月2日，下院本会議において賛成289対反対126でもって可決，その日のうちに，ジョンソン大統領の署名を得て，1964年公民権法は成立するにいたったのである[112)]。

第4節　おわりに—1964年公民権法成立の意義とジョンソンの役割

既述のように，1964年公民権法は，7月2日にジョンソン大統領の署名でもって成立した。ケネディ大統領が1963年6月に特別教書を連邦議会に送り，法案が提出されて以来，1年に及ぶ審議を経て，成立が危ぶまれた公民権法案は，当初に関係者が意図したものよりも強力で，かつ画期的な内容を含んで成立した。

1964年公民権法の構成は，第1篇，「投票権」，第2篇，「公共施設」，第3篇，「公的施設における人種分離の廃止」，第4篇，「公教育における人種分離の廃止」，第 5 篇，「公民権委員会」，第 6 篇，「連邦政府支援計画における人種差別の禁止」，第 7 篇，「平等雇用機会」，第 8 篇，「有権者登録および投票統計」，第 9 篇，「公民権訴訟における仲裁と移管」，第 10 篇，「地域社会関係局」，第 11 篇，「その他」，となっている[113]。

その特色は，すでに述べたように，①白人と黒人の登録に違う基準を適用してはならない。また，手続きの不備を理由に選挙権を制限してはならない。司法長官は，投票権保護のため，個人に代わって訴訟を起こすことができ，上級審判事を加えた合議制の公平な裁判を要求しうる，②一般の不特定な客を相手とする宿泊施設，料飲食店，興行場，および，そのなかにある売店やプールなどでの差別を禁止し司法長官に違反に対する代理訴訟権限を認める，③政府が所有，または運営している施設（公園，体育施設，病院，図書館など）での差別を禁じ，司法長官に代理訴訟権を認める，④公立学校での差別撤廃がおこなわれないとき，または，それが形式的なものにとどまるときは，司法長官が父兄に代わって訴訟を提起することができる，⑤連邦が補助する事業での差別を禁じる，⑥雇用，解雇，賃金などの不平等を禁じ，これを実際に守らせるため「平等雇用委員会」を設置する。それでも差別が改まらなければ，個人で訴訟することができる，⑦地域社会関係局を新設し，地域での人種問題改善を援助する，であった[114]。

最後に，公民権法が成立にいたる過程で，ジョンソン大統領の果たした役割を考えてみたい。まず，第一に，南部州選出議員としての経歴を持ち，連邦議員時代には南部州議員たちとともに公民権法案を葬る行動をともにしてきたジョンソンが，大統領として公民権法案にとりくむにあたり，南部議員たちとの取引を断固として拒絶した姿勢が挙げられる。この経緯について，フィリバスターを行なう南部選出議員たちの主導的役割を担ったリチャード・ラッセル（Richard Russell）議員は，ジョンソンの大統領昇格が，強力な公民権法案の成立にあたって特に重要であったと述べている。ラッセルは，「ケネディ大統領からは大きな妥協をかち得ただろう」とし，「今の状況とケネディ大統領が生きていたときの状況との違いは，彼ら（南部議員たち）は，その法案について，ジョンソンを最終的に打ち負かすいかなる望みも，もしくはジョンソンから大きな妥協もしくは条件付降伏を得ることさえも，まったく望みがない」と感じたのであった[115]。

第二に，ジョンソン大統領は，ケネディ暗殺に関する国民の不安を，「継続しよう」というスローガンで持って和らげるとともに，公民権の争点を道徳的争点として強調し，人気が高かった前大統領の不遇の死と結びつけることで，国民の支持を取りつけたことである。ジョンソンが発した言葉は，「リベラル派の知識人たちが用いるような，進歩と論理とをもとにした知性主義のジェファソン流の言葉ではなく，深遠な悪に遭遇した信者が用いる言葉，苦難と犠牲の観念に基礎を置くリンカーン流の言葉」[116]そのものであった。ジョンソンは，とくにイザヤ書と新約聖書を引用し，ユダヤ教・キリスト教に共通の倫理に訴えた。こうして，不遇の死を遂げたケネディの名は，「第２の再建期」と結び付けられ，生前の大統領がなし得なかった公民権法案の推進は，道徳的争点となったわけである[117]。

第三に，ジョンソン大統領は，連邦上院時代の政治的経験を活用し，反対議員たちによるフィリバスターに対して，部下のハンフリー，ダークセン議員らと一致協力して，上院における法案推進を慎重に見極めたことである[118]。ジョンソンは，公民権法案が成立しないかぎり，上院が他の法案の審議を２，３ヵ月しなくてもかまわない，公民権法案が上院にある限り，上院（本会議）にいかなる法案も上程されなくてもかまわないとさえ述べ，減税法案および農業法案を除いて，その他の法案は，公民権法案が議会で審議されるまで，一時休止してもよいとまで主張した。これは，ジョンソンが，一貫した強い決意を示すことによって公民権支持派からの支援を引き続き維持する一方，上院において，譲歩と妥協の圧力にさらされる法案の維持のためにも重要であった[119]。さらに重要なことは，反対議員や支持の不明確な議員に対して，「票の交換」や「政治的恩典」を示して巧みに支持へと傾けたことである。もちろん，ジョンソンは，「票の交換」や「政治的恩典」のみで議員を支持に回すことができるとは考えなかったであろう。ジョンソン大統領の行動の成功は，議員の選挙区における幅広い有権者からの圧力，その議員の支持基盤からの圧力，選挙区での組織された団体からの圧力など，2重，3重の圧力の中に，議員をさらす状況を作り上げることに成功した点である[120)]。このことは，法案の成立に必要な票を獲得するという，ジョンソンの政治的技術の高さを物語るものに他ならない[121)]。

ケネディ政権が残した課題である減税法案，反貧困法案の成立とともに，公民権法案の成立という業績を手にしたジョンソンは，民主党全国大会において大統領候補に指名され，副大統領候補となったヒューバート・ハンフリーとともに1964年の大統領選挙に臨んだ。

選挙結果は，共和党の大統領候補であるバリー・ゴールドウォーター（Barry M. Goldwater）に対し，一般投票で投票者数の61.1%，大統領選挙人については538人中，486人を獲得し，コロンビア特別区（ワシントンD. C.）を含む44州で圧倒的勝利を収めた。ジョンソン大統領は，実にニューイングランドと東部州において圧勝し，また，これまで共和党の強力な地盤であった中西部州でも勝利した。「新南部（the New South）」と呼ばれる，工業化が進んだ境界州である，テキサス，フロリダ，オクラホマ，およびノースカロライナでは，黒人有権者の90%がジョンソンに投票し，勝利をもたらした[122)]。

だが，深南部5州において示されたジョンソンの公民権政策に対する反対票は，伝統的に民主党の強固な地盤であった南部州を共和党へと譲り渡すこととなった。1964年公民権法案の署名がおこなわれたその日の夜に，「私は，南部を長きに渡って共和党に譲り渡すことになったと思う[123)]」とジョンソンが大統領補佐官たちに語ったように，前任者ケネディが公民権に対してその推進を躊躇させてきた民主党からの南部の離反を現実のものとしてしまったといってよい。

1964年選挙において新たに選挙登録を行った数十万の黒人たちが投票した一方で，南部における黒人たちに対する白人たちの反発・巻き返しは，南部白人たちの投票数が20%増加したことに示された。ヴァージニア州，ノースカロライナ州，テネシー州，およびアーカンソー州において，ゴールドウォーターは白人票の過半数を獲得した点にそれが現れていた。それにもかかわらず，ジョンソンがこれらの州で勝利を得ることができたのは，増加した黒人票によってもたらされたものであることは間違いない[124]。

こうしてジョンソン大統領は，前任者の不慮の死によって昇格した大統領から，選挙を経て国民の信任を得た大統領となったわけである。NAACPのクラレンス・ミッチェルは公民権法案成立におけるジョンソンの影響力について次のように述べている。「不幸なことに，ケネディ大統領の暗殺なしにいかなる法案も成立し得なかったのは事実かもしれない。もしケネディが大統領のままであったら，それは確かに，一層困難であっただろう。ジョンソンは，連邦議会に議決を促すための，ケネディには欠いていた（政治的）能力を持っていた」[125]と。現実的政治家であったジョンソン大統領は，国民の信任を得て大統領職を獲得し，同時に連邦議会における民主党多数派を維持し，リベラル派が多く再任された連邦議会とともに，1965年投票権法を含む多くの立法業績を手にする第89議会に臨むことになった。1964年公民権法の成立過程におけるジョンソンの行動は，ジョンソンの政治的手腕を大いに発揮させた一例である。

<注>

1)　藤本一美編『ジョンソン大統領とアメリカ政治』（つなん出版，2004年），16頁；*Congressional Quarterly Almanac, 1964* (Congressional Quarterly Service, 1965), pp. 339–342;『朝日年鑑，1965年版』（朝日新聞社，1966年），198頁；安藤次男「1964年公民権法と大統領政治」『立命館国際研究』（2001年），13（3），182–183頁；藤倉皓一郎「1964年公民権法」アメリカ学会編『原典アメリカ史 第7巻―現代アメリカと世界2―』（岩波書店，1982年），232–239頁。

2)　1965年公民権法（投票権法）の内容は，①人種もしくは肌の色を投票する権利の基準にすることを禁止する，②投票する権利を妨げるテストや方法を無効にするための罰則（trigger formula）を採用する，③1964年大統領選挙において選挙登録を行ったもしくは実際に投票した人の割合が，その地区の有権者資格を有する全人口の50%以下であった場合，その地区の所在する州もしくは郡は，制限的な選挙登録手続きを停止しなければならない，④上の条項の対象範囲に含まれる地区は選挙慣習を変更する際に，連邦司法省もしくはコロンビア特別区における連邦地方裁によってその変更を事前許可されることなしに，いかなる変更もしてはならない，⑤黒人の選挙登録を促進するために連邦有権者登録官を任命する，などであった。これは，1964 年公民権法の法律の抜け穴を封じる目的で立案されたものであった（末次俊之「ジョンソン大統領と『偉大な社会』計画」，藤本一美編『ジョンソン大統領とアメリカ政治〔つなん出版，2004 年〕，133–134 頁）。

3）Ronnie Dugger, *The Politician: The Life Times of Lyndon Johnson* (NY: W. W. Norton& Company, 1982), p. 71; Monroe Billington, "Lyndon B. Johnson and Blacks: The Early Years," *The Journal of Negro History*, Volume 62, Number 1. (January, 1977), p. 27. ブランコ郡における黒人の人口は, 1910 年において全人口 4,311 人に対して 350 人，1920 年までには全人口 4,063 人に対し 169 人，1930 年には全人口，黒人人口ともにさらに減少して 3,842 人，133 人であった。

4）Christie L. Bourgeois, "Stepping over Lines: Lyndon Johnson, Black Texans, and the National Youth Administration, 1935–1937," *Southwestern Historical Quarterly*, Volume 91, Number 2, October, 1987, pp. 152-153; Dugger, *op. cit.*, *The Politician*, p. 91. リンドンの祖父も，クー・クラックス・クランの強硬な反対者であったという。ジョンソン一家はクー・クラックス・クランからの脅迫をたびたび受けた。

5）この大学は，ジム・クロウが依然として行われていた時代の南部の大学であり，学生の全体はほぼ白人プロテスタントであり，それらにドイツ，ポーランド，チェコの移民の学生が少数いたが黒人はいなかった（Randall B. Woods, *LBJ: Architect of American Ambition*〔NY: Free Press, 2006〕, p. 50; Merle Miller, *Lyndon: An Oral Biography*〔NY: Putnam, 1980〕, p. 50）。

6）Julie Leininger Pycior, *LBJ & Mexican Americans: The Paradox of Power* (Austin: University of Texas Press, 1997), pp. 9–14.

7）*Ibid.*, p. 19; Billington, *op. cit.*, "Lyndon B. Johnson and Blacks: The Early Years," p. 28.

8）Bruce J. Schulman, *Lyndon B. Johnson and American Liberalism* (Bedford, 1995), pp. 11-14; 藤本, 前掲書,『ジョンソン大統領とアメリカ政治』, 48–49 頁。藤本は,「それは，政治的支持に対する返礼の代償として，連邦政府の財政的および物質的援助をもたらすもので，ジョンソンの " リベラルな政治 " の核心部分を為すものである。彼は 1930 年代の初頭に, クレーバーグの議員事務所でこれを最初に実現したのである」と述べている。また，ジョンソンは 1934 年に，資産家の娘クラウディア・アルタ（Claudia Alta，後のレディ・バード）と結婚した。

9）NYA（the National Youth Administration）は，ローズベルト政権のニューディール政策の一環として設立された事業促進局（Works Progress Administration）の一部門であり，労働就学制度を通じて学生たちを退学させずに在学させ，学生ではないが失業状態にある若者たちにパートタイムの仕事と職業訓練を与えることを目的とした機関であった。

10）Woods, *op. cit.*, *LBJ*, p. 106.

11）*Ibid.*, pp. 106–107.

12）Dugger, *op. cit.*, *The Politician*, p. 189.

13）テキサス州内に20の施設が建設され，これは後にあらゆる人々への高等教育の門戸を開くcommunity college（公立短期大学）やjunior college（短期大学）の先駆となった（Robert Dallek, *Lone Star Rising*: *Lyndon Johnson and His Times 1908-1960*〔Oxford University Press, 1991〕, p. 135）。

14）*Ibid.*, p. 136.

15）*Ibid.*, pp. 136–137.

16）John J. Corson to LBJ, Sept. 17, 1935, letter, File: "Administrative: Lyndon B. Johnson, Sept. 15-Oct., 1935," Box 8, JNYA, Lyndon B. Johnson Library（以下，LBJLと略す）; LBJ to Corson, Sept. 22, 1935, NYA Papers, Box 8, LBJL. ジョンソンは，全国副局長のジョン・J・カーソン（John J. Corson）にあてた手紙の中で，すでに招集された白人のみの委員会はテキサス州では評価が高く，もしそれに黒人を委員として任命した場合，以下の3つの点を指摘し，カーソンの要請を拒否した。1，現在の委員全員がすぐさま辞職すること，2，自分がそのような任命を行なうとすると，テキサスで自分が軽んじられることになり，自分も辞職せざるを得ないことになる，3，黒人指導者たちはわれわれの計画に関心を寄せているものの，その計画は，白人からの摩擦を引き起こすことによってではなく，協力と調和でもって進められることを望んでいる（*Ibid.*）。

17）LBJ to John J. Corson, Sept. 22, 1935; Corson to LBJ, Sept. 26, 1935, NYA Papers, Box 8, LBJL. ダレク（Dallek）によれば，「ジョンソンのその立場は，彼の全経歴にわたる少数派人種に対する反応を形成する見解と態度を明らかにしている」と述べている。それはジョンソンにとって，「政治的便宜の問題であって，成功を収めた州の局長としての名声と，彼の政治的未来に重要なあらゆることは，人種間の反目を悪化させずに黒人のための活動を望むワシントンの要求を満たすことにかかっていた」（Dallek, *op. cit.*, p. 138）。

18）Bourgeois, *op. cit.*, "Stepping over Lines: Lyndon Johnson, Black Texans, and the National Youth Administration, 1935-1937," pp. 156–157.

19）Woods, *op. cit.*, *LBJ*, pp. 112–113; Dugger, *op. cit.*, *The Politician*, p. 188; Dallek, *op. cit.*, *Lone Star Rising*, p. 139; Doris Kearns Goodwin, *Lyndon Johnson and American Dream*（NY: Happer&Row, Publishers, 1976）, p. 231. NYAにおけるジョンソンの活動は，テキサスにおける黒人たちから大きな賞賛を受けた。1937年にジョンソンが連邦下院議員選挙に立候補すると公表したその日の夜，十数人の黒人たちがジョンソンの自宅を訪れ，選挙区におけるすべての黒人票をジョンソンに集めるということを告げ

に来たという（Dugger, *op. cit.*, *The Politician*, p. 193）。

20） Billington, *op. cit.*, “Lyndon B. Johnson and Blacks: The Early Years,” pp. 31–32.

21） Dugger, *op. cit.*, *The Politician*, pp. 197, 434. 死去した前連邦下院議員のブキャナンは実はクー・クラックス・クランのメンバーであった。

22） Patrick Cox, “’Nearly a Statesman’: LBJ and Blacks in the 1948 Election,” *Social Science Quarterly*（the University of Texas Press, 1993）, Volume 74, Number 2, June, p. 245. 第二次大戦後，アメリカの政治潮流が次第に保守的になり，とくに保守的な南部州選出の議員であるジョンソンは，その立場をリベラルから保守へと右傾化させていく。1944年および1946年の選挙で保守的な「テキサス主流派（Texas Regulars）」からの攻撃目標とされたジョンソン下院議員は，戦争遂行と冷戦発生という新たな状況のもと，莫大な資金をもたらす航空機産業および航空宇宙産業に目をつけた。保守的なテキサス州民の支持獲得のため，連邦議会における軍事委員会と政府とのコネを利用してテキサス州にそれらの公共事業を誘導したのである。公民権と同じ様に，労働問題に対しても保守派の意向に沿って行動した。しかしながら，多くの政治的・経済的問題に関しては，ニューディール・リベラルの立場を保ち，農村の電化，住宅および道路建設に関わる連邦予算の投入に賛成した（藤本，前掲書，『ジョンソン大統領とアメリカ政治』，57–58，63–64頁）。

23） Dugger, *op. cit.*, *The Politician*, p. 216.

24） *Ibid.*, pp. 209–211.

25） “The Challenge of A New Day,” File: “5/22/48 Speech by Cong. L. B. Johnson ‘The Challenge of a New Day,’” Statements of Lyndon Baines Johnson, 1947–May 1948, Box 6, LBJL.

26） *Ibid.*; Woods, *op. cit.*, *LBJ*, p. 201; Dugger, *op. cit.*, *The Politician*, p. 310. ダガー（Dugger）は，ジョンソンの師で後の下院議長であるサム・レイバーンでさえも，1948年には厳格な人種隔離の立場をとっていたと述べている。これから推察すると，ジョンソンはレイバーンの立場に沿ってこのような発言を行ったとみられる。

27） Cox, *op. cit.*, “’Nearly a Statesman’: LBJ and Blacks in the 1948 Election,” p. 242–244.

28） *Ibid.*, pp. 253–257.

29） *Ibid.*, pp. 257–259; Billington, *op. cit.*, “Lyndon B. Johnson and Blacks: The Early Years,” pp. 35–36. この選挙は，全投票数が約100万票であったにもかかわらず，87票という異例の僅差が勝敗を決したことで，注目を集めた。ジムウェルズ郡の13投票箱（Box 13）の投票不正，政治ボスであるジョージ・パー（George Parr）の関与などが指摘されている。スティーブンソン陣営による選挙結果に対する異議申し立ては，連邦最高裁で調査され，1949年7月，上院の規則委員会がジョンソンの議席支持を表明した（Dallek, *op. cit.*, *Lone Star Rising*, pp. 345–346）。ちなみに，本選挙では，共和党候補のポーター（Jack Porter）に35万票近い大差をつけて約70万3,000票を獲得し，連邦上院議員に選出された。

30）Billington, *op. cit.*, "Lyndon B. Johnson and Blacks: The Early Years," p. 40.

31）Woods, *op. cit.*, *LBJ*, pp. 227–228.

32）*Ibid.*, p. 228; "Unlimited Debate: The last Defense of Reason," File: "3/9/49 Filibuster and Speech on Cloture Resolution by Sen. Johnson on Floor of Senate," Statements of Lyndon B. Johnson 1949, Box 9, LBJL.

33）LBJ to Harry V. Burns, January 18, 1950, Letter, File: "Legislation Civil Rights," Senate Papers, Legislative Files, 1950–1952, Box 227, LBJL.

34）Dallek, *op. cit.*, *Lone Star Rising*, pp. 368–369; James Rowe to LBJ, February 23, 1949, LBJ to Rowe, March 15, 1949, File: "Speeches-Filibuster #1," Senate Papers, Box 214, LBJL. またジョンソンはその手紙の中で,「…私は，それらの権利を確保するためには，この国が直面している劣悪な住宅，汚い身なり，不十分な食事の問題に対する攻撃を実施すべきであると思う」と主張している（*Ibid.*)。

35）ジョンソンは1951–53年の間に上院多数派院内幹事，1953年から上院少数派院内総務に就任した。1954年の中間選挙において上院民主党は過半数を占め，ジョンソンは多数派院内総務の地位に就任した。多数派院内総務としてのジョンソンの活動は，藤本一美編『ジョンソン大統領とアメリカ政治』(つなん出版，2004年)，65–81頁を参照。

36）Dugger, *op. cit.*, *The Politician*, p. 346; Dallek, *op. cit.*, *Lone Star Rising*, pp. 380–381.

37）Woods, *op. cit.*, *LBJ*, p. 299; Lyndon B. Johnson, "A Program with a Heart," November 21, 1955, Statements of Lyndon B. Johnson, July 1955-March 15, 1956, Box 18, LBJL. この13項目について，ジョンソンは，南部議員たちの反応をうかがっていたようである（George Reedy to LBJ, Memorandum, November 26, 1955, File: "11/21/55 Speech Before Fund Raising Dinner, Democratic Advisory Committee of Texas Whitney, Texas," Statements of Lyndon Baines Johnson, July, 1955-March 15, 1956, Box 18, LBJL)。

38）"Concerning Supreme Court Ruling on Segregation," File: "5/18/54 Speech, Senate Floor Concerning Supreme Court Ruling on Segregation," Statements of Lyndon Baines Johnson, March 16, 1954-June, 1954, Box 15, LBJL. ジョンソンは，署名を拒否した一方で，署名の場に現れなかった理由として,「彼ら（南部議員たち）が，…私が上院多数派院内総務であり，連邦上院もしくは民主党の政策として公式に表明する試みであると解釈されることを望まなかったからである，と私は理解している」，と述べ，その上で,「この問題の解決は，連邦レベルでは見出されない。なぜなら，諸州の主権に反映されている基本的価値を含む問題だからである」とし，依然として州の下での解決を訴えている（"Statement By Senator Lyndon B. Johnson (D–Tex.), March 10, 1956," File: "3/10/56 Statement concerning state elections," Statements of Lyndon B.

Johnson, July, 1955-March 1956, Box 18, LBJL)。

39) ジョージ・リーディ（George Reedy）は，メモランダムの中で，大統領候補の地域性に関して，「…南部人が大統領選挙に立候補し当選するときが来たとしても，もし彼が“南部出身の候補者”であると知られているのであれば，当選することはできないであろう…国民全体として，南部人を全国的指導者として受け入れるであろう。しかし，地域的指導者としては受け入れないであろう（傍線原文のまま）」と指摘している（Memorandum, 6/9/55, File: “Reedy: Presidency- 1955,” Papers of Lyndon Baines Johnson, United States Senate, 1949-1961, Office Files of George Reedy, 1951-1955, Box 415, LBJL)。

40) Dewey W. Grantham, *The South in Modern America: A Region at Odds* (NY, 1994), pp. 214-215.

41) Dallek, *op. cit.*, *Lone Star Rising*, p. 519; Schulman, *op. cit.*, *Lyndon B. Johnson and American Liberalism*, p. 51. ドリス・K・グッドウィン（Doris Kearns Goodwin）は，ジョンソンの1957年公民権法成立への行動について次の様に述べている。「1954年から1957年の間に，3つの出来事が，公民権の争点が審議される連邦議会の状況を劇的に変化させた。第一は，連邦最高裁のブラウン判決である。これは黒人たちの主張に連邦憲法上の支持を与えたものであり，初期の公民権運度を活気づけた。第二に，ブラウン判決に対するしばしば暴力を伴った南部の拒絶である。これは，一連の公民権保護法案に対する南部以外の地域からの支持を増大させた。第三に，1954年，1956年の選挙であった。黒人たちは民主党の候補者を見捨て，彼らの利益によりよく応えるように見える共和党候補者に流れる黒人が増えたためであった。これらの出来事なしに，連邦議会での公民権法案の不成立のパターンを変えることのできる，ジョンソン，もしくは他の誰かのあらゆる行動を想像するのは困難である」(Doris Kearns Goodwin, *Lyndon Johnson and American Dream*〔NY: Happer & Row, Publishers, 1976〕, p. 146)。

42) Schulman, *op. cit.*, *Lyndon and American Liberalism*, p. 52.

43) *Ibid.* ヘルズキャニオンダム事業への連邦予算は，前年には上院において41対51で否決されていたが（*Congressional Quarterly Almanac, 1956*〔Congressional Quarterly Service, 1957〕, pp. 499-500)，しかしこの年の審議で上院において45対38で可決，承認された（*Congressional Quarterly Almanac, 1957*〔Congressional Quarterly Service, 1958〕, pp. 620-622)。

44) Schulman, *op. cit.*, *Lyndon and American Liberalism*, p. 52; Rowland Evans and Robert Novak, *Lyndon B. Johnson: Exercise of Power* (NY: The New American Library, Inc., 1966), p. 131.

45) Merle Miller, *Lyndon: An Oral Biography* (NY: Putnam, 1980), p. 212; Goodwin, *op. cit.*, *Lyndon Johnson and the American Dream*, p. 157; Dallek, *op. cit.*, *Lone Star Rising*, pp. 526-527.

46) Goodwin, *op. cit.*, *Johnson and the American Dream*, pp. 150-151. ジョンソンは

後に次にように述懐している。「もし私がこれを世に出すことができなかったならば，私の指導的立場は粉々になっていたであろうことを私は知っていた。私が何年もかけて築いてきたあらゆるものが完全に失われたであろう」(*Ibid.*, pp. 147-148)。

47）Schulman, *op. cit.*, *Lyndon and American Liberalism*, p. 29.

48）LBJ radio broadcast, April 11, 1960, Statements of Lyndon B. Johnson, April 1960-May 1960, Box 36, LBJL; Gerald Siegel Oral History, June 9, 1969, pp. 1-2, LBJL.

49）Miller, *op. cit.*, *Lyndon*, pp. 225-229.

50）藤本，前掲書，『ジョンソン大統領とアメリカ政治』，44頁。

51）選挙におけるケネディとニクソンの一般投票の差は，総投票数が，アメリカ史上最大の6,888万3,254票であった中で，わずか0.17%，票数にして11万4,000あまりであった。これに関係して，重要であると思われる事件が選挙運動終盤の10月19日に起こった。それは，黒人運動指導者であるマーティン・L・キング牧師が，ジョージア州アトランタ市での座りこみ運動中に逮捕され，投獄されたことだ。それを聞いたケネディは迅速に対応し，弟ロバートに事件担当検事に電話をさせてキングを釈放させた。この事件は全国の黒人票をケネディへと向かわせることとなり，イリノイ州，ミシガン州，サウスカロライナ州などの僅差でもってケネディの獲得した州では黒人票は重要な役割を果たした（セオドア H. ホワイト著，渡辺恒夫，小野瀬嘉慈訳『大統領になる方法（下）』〔弘文堂，1964年〕，507-508頁）。

52）Hugh Davis Graham, *The Civil Rights Era: Origins and Development of National Policy, 1960-1972* (NY: Oxford University Press, 1990), p. 31; Hugh Davis Graham, *Civil Rights and the Presidency: Race and Gender in American Politics, 1960-1972* (Oxford University Press, 1992), pp. 34-35.

53）Woods, *op. cit.*, *LBJ*, p. 380.

54）Graham, *op. cit.*, *The Civil Rights Era*, pp. 30-31; 中島和子『黒人の政治参加と第三世紀アメリカの出発』（中央大学出版，1989年），156頁。

55）Graham, *op. cit.*, *The Civil Rights Era*, pp. 34-35. H・D・グラハム（Hugh Davis Graham）は指摘する。「アメリカの人種関係のパラドックスは，南部に広がる，学校，職場，公園，トイレ，ホテル，レストランにおいて人種隔離を行うジム・クロウが，住宅に関しては及んでいないことであった。…南部の社会的地位は肌の色によって規定されていたため，混合した住宅地域は一般的であり，社会的に白人を脅かすものではなかった。一方，人種混合がより流動的な環境にある北部では，社会的・経済的競争に関して，ある集団の地位に対して地域統合はより脅威を示すものであった」(Graham, *op. cit.*, *Civil Rights and the Presidency*, p. 247)。

56）Robert Dallek, *Flawed Giant: Lyndon Johnson and his time 1961-1973* (NY: Oxford University Press, 1998), pp. 23-27.

57) エイブ・フォータス（Abe Fortas）はジョージ・リーディ（George Reedy）にあてた手紙の中で，「ゴールドバーグ労働長官は，契約企業に正しい行動を取らせる最終的な権限がこの委員会の委員長，…副大統領にあるべきであると主張している。しかし，私は，以下のことを強く感じる。我々は，時間と負担の問題として，そして広く戦略的な理由から，個々の事例への決定において，副大統領を関わらせるべきでない」，と指摘している（Abe Fortas to George Reedy, letter, May 24, 1961, File: "VP Aide's Files of George Reedy, GER [Personal] [May 1961]," Vice Presidential Files of George Reedy, Box 32. LBJL）。

58) 副大統領職について，ジョンソンはそれまでの"閑職"といわれたその職をより権限を有する職へと変更しようと試みた。1961年1月に開かれた上院民主党議員集会において，民主党大会で副大統領ジョンソンを議長職につけ，投票監督官として任命することで，連邦上院に関する運営をジョンソンの管理下におくことができるように試みた。また，ケネディ大統領に対しては，副大統領に大統領を補佐する事実上の権限を与える内容の行政命令に対しての署名を求めている（Goodwin, *op. cit.*, *Lyndon Johnson and the American Dream*, pp. 164-165）。この２つの試みは，行政府の立法府に対する干渉とした議員たちの大きな反対とケネディの無視に近い拒絶とでもって失敗に帰した。

59) Graham, *op. cit.*, *The Civil Rights Era*, p. 43.

60) James Farmer Oral History Interview I, 10/69, by Harri Baker, p. 10, LBJL. ジョージ・リーディは，黒人に対するジョンソンの姿勢について，以下のように述べている。「副大統領が黒人たちから高い評価を受けているのは，彼らがよい行いをしていれば訪れるであろうというようなあいまいな楽園のことを話すからではなく，彼らがこれまで得てきた特別な利益の観点から彼らに話をするからである。そしていかなるときでも，それらの利益が正義もしくは彼らが得てきたものを表しているなどとは言わないからである」（George Reedy to Mrs. Lyndon B. Johnson, January 16, 1963, Memorandum, File: "VP Aide's Files of George Reedy Memos - January 1963," Vice Presidential Aide's Files of George Reedy, Box 8, LBJL）。

61) *Public Papers of the Presidents of the United States: John F. Kennedy, 1961* (U.S. GPO, 1962), p. 150; Schulman, *op. cit.*, *Lyndon and American Liberalism*, p. 59.

62) "Statement used by the Vice President in addressing a meeting of the nation's 48 largest defense contractors and the President's Committee of Equal Employment Opportunity," File: "5/2/61 Statement at meeting of largest Defense Contractors, Indian Treaty Room," Statements of Lyndon B, Johnson, April, 21 1961-May 19, 1961, Box 53, LBJL.

63) Dallek, *op. cit.*, *Flawed Giant*, p. 28; Graham, *op. cit.*, *The Civil Rights Era*, pp. 48-49. トラウトマンは，1960年大統領選でケネディを支援したこと，またハーバード大学でのジョー・ケネディ Jr. との面識などのホワイトハウスとのコネクションを利用して

PCEEO の「進歩のための計画」小委員会の委員長に就任した。

64) Memorandum, G. Reedy to Vice President, no date, 1962, File: "VP Aide's Files of George Reedy, 1962 Memos- undated," Vice Presidential Files of George Reedy, Box 7, LBJL.

65) Dallek, *op. cit.*, *Flawed Giant*, p. 29.

66) Graham, *op. cit.*, *The Civil Rights Era*, p. 54.

67) *Ibid.*, pp. 54-55; Robert Mann, *The Walls of Jericho: Lyndon Johnson, Hubert Humphrey, Richard Russell, and the Struggle for Civil Rights* (NY: Harcout Brace & Company, 1996), pp. 304–305.

68) Dallek, *op. cit.*, *Flawed Giant*, pp. 29–30.

69) "Memorandum Major Accomplishments of Employment Opportunity Program," File: "Accomplishments– EEOC," Vice Presidential Files of George Reedy, Box 16, LBJL. ジョージ・リーディによる副大統領の評価に関するメモの中で，リーディは，EEOC の成果について触れており，特に，労働組合に関する評価では，「委員会は AFL-CIO に加盟している 117 の国際労働組合，300 の地域労働組合に対して，公平な慣習のための計画への署名を行わせた。これは非常に重要なことである。なぜなら，大統領命令を通じてでは，委員会はそれらの組合を対象とすることはできないからである」と，EEOC による労働組合における成果を一面で高く評価している（Memorandum, File: "VP Aide's Files of George Reedy Memos– January 1963," Vice Presidential Aide's Files of George Reedy, Box 8,　LBJL)。

70) Dallek, *op. cit.*, *Flawed Giant*, pp. 30–31; A・M・シュレジンガー著，中屋健一訳『ケネディ―栄光と苦悩の 1 千日（下）』（河出書房新社, 1966 年）, 404–422 頁；藤本一美編著『ケネディとアメリカ政治』（つなん出版，2000 年），47–50 頁。上述の 1954 年の連邦最高裁によるブラウン判決以降，黒人公民権運動は全国で活発に展開されるようになった。全国黒人向上協会（National Association for the Advancement of the Colored People, NAACP），全国都市同盟（National Urban League，NUL），人種平等会議（Congress of Racial Equality，CORE），南部キリスト教指導者会議（Southern Christian Leadership Conference，SCLC），学生非暴力調整委員会（Student Nonviolent Coordinating Committee, SNCC）などがその運動を主導した（本田創造『アメリカ黒人の歴史　新版』〔岩波書店，1991 年〕，189–214 頁）。

71) 中島，前掲書，『黒人の政治参加と第三世紀アメリカの出発』，162–164 頁。1963 年公民権法案の内容は，①ランチ・カウンター，レストラン，商店，映画館など娯楽施設を含むすべての公共施設での差別の禁止，②公立学校での人種差別撤廃の促進，これについて司法長官は連邦裁判所に訴訟を提起する権限をもつ，③雇用における黒人に対する不利な扱いをしない。職業訓練のために連邦予算に 4 億ドルを追加する，④地域団体で黒人，白人が話し合いの場を設ける，⑤人種差別を行なうところには，いかなる連邦援助も行わない，であった（藤本，前掲書，『ケネディとアメリカ政治』，48–49 頁）。

72) Woods, *op. cit.*, *LBJ*, pp. 411–412; Dallek, *op. cit.*, *Flawed Giant*, p. 37.

73) シュレジンガー（Arthur M. Schlesinger）は，大統領と副大統領，ケネディとジョンソンとの関係の中で，議会対策に関してジョンソンをその中心に据えることを避けた理由について次のように述べている。「ジョンソンは…一度実権を与えられると彼はやはり当代きっての立法上の寝業師であった。…もしケネディが，ジョンソンと議会の関係をそのまま続けさせていたら，おそらく有効に副大統領は立法上可能なことを判断する裁判官のような存在になっていただろうし，そうなればケネディは自分の計画全体に対する統制を失っていただろう。分別のある大統領なら，こんなことは避けるのが当然である」（シュレジンガー，前掲書，『ケネディ―栄光と苦悩の 1 千日（下）』，174–178 頁）。

74) "Edison Dictaphone Recording, LBJ–Sorensen, June 3, 1963," File: "Office Files of George Reedy: Transcripts of Edison Dictaphone Recording of Conversation between Lyndon Johnson and Ted Sorensen," Office Files of George Reedy, Box 1, LBJL.

75) Robert D. Loevy, *To End All Segregation: The Politics of the Passage of the Civil Rights Act of 1964* (Maryland: University Press of America, 1990), pp. 37–38.

76) シュレジンガー，前掲書，『ケネディ―栄光と苦悩の 1 千日（下）』，444–445 頁。ケネディは，ワシントンにおける行進が連邦議会に与える公民権法案立法への圧力となるよりも，行進が暴動化，もしくは反ケネディ政権を訴えるものに変わること，さらには行進によって連邦両院における一部の議員を孤立させることを懸念し，行進を思いとどまらせることを望んだ，と思われる（Mann, *op. cit.*, *The Walls of Jericho*, pp. 371–372.）。また，ロバート・ケネディ司法長官は，公民権支持勢力が法案を強化することを試みることによって連邦議会でより強力な法案を生み出し，結果として成立に足る議員たちの支持を得ることができなくなることを懸念していた（Mark Stern, *Calculating Visions: Kennedy, Johnson & Civil Rights*〔New Jersey: Rutgers University Press, 1992〕, pp. 96–97）。8 月 28 日，ワシントン大行進は開催され，黒人白人を含む 20 万を超える参加者を数えた。キングによる演説の中での「私には夢がある」の一節はあまりにも有名である（本田，前掲書，『アメリカ黒人の歴史（新版）』，207–214 頁）。

77) Woods, *op. cit.*, *LBJ*, p. 411.

78) ケネディ政権は，2 月 28 日，特別教書を連邦議会に送付し，公民権立法の内容を示した。民主党上院院内総務のマンスフィールドと共和党上院院内総務ダークセンとの共同提案という形で上院に提出することには合意したものの，公共施設条項についてダークセンからの同意が得られなかった。上院においては，公共施設条項を除いた S1750，公共施設利用の平等を保障する条項のみを含む S1733 が提出された。下院では HR7152 として，ニューヨーク州選出下院議員エマニュエル・セラー（Emmanuel Celler，司法委員会委員長）が提案した（安藤次男「ケネディと 1963 年公民権法」『立命館国際研究』〔2001 年〕，14〔3〕，

37-41 頁)。

79) *Congressional Quarterly Almanac, 1964* (Congressional Quarterly Service, 1965), p. 343; 中島和子, 前掲書,『黒人の政治参加と第三世紀アメリカの出発』, 165-166 頁。

80) Stern, *op. cit.*, *Calculating Vision*, p. 160.

81) *Public Papers of the Presidents of the United States: Lyndon B. Johnson, 1963-1964, Volume 1* (US. GPO, 1965), p. 9.

82) 11 月 29 日, NAACP のロイ・ウィルキンス (Roy Wilkins), 12 月 2 日, NUL のホイットニー・ヤング (Whitney Young), 12 月 3 日, SCLC のマーティン・ルーサー・キング Jr. (Martin Luther King Jr.), 12 月 4 日, CORE のジェイムズ・ファーマー (James Farmer), 12 月 5 日, Brotherhood of Sleeping Car Porters の A. フィリップ・ランドルフ (A. Philip Randolph) らと会談をこなした。ジョンソンは, 上記の一連の会談後, ウィルキンスと定期的に会談をもった。その際, ジョンソンは, 共和党議員と話をするときには「リンカーン大統領」を引用しながら説得するように求めている (Woods, *op. cit.*, p. 470)。

83) 初期のジョンソン政権における公民権運動への対応について, Bruce Miroff, "Presidential Leverage over Social Movements: the Johnson White House and Civil Rights," *The Journal of Politics*, Volume 43, Number 1, 1981, pp. 2-23 を参照。

84) "Notes on the First Congressional Leadership Breakfast held by the President on December 3, 1963," File: "Appointment File [Dairy Backup] December 3 1963," The President's Appointment File [Dairy Backup] 12/1/1963-12/30/1963, LBJL.

85) Stern, *op. cit.*, *Calculating Vision*, pp. 167-168. ケネディが法案支持への合意を取り付けていたとはいえ, ハレックの態度は曖昧であった。このとき, ジョンソンは, ハレックに向かって,「君はリンカーンの政党か, そうではないか」と述べたという (Woods, *op. cit.*, *LBJ*, pp. 471; Max Holland, ed., *The Presidential Recordings Lyndon B. Johnson- The Kennedy Assassination and the Transfer of Power, November 1963-January 1964, Volume One* 〔New York: W. W. Norton & Company, 2005〕, pp. 378-383)。

86) 連邦議会の議員たちに訴える, ジョンソンの公民権法案への態度は, 自らの師であるラッセルとの会談において強く示された。ジョンソンは, ラッセルをホワイトハウスに招き, 会談を行なった。ジョンソンはラッセルに面と向かってたち,「ディック, 君は道をあけなければならない」と述べ, いかなる妥協もしないことを告げた。ラッセルは「君がそうすることは, 南部を失い, 選挙を困難なものにすることだ」と答えた (Stern, *op. cit.*, *Calculating Vision*, p. 162; Robert Dallek, *op. cit.*, *Flawed Giant*, p. 112; Lyndon Johnson, *The Vantage Point: Perspectives of the Presidency 1963-1969* 〔Holt, Rinehart and Winston, 1971〕, pp. 157-158)。

87) *Public Papers of the Presidents of the United States: Lyndon B. Johnson, 1963-1964, Volume 1* (US. GPO, 1965), p. 116.

88) "Remarks to New Participation in 'Plans for Progress'," January 16, 1964, *Public Papers of the Presidents of the United States: Lyndon B. Johnson, 1963-1964, Volume 1* (US. GPO, 1965), pp. 139–142. ジョンソンはまた，同演説において，リンカーンの名前を引用して強く訴えた。「アブラハム・リンカーンは100年前，奴隷解放宣言に署名を行なった。そして彼は奴隷の鎖を取り除いた。しかし，彼は，肌の色への人々の偏見から黒人たちを解き放つことはなかった。彼が止めた場所から再び始めることは，あなた方次第である」(*Ibid.*)。

89) "Remarks to Members of the Southern Baptist Christian Leadership Seminar," *Public Papers of the Presidents of the United States: Lyndon B. Johnson, 1963-1964, Volume 1* (US. GPO, 1965), pp. 418–421.

90) Stern, *op. cit.*, *Calculating Vision*, pp. 160–161. なお，ケネディ政権の議会関係特別補佐官であったローレンス・オブライエン（Lawrence O'Brien）は，「ジョンソンのリベラルに対する不安が，ジョンソンが大統領として，公民権を早急に推進した態度を説明するものである」と述べている。

91) ジョンソンは述べている。「もし私がこの争点を前面に押し出さなかったら，彼ら（リベラル派）が私を困難に陥れることを私は知っていた。彼らは私に反対して，私の経歴を指摘するであろう。彼らは，それを私がこの国に団結をもたらす能力がないことを示す証拠として利用するだろう。…私は，ケネディが生きていたら得られたであろうよりもより強力な公民権法案を生み出さなければならなかった。このことなくしては，行動を始める前から私は死んでいるも同然であった」(Kearns, *op. cit.*, *Lyndon Johnson and American Dream*, p. 199)。

92) Robert D. Loevy, "'To Write It in the Books of Law': President Lyndon B. Johnson and the Civil Rights Act of 1964," in Bernard J. Firestone and Robert C. Vogt, ed., *Lyndon Baines Johnson and the Uses of Power* (Connecticut: Greenwood Press, 1988), pp. 109–111。ちなみに，ロバート・D・ロービィ（Robert D. Loevy）によれば，ジョンソンが委員会回避のための請願に支持を表明したことは，失敗であったようだと述べている。なぜなら，下院の共和党議員たちがジョンソンの支持表明をどのように感じるかという考慮なしに行なわれたため，下院において必要な共和党議員の支持を失わせる結果を招くことをジョンソンは学んだとしている。また，この時，両党の議会指導部がすでに法案を議事運営委員会で回避することに同意しており，ジョンソンは議会指導部の戦略に同意した。その超党派の合意を妨げないよう，ジョンソンはホワイトハウスからの署名確保の圧力を止めた（*Ibid.*）。

93) "The President's News Conference of February 1, 1964," *Public Papers of the Presidents of the United States: Lyndon B. Johnson, 1963-1964, Volume 1* (US. GPO,

1965), pp. 258–259. 下院議員スミスが提案した性修正条項に関して，ジョンソンは「私は，雇用において女性差別が存在することを知っている。それについて私のできるだけのことをするつもりである」と述べている。

94) Dallek, *op. cit.*, *Flawed Giant*, p. 116.

95) Woods, *op. cit.*, *LBJ*, pp. 473–474; 以前に上院において行なわれたフィリバスターについては，さしあたり *Congressional Quarterly Almanac, 1964* (Congressional Quarterly Service, 1965), p. 366. を参照。

96) Stern, *op. cit.*, *Calculating Vision*, pp. 172–173.

97) Loevy, *op. cit.*, "'To Write It in the Books of Law': President Lyndon B. Johnson and the Civil Rights Act of 1964," p. 119.

98) マーク・スターン（Mark Stern）はこれらのことは，「ハンフリーがジョンソンから学んだ方法であり，また，上院においてハンフリー自身が公民権についての最大の擁護者となった」と述べている（Stern, *op. cit.*, *Calculating Vision*, p. 176)。

99) Stern, *op. cit.*, *Calculating Vision*, pp. 174–176. 例えば，リンカーン・デイ（4月19日）にカソリック・プロテスタント・ユダヤの各教派の聖職者が，ワシントンD.C.のリンカーン記念堂に集い，24時間の祈りの集会を開いたことなどが上げられる。LCCRの連邦議員に対するロビーイングについては，中島和子，前掲書，『黒人の政治参加と第三世紀アメリカの出発』，167–170，176–178頁を参照。

100) ジョンソンとハンフリーの関係については，Irving Bernstein, *Guns or Butter: The Presidency of Lyndon Johnson* (NY: Oxford University Press, Inc., 1996), pp. 58–62. を参照。もちろん，ダークセンに対する交渉を行なったのはハンフリーだけでなく，ジョンソンは，ハンフリーにその役割を担わせると同時に，ロバート・ケネディ率いる司法省に対しても，連邦上院における戦略と交渉を行なわせた。この戦略について上院民主党指導部とも一致していた（Stern, *op. cit.*, *Calculating Vision*, pp. 173–174)。ジョンソンは，上院への対応を，閣僚と支持派議員に担わせることで，成立が不明確な法案に対して，万が一不成立であった時の自らの責任を分散させたのであった（Bernstein, *op. cit.*, *Guns or Butter*, pp. 114–115)。

101) Woods, *op. cit.*, *LBJ*, p. 473; David Shreve and Robert David Johnson ed., *The Presidential Recordings: Lyndon B. Johnson, Toward the Great Society, February 1, 1964-May 31, 1964* (NY: W. W. Norton& Company, 2007), Volume V, pp. 956–963.

102) Bernstein, *op. cit.*, *Guns or Butter*, pp. 64–65.

103) なお，ウィスコンシン州での予備選挙戦は4月7日，インディアナ州は5月5日，メリーランド州は5月19日であった。

104) Loevy, *op. cit.*, "'To Write It in the Books of Law': President Lyndon B. Johnson and the Civil Rights Act of 1964," pp. 116–118.

105) Stern, *op. cit.*, *Calculating Vision*, p. 179.

106) Lyndon Johnson, *op. cit.*, *The Vantage Point*, p. 29.

107) "Remarks at a Reception for Members of the American Society of Newspaper Editors April 17, 1964," *Public Papers of the Presidents of the United States: Lyndon B. Johnson, 1963-1964, Volume 1* (US. GPO, 1965), p. 482.

108) ダークセンの公民権法案支持への転向については，Bernstein, *op. cit.*, *Guns or Butter*, p. 67. を参照。

109) Stern, *op. cit.*, *Calculating Vision*, p. 180.

110) Woods, *op. cit.*, *LBJ*, p. 477. ダークセンは，最終的に，70 項目の修正を含む案を提示した。連邦上院における審議については，中島，前掲書，『黒人の政治参加と第三世紀アメリカの出発』，173–178 頁を参照。

111) Woods, *op. cit.*, *LBJ*, p. 477. 綿・小麦法案の成立に関しては Robert David Johnson, "Politics, Policy, and Presidential Power: Lyndon Johnson and the 1964 Farm Bill," in Mitchell B. Lerner, ed., *Looking Back at LBJ: White House Politics in a New Light* (Lawrence: University Press of Kansas, 2005), pp. 153–180 を参照。ロバート・D・ジョンソン（Robert David Johnson）は，農業法案を利用して民主党への南部諸州の忠誠を確保することを望む一方，法案を超党派からなる支持を取り付けて成立させたことに対して，ジョンソン大統領が「公民権法案がどれほど大きく南部の政治を再編するかを理解して」おり，また，「民主党が多数派の地位を維持するためには，伝統的に共和党の票が必要である」こと，さらに，「北部州選出のリベラル派議員たちが，自分たちの協議事項を立法化するには，南部および西部において一部の支持票を得ることを認識する」ことを構想していたことから，1964 年農業法案を 1960 年代中期のジョンソンの政治的見解を理解する上で重要なものと位置づけている（*Ibid.*）。

112) *Congressional Quarterly Almanac, 1964* (Congressional Quarterly Service, 1965), pp. 368–378.

113) *Ibid.*, pp. 339–342; 安藤次男「1964 年公民権法と大統領政治」『立命館国際研究』(2001 年), 13 (3), 182–183 頁。

114) 末次，前掲論文，「ジョンソンと『偉大な社会』計画」，131–133 頁。

115) Loevy, *op. cit.*, *To End All Segregation*, pp. 323–324.

116) Woods, *op. cit.*, *LBJ*, p. 476. ウッズは (Randall B. Woods) は，「ジョンソンは，フィリバスターが行なわれている間，白人アメリカ人を，道徳という拘束服で包もうとした」と述べている（*Ibid.*）。

117) Woods, *op. cit.*, *LBJ*, p. 469.

118) Dallek, *op. cit.*, *Flawed Giant*, p. 38.

119) Stern, *op. cit.*, *Calculating Vision*, pp. 169–170, 178.

120) 西部，中西部選出の保守議員が有する重要性について，中島，前掲書，『黒人の政治参加と第三世紀アメリカの出発』，180–188 頁を参照。

121）ロバート・D・ローヴィ（Robert D. Loevy）によれば，1963-1964年公民権法案の成立過程において，議会には7つのグループが存在したとしている。すなわち，①NAACPのクラレンス・ミッチェル（Clarence Mitchell），「民主的行動のためのアメリカ人（Americans for Democratic Action）」のジョセフ・ロウ（Joseph Rauh），そして公民権指導者会議。可能な限りの強力な内容の法案と，それについていかなる妥協もしないといった支持者たち，②ヒューバート・ハンフリー（Hubert Humphrey）。ダークセンを法案支持へ転向させることを試み，妥協に関しても最小限を望む，③ウィリアム・マカロック（William McCulloch）。マカロックの目的は，上院において民主党の法案に関するリーダーシップを阻むこと，④ケネディ・ジョンソン政権。目的はダークセンを法案支持へと転向させること。また，ハンフリー以上に穏健な内容の法案を望む，⑤マイク・マンスフィールド（Mike Mansfield）。公民権法案が上院で可決されることを望んだ一方で，彼は，ダークセン，南部議員たちとの妥協をいとわなかった，⑥エヴェレット・ダークセン。彼の目的は，共和党議員たちが支持可能な，より穏健で容易に施行できる法案を望み，そして共和党議員たちの功績となるよう望んだ，⑦南部民主党議員たち。フィリバスターを行使することで，上院において公民権を支持しない国民の反対を反映した形での，何らかの変化を期待した（Loevy, *op. cit.*, *To End All Segregation*, p. 329）。

122）John B. Martin, “Election of 1964,” in Arthur M. Schlesinger, Jr., ed., *History of American Presidential Elections, Volume IV*（New York: Chelsea House, 1971），p. 3702; 藤本，前掲書，『ジョンソン大統領とアメリカ政治』，103-104頁。ゴールドウォーターに対する黒人たちの間で生じた恐怖感も，黒人たちがジョンソンに投票した一因であることも重要である（太田俊太郎『アメリカ合衆国大統領選挙の研究』〔慶応大学出版会，1996年〕，327-328頁）。

123）Bill Moyers, “What a Real President Was Like,” *Washington Post*, November 13, 1988, C5.

124）太田，前掲書，『アメリカ合衆国大統領選挙の研究』，324-326頁。

125）Loevy, *op. cit.*, *To End All Segregation*, pp. 322-323.

第5章　経済機会法―貧困追放

第1節　はじめに―「貧困との戦い」の背景

アメリカは，第二次世界大戦以降，長らく経済成長を謳歌していた。アメリカのGNPは飛躍的に増大し，戦前（1929年）には1,000億ドル台であったものが，1956年以降は4,000億ドル台，そして1960年には5,000億ドル台に達した[1)]。このように，アメリカ国民は世界史上で最も「豊かな社会」を享受することになり，実質賃金は上昇し，失業は緩和された。それ故，経済学者のジョン・K・ガルブレイス（John K. Galbraith）はその著作『ゆたかな社会（*The Affluent Society*, 1958年）』の中で，「貧困は，もはや大多数の人々の問題から少数者の問題に成り下がり，一般的ではなく特殊な場合となった」と述べたほどである[2)]。

しかしながら，1950年2月に連邦議会の両院経済報告合同委員会に提出された低所得世帯専門委員会の『低所得世帯と経済安定』と題する報告書では，現実のアメリカにおける貧困の実態が明らかにされていた。この報告書は「1948年という完全雇用と繁栄の年においてさえ，国民の実に26%が貧困状態（年収2,000ドル以下の世帯）であった」ことを示唆していた[3)]。また，1959年12月に両院合同経済委員会の要請によって提出された「雇用，成長および物価水準に関するスタディ」の関連資料として提出されたロバート・ランプマン（Robert Lampman）の『低所得人口と経済成長（“The Low-Income Population and Economic Growth”）』という研究書において，「1957年現在において，3,200万人が低所得の状態（4人家族で年収2,500ドル未満）にあった」ことを示しており，低所得人口の推移，現状分析および将来の展望と対策の必要性を説いていた[4)]。

ガルブレイスは，全体的に大多数が豊かになった社会においてもなお「個人的貧困（case poverty）」と「島の貧困（insular poverty）」が存在するとも指摘していた。一方，『もう一つのアメリカ（*The Other America*, 1962年）』の著者であるマイケル・ハリントン（Michael Harrington）は，「ガルブレイスの貧困論は不徹底で，個人的貧困が社会環境に由来する側面を見落とし，一地域の貧困が全国的に広がった大量の貧困を覆い隠すものである。この国には“もう一つのアメリカ”が存在し，4,000万から5,000万の人々が，人間としての尊厳を維持するのに必要とされる以下の水準で貧しい生活を送っている。」と批判した[5)]。貧困問題の議論について，1950年代後半からおびただしい数の著書や論文が発表され，アメリカ国内における数多くのシンポジウム，講演，および討論会などを促した[6)]。

周知のように，1961年に大統領に就任したケネディは，いわゆるマクロ経済政策を実施し，それによって，国内経済を成功に導き，アメリカは長期繁栄を謳歌していた[7)]。アメリカの経済成長はさらに続き，1961年以降も経済成長は拡大の一途をたどっていた。そして，長期的な経済繁栄は，アメリカ国内の貧困家庭の割合を減少させた。しかしながら一方で，その減少率はきわめて緩慢であった。ケネディは，1960年の大統領選挙運動中にウェストバージニア州における貧困の惨状を目の当たりにし，そして，ガルブレイスやハリントンなどのアメリカ国内の貧困に関する著作や論文に触れて驚愕したといわれる[8)]。

そこでケネディ大統領は，1963年2月に経済諮問委員会の委員長であったウォルター・ヘラー（Walter Heller）に対して，貧困問題解決のための立法準備を指示した[9)]。ケネディ政権の下ではすでに，1961年5月に成立した「地域再開発法」や1962年3月に成立した「人材開発訓練法」などによって不況地域への連邦政府の支援と失業者に対する職業技術訓練計画が進められていた[10)]。また，国内経済は繁栄の真っただ中にあり，連邦議会も含めて新たな貧困対策に対する支持を確保するためには立法の必要性と斬新さが求められていた。ヘラーは，現金扶助を最小にして対象者の訓練と自発性を重視すること，貧困青少年を重点対象とすること，また，比較的少数の貧困地域に対して調整のとれた対策を集中的に行うこと，などを骨子とした案をまとめた[11)]。それらが雇用創出，職業訓練事業などの新たな貧困対策法案の作成に反映されることになった。

特に「青年雇用法案」と「国家奉仕隊法案」は，双方とも連邦議会において審議未了のまま廃案となったものの，しかし，それらの構想は後述する「経済機会法」に引き継がれる内容の原型となった[12)]。「青年雇用法案」とは，16歳から21歳までのアメリカの青少年男女失業者に対する職業訓練計画であり，失業している青少年男女からなる“青年国土保全隊”を組織して天然資源やレクレーション地域の保全，開発の事業に従事させ，同時に彼らに有用な雇用機会と雇用能力を高めるための職業訓練を行うものであった[13)]。第二次世界大戦直後の人口増は当時の労働市場に重大な影響を与えていた。特に16歳から21歳までの青年層はアメリカにおいて重要な位置を占めるようになっていた。だが実際には，学業を途中で放棄する青少年が少なくなく，さらにオートメーション化と職種の専門化によって，労働市場が必要とする訓練や熟練を受けていない青少年たちは高い失業状況にあった。

一方，「国家奉仕隊法案」の内容は，繁栄の中の貧困問題に対処するために全国からボランティアを募集して“国家奉仕隊”として組織され，移民労働者の家庭，ネイティブ・アメリカン，都市や農村の貧窮地域の住民に対する保健衛生改善や教育支援，学校を中退した青少年の訓練および教育，老齢者，精神障害者の保護とリハビリテーション事業について“国家奉仕隊”隊員を活用することを定めたものであった[14)]。この法案は，海外における貧困地域にアメリカ人を派遣することによってその地域の開発援助を行い，高い評価を得ていた「平和部隊」を参考にして作成されたものであって，地域社会の住民が公共サービスの奉仕志願者となることを促し，派遣された隊員によって地方地域社会の公共サービスの実施や改善を促進・援助することを目的とし，さらに貧困問題に対する一般国民の関心を喚起することも意図していた。

1963年11月22日，ケネディ大統領暗殺の後，ヘラーが示した計画は副大統領から大統領に昇格したジョンソンによって引き継がれた。ヘラーがジョンソン大統領に計画の概略を伝えるや，ジョンソンはこれに大きな関心を示し，早急に立法提案の準備にかかるようにヘラーに指示した[15)]。こうしてケネディ政権の貧困対策は，ジョンソン政権の掲げる「偉大な社会」計画の中心的事業として推進されることになったのである。本章では，アメリカにおける貧困問題の実態とこれに対するジョンソン政権の対応を論じる。

第２節　アメリカにおける貧困とその実態

連邦政府が国民の経済的保障をすることについては，アメリカにおいて歴史上根強い反対論が存在した。その代表的なものは，政府からの給付は個人の尊厳を傷つけるという価値観，経済的保障を要求することは政府の権限を巨大化するという考え方，そして市場機構への政府の過剰な介入は経済の最適状態を損なうといった見解などである[16)]。また，歴史的文脈からはぐくまれたアメリカ人特有の個人主義･自助主義の尊重という伝統的精神の強調は,貧しい人々を「怠惰な人々」，貧困は個人の行動の結果であるとする貧困観を生み出した[17)]。このように，貧困は個人的問題であり，貧しい人々に対する支援は地方政府や民間の慈善機関が行うものであるという考え方は，1929 年の大恐慌を発端とするＦ・ローズベルト大統領による「ニューディール政策」の実施時まで基本的に変わることはなかった，といってよい。

しかしながら，大恐慌による大量の生活困窮者の発生は，貧困問題を個人的な問題や地方的な問題とみなし，地方政府や民間団体が行う貧困対策では解決不能なほどに深刻な問題となった。貧困対策を全国的な問題として取り上げ，連邦政府がその解決を試みたのは「ニューディール政策」の一環として実施された公共福祉政策からであった。だが，1935 年に成立した「社会保障法」においても，連邦政府が支援する対象者は身体障害者や子供，老人など自立して個人の生活を営むことができない人々に限られ，その範囲外の，特に働くことのできる自立可能な人々の貧困については経済の回復にしたがって緩和されるものと考えられていた。第二次世界大戦の戦時中に至り，実際に経済が回復を遂げて，その後の1950年代における共和党政権の下でも，結局貧困対策のさらなる進展は試みられないままであった[18]。

1950年代と1960年代に経済的繁栄を謳歌していたアメリカ社会にとって，この時代に存在した貧困は，ニューディール期において実施された公共福祉政策ではとうてい解消されない類ものであることを示していた。そこで，貧困の解消を経済の発展に期待するだけでなく，貧困問題を解消するさらなる方法を模索する必要があった。それらをになった中心的存在が「プロの社会改革者(the professional social reformers)」と呼ばれる人々であった[19]。彼らは社会で生じている問題が何であるかに気づき，その改革を行いうる技術を持っていると自認する“職業専門家”であった。彼らはアメリカ社会の中の貧困層の窮状に深い同情を寄せ，既存の社会福祉制度が貧困の永続化に影響を与えているということを見抜き，その改革に自信を持っていた。その根拠となったのが，社会工学的発想であり，社会科学は個人や集団の行動に関して理論を提示し，社会の隠れた要素や過程を操作することによって社会の人々の間に大量の行動変化をもたらし，その結果として社会を改革できるという考えがその前提にあった。

貧困に関して彼らが提示した理論の最も重要なものは，「貧困文化」(the culture of poverty)理論である[20]。例えば，人類学者のオスカー・ルイス(Oscar Lewis）は，『五つの家族：貧困文化におけるメキシコ人の事例研究（*Five Families: Mexican Case Studies in the Culture of Poverty*, 1959年)』と『サンチェスの子供たち(*The Children of Sanchez*, 1961年)』の中で，貧しい人々は単に怠惰で野心に欠けるだけでなく，彼らはその特徴を後の世代に伝えると主張した。また，ハリントンもその著作『もう一つのアメリカ』の中で，貧しい人々は貧困を運命，逃れるすべのない悪循環とみなす傾向があり，彼ら特有の言語，心理，世界観，および生活様式を持っていると述べた[21]。彼らは，貧困の悪循環を断ち切るためには，若者たちの教育と技能の向上のための支援を行うことが必要であり，連邦政府による包括的な計画が必要であると，強く主張したのである。

「プロの社会改革者」と呼ばれた人々は，連邦政府の公共政策過程にも影響を及ぼした[22]。コロンビア大学のロイド・オーリン（Lloyd Ohlin）とリチャード・クロウォード（Richard Cloward）は，都市の中心部に集中していた青少年の非行と犯罪に焦点を当て，貧困地域の青少年は，社会の逸脱者ではなく，彼らを取り巻く劣悪な環境の生活様式の順応者なのであり，彼らの行動は「機会」の欠如による無力感に原因があるとした。従って，彼らの住む地域の改善が行われない限り，彼らの社会的上昇への動機が疎外され続けることとなると述べた。貧困地域の住民自らが地域の改善を実行して無力感を克服するためには，連邦政府の政策による地域住民に対する援助が必要であるとしたのだ。この「機会理論」をもとに，彼らは実際にニューヨーク市のマンハッタンにおいて「青年動員隊（Mobilization for Youth）」を創設し，この地域をモデル地区としてコミュニティ再編活動を実施した。また，フォード財団のポール・イルビセイカー（Paul Ylvisaker）は「灰色地域計画（Gray Area Project）」と呼ばれるスラム地区への支援活動計画を推進し，ニューヘイブン市やオークランド市，フィラデルフィア市，およびボストン市などで社会福祉の各分野にわたる総合的な実験事業を行った。彼らの活動の中から，後に経済機会法に盛り込まれることになる「コミュニティ活動」の構想が生まれていったのである。1961年5月にケネディ大統領が「青少年非行および青年犯罪に関する大統領委員会（the President's Committee on Juvenile Delinquency and Youth Crimes）」を設置してデビッド・ハケット（David Hackett）を委員長に任命した際に，上記のオーリンは少年非行局の局長の地位にあった。ここに，彼らが民間レベルで行ってきた活動に対して，連邦政府による補助金の供与が始められたのである[23]。さらに，彼らは経済機会法の起草作業にも参加し，「コミュニティ活動」計画の法案化を強力に推進した[24]。

こうした状況の中で，ジョンソン大統領は1964年の経済教書の中において，「地域社会と地域復興」のための「連邦政府が支援するコミュニティ活動は都市と農村における陰鬱さと悪循環を打破する」手段であるとし，「貧困の循環とは不十分な学校，学校中退，不健康，失業が非行，スラム，犯罪，病気，家庭の崩壊を生み出し，それらがより一層の貧困を生み出す」事実を的確に述べた[25]。ジョンソンはまた，予算教書においても，「貧困の悪循環とは，ある世代の貧困，無知，病気が次の世代にも同様の問題を生み出すことであり，若い世代の教育，技能，健康水準を向上させ，よりよい家庭生活を送るように彼らの家庭を支援することによって，その循環を打破しなければならない」と述べた[26]。このように，「プロの社会改革者」たちの貧困に対するとらえ方はジョンソン政権の貧困対策立法について大きな影響を与え，その結果，連邦政府による全国的な貧困対策として「経済機会法」が推進されることになったのである。

貧困対策を実施するにあたって，連邦政府は何をもって貧困とするのかという一線を定めなければならなかった。そこで，1964年の経済教書において，ジョンソン政権は「現在の見苦しくない生活水準」を貧困線とした。家族の規模，年齢，健康状態，居住地域などの要因の他に現金収入や資産状況の要因を含めて，家族世帯で年間所得3,000ドル，親族と同居しない個人については1,500ドルとした貧困線は，この水準の基礎となった1962年における全家族平均所得のほぼ半分であった[27]。

家族世帯で年間所得が3,000ドルを下回る世帯を貧困状態にあるとした水準から見ると，貧困の発生率は第二次世界大戦以降実質的に減少傾向にあったものの，しかし，1962年におけるアメリカの4,700万世帯のなかで約五分の一にあたる930万世帯が依然として貧困線以下であり，人口に換算すると3,300万人から3,500万人が貧困状態にあった。

ちなみに，貧困者数の分布構造の特色は以下のとおりである。①貧困者の22%は非白人であり，すべての非白人のうちの半分が貧困であった，②貧困家庭の世帯主の60%以上は，小学校教育しか受けていなかった，③貧困を脱出するためには，教育を受ける機会が有効であることが示された。すなわち，非白人家族の世帯主で8年以下の学校教育しか受けていない世帯主の家族の

57%が貧困であるのに対して，世帯主が高校を出た家族では30%，大学教育をいくらかでも受けた世帯主の家族は18%が貧困であるにすぎなかった，④しかし，同じ教育水準である白人と非白人を比べると，貧困率において非白人は白人の約2倍を示した，⑤全貧困家族のうち三分の一は世帯主が65歳以上であり，65歳以上の世帯主の家族は，その約半分が貧困状態にあった，⑥貧困者の54%は都市に住み，16%は農場に住み，30%は地方の農場以外に住んでいた，⑦全農家のうち40%以上が貧困状態であり，非白人の農業労働者については80%以上が貧困であった，⑧南部に居住する貧困者の割合は，その他の地方の居住者のほぼ2倍を示した，⑨貧困状態にある家族の四分の一は世帯主が女性であり，女性世帯主の家族のほぼ二分の一が貧困であった[28]。

なお，家族単位の貧困の原因としては，生計維持者の失業や生計維持者の低賃金労働，老齢者，母子家庭のような特殊な世帯における貧困などが指摘され，職種や教育水準，人種差別に由来する社会的要因などが関連していることを示した[29]。このように1964年の経済教書の報告によれば，特に，65歳以上の世帯主の家族，非白人家族，女性世帯主の家族，民間労働市場外の世帯主の家族，稼働能力を欠いた家族，農村の小農世帯の6つのグループの家族において貧困発生率がとくに高いことが指摘され，アメリカにおける貧困の実態が明確にされたのである[30]。

第3節　経済機会法の成立

(1)「貧困との戦い」の宣言

先に述べたように，ジョンソン大統領は1964年1月8日の一般教書演説において，「貧困に対する無条件の戦争」を宣言した[31]。全体で9頁のうちの7頁を内政問題に当てた教書の中で，ジョンソンは貧困を国家的問題として捕らえ，アメリカ国民と連邦議会に協力を要請した。貧困に対する未然の防止を目的として，具体的にはアパラチア地区への支援，青年雇用立法，国家奉仕隊の創設，失業保険の近代化，不況地域への教育援助，老齢者医療保険制度の確立，住宅改善，都市再生計画の推進，輸送機関の近代化が述べられ，貧困に対する努力を効果的なものにするためには州と市町村においてもこれらの措置が組織され，貧困対策を支持する必要があると述べた。続いて，1月21日に連邦議会に提出した予算教書において，ジョンソンは1965年度予算を「節約と進歩の予算」として規定し，国防費や対外援助費を含む連邦政府の支出を削減し，全連邦予算を前年度の予算よりも5億ドルほど下回るものにした。しかしその一方で，貧困対策を含む保健・労働・福祉・教育費を前年よりも26億ドル増加させ，特にジョンソンは「貧困問題の全面的対策に着手するために9億6,250万ドルの予算」を要請したのである[32]。

次いでジョンソン大統領は3月16日に，「貧困の根源に対する全国的戦争を提案する特別教書」を発表し，経済機会法案の具体的な内容を提示した。ジョンソンは，すでに成立していた1964年減税措置が新たな雇用を生み出すであろうと述べた一方で，その恩恵にあずかれない人々の障害を打破する必要があることを説き，あらゆる国民がアメリカの機会を分配されることの必要性を強調した。また，この法案が単に貧しい人々を支援して彼らが他の人々を頼ることを促すのではなく，貧しい人々自らが能力を伸ばし，その能力を活用するための機会を許すことを目指すものであり，貧しい人々の年間所得を1,000ドル引き上げることができるならばアメリカの国民生産を140億ドル増加させることができると同時に，多額の公的扶助費や犯罪対策費，医療費などを大幅に削減することができると述べたのである。

その上で，ジョンソン大統領はこの法案が定める基本的な五つの機会を提示した。それは，①通常の社会人としての権利を与えられていないおよそ50万のアメリカ青年に，技能を伸ばし，勉学を続け，有用な仕事を見つける機会を与える。そのための「仕事部隊」「労働訓練計画」「労働勉学計画」の新設を要請する，②あらゆる共同社会に，それ自身の貧困と戦うための包括的な計画を立てる機会を与え，その実行を援助する。それらは「コミュニティ活動計画」を通して実施され，都市および農村の各地域の計画について，経済機会局の承認を得た場合には連邦政府は最初の２年間に追加経費の 90%まで融資する，③献身的なアメリカ人に，貧困から逃れることを妨げる特殊な障害を打破する機会を与える，④献身的なアメリカ人に，貧困に対抗する戦争に志願兵として参加する機会を与える，⑤多くの労働者や農民に，貧困から逃れることを妨げる特殊な障害を打破する機会を与える。そして貧困と戦うための全国本部として大統領府内に「経済機会局」を設置してサージェント・シュライバー（R. Sargent Shriver）を局長に任命する。これによって全国民に一致協力して貧困を攻撃する機会を与える，という内容であった[33)]。

上で述べたように，ジョンソン大統領はこの法案が貧しい人々に貧困から脱する「機会」を提供するものであることを強調した。確かに経済繁栄によって中産階級層が拡大し，労働者階級層においても所得は増大していた。しかし，一般的には「貧困は個人の怠惰の結果である」という考えが存在する中で，国民に対して，貧困解消を目的とする政策が所得再分配を要請することは容認されない可能性もあった[34)]。そこで「不平等」もしくは「再分配」という表現を避ける必要があり，しかも増税によって新たな貧困対策の資金をまかなうことを避ける必要もあった[35)]。さらに，この法案が，主として南部農村や都市スラム地区に居住する黒人たちを支援するための計画ではないことを示す必要があった。そこで，ジョンソンは自ら，黒人のスラム地区ではなく貧しい白人たちが多く居住するアパラチア地区を訪問し，そしてその訪問を大いに宣伝したのである[36)]。

ジョンソンはまた，企業団体の指導者たちにも立法への支持を訴えた。ジョンソンは，彼らに対して貧しい人々と企業と間の共通の利益を説明した。そして，貧しい人々への教育と訓練を支援することはより質の高い労働者を企業の工場に提供することとなり，工場から生み出された生産品がより多くの消費者を生み出すと述べた。要するに，ジョンソンは企業団体の指導者たちとの関係を確立することを試み，しかも彼の計画への支持の見返りとしての減税措置を提案したのである[37)]。

(2) 連邦議会における審議

連邦議会における審議の過程でジョンソン大統領が危惧を抱いていたのは，上下両院におけるいわゆる「保守派」たちの存在であった。既述のように，ジョンソンは経済機会局の長官にサージェント・シュライバーを任命した。彼は故ケネディ大統領の義弟であり，高い評価を得ていた「平和部隊（the Peace Cop)」の隊長を務めていた。困難が予想される議会審議に向けて，連邦議会との関係が良好なシュライバーを起用し，連邦議会との交渉に当たらせた[38)]。彼は経済機会法案の作成にも参加し，貧困対策事業における各省庁の管轄争いを調整するための一段高い機関として，経済機会局を大統領府内に設置することに尽力した[39)]。ジョンソンは1964年の秋の大統領選挙で勝利して国民の信託を受けるため，公民権法案と減税法案の成立と並んで，経済機会法案の成立に全力を尽くした。このため，ジョンソンは上下両院を通じて，電話戦術や肩たたき攻勢を駆使して連邦議員たちに圧力をかけることになった。その言動は，連邦議会における審議の過程で共和党議員から「政権は議員たちに対して空前の圧力をかけている」と不満を漏らすほど激しいものであったという[40)]。

経済機会法案は特別教書の公表と同時に上下両院に提出され，審議が開始された。上院では，ミシガン州選出のマクナマラ民主党上院議員提案の第2642号法案が，同氏を委員長とする労働・公共福祉委員会の「貧困に関する特別小委員会」に付託された。6月には4日間の公聴会の後にほぼ無修正のまま7月21日に上院に報告され，7月23日に本会議を通過した。一方下院においては，ジョージア州選出のランドルム民主党下院議員提案の第10440号法案が，3月17日から4月28日までの20日間に公聴会が開かれた後に，ニューヨーク州選出のポーエル民主党下院議員を委員長とする下院教育労働委員会の「貧困戦争計画に関する特別小委員会」に付託された[41)]。下院の審議の過程において共和党議員たちは法案に強い批判を浴びせた。彼らは，当該法案の「選挙の年の仕掛け」，既存の計画の焼き直し，バラバラに立案された「寄せ集め」，連邦官僚の権限の不必要な増大，経済局長官が行使する権限の不明確さなどを，批判した。また，この計画が「州権を無視」するものであるとも述べた。共和党議員たちは経済機会局に与えられた強力な権限を強調し，この法案が州の権限を「侵害」するものであることを力説した。それは一方で，南部民主党保守派に州における人種的混乱への懸念を高める狙いもあった[42)]。

こうした状況の中で，「AFL–CIO（アメリカ労働総同盟・産業別労働組合会議）」の会長ジョージ・ミーニー（George Meany）は法案に支持を示しながらも，これはただの始まりにすぎないとしてより拡大された計画を主張した。また，「全国都市同盟（The National Urban League）」のホイットニー・ヤング（Whitney M. Young Jr.）はこの法案が「黒人のため」ではなく「黒人と共に」計画される側面を賞賛した[43)]。さらに，ニューヨークやシカゴ，デトロイトなどの主要都市の市長たちは，自らの地域への多額の連邦資金の確保とともに増大する福祉費の抑制方法のひとつと考えて，その法案への支持を表明したのである[44)]。

経済機会法案はジョンソン大統領の署名により8月20日に成立した。法案には最終的に2つの重要な修正が加えられた。第一に，「青少年計画」と「コミュニティ活動計画」の条項に基づく州に対する事業について，当該州知事の拒否権を認めたことであり，そして第二に，本法によりいかなる政党にも利益を与えることを防止し，または仕事部隊に従事する隊員たちにいわゆる“非米活動の宣誓”を求めることであった[45)]。また，9億4,750万ドルの予算が承認され，これはジョンソンが連邦議会に要請した額よりも150万ドル少ないだけであった。同法案に対する投票結果は，上院が賛成61対反対34，下院が賛成226対反対185であり[46)]，採決では，民主党＋共和党リベラル対共和党保守派＋南部民主党保守派の対立に象徴される票のイデオロギー上の分布がみられた[47)]。上院においては，共和党議員32人のうち10人が法案を支持し，南部民主党議員たちは11対11と分裂した。一方下院においては，22の共和党議員と60の南部民主党議員に144の北部民主党議員が法案を支持し，反対は145の共和党議員と40の南部民主党議員であった[48)]。この結果は，経済機会法の目的と内容に対する，共和党を含めて保守派の根強い反対を物語るものであった，といえる。

第４節　経済機会法の内容

経済機会法の正式名称は，「アメリカ合衆国における貧困と戦うために全国の人的ならびに財的資源を動員する法令」(An Act to mobilize the human and financial resources of the Nation to combat poverty in the United States）であり，全体で７章14節76条からなる膨大なものである[49]。経済機会法によって支出権限を付与される事業の大部分は，この法律に基づいて創設された「経済機会局（Office of Economic Opportunity，OEO)」により運営された。OEOは大統領府に設置された連邦政府機関であって，他の連邦諸機関によって運営される貧困事業への調整的機能を果たした。経済機会法の中に組み込まれていた計画は，仕事部隊（Job Corps)，労働訓練計画（Work Training Programs)，および労働勉学計画 (Work Study Programs) から成り，青少年の職業訓練を中心とするものであった。以下に1964年経済機会法の内容に沿って各計画の概要を中心に紹介することとする[50]。

・青少年計画（YOUTH PROGRAMS）について

1．仕事部隊（Job Corps）―これは三カ月以上就学，就業していない16歳から21歳までの青少年男女に対して行われる住み込み制の訓練計画である。隊員は都市および農村の宿泊施設で寝泊まりし，自然資源の保護を目的とする事業やその他適切な活動を含む労働経験が提供される。それによって隊員の勤労意欲を増進し，市民としての責任意識を涵養させることが目的である。訓練期間は２年間で，隊員はアメリカに対する忠誠の宣誓を行い，仕事部隊の訓練センターにおいて公共資源保全事業に従事し，仕事の技術や基礎的な理論の指導を受けながら毎月の生活手当を支給される。その他に各種必要経費も支給され，奉仕満了時には月額50ドルの一時金を受け取ることができる。運営は経済機会局の下で行われ，1966年までに経済機会局は4万人の隊員を送り込む。

2．労働訓練計画（Work Training Programs）—本計画の目的は，失業している青少年男女を州および地域社会の職業訓練計画に参加させることにより有益な労働体験の機会を与え，彼らの雇用能力の増進または教育の継続をはかるものである。隊員を公的機関および私的非営利団体（政党を除く）の実施する公益事業または自然資源やレクレーション地区の保全開発計画などに従事させ，隊員の雇用能力を増進して学生隊員が学業を継続できるような職業技術，職業訓練の機会を与えるものである。本計画に対する連邦援助は，1966年度までは全費用の90%，それ以降は50%の支給を認める。

3．労働勉学計画（Work Study Programs）—本計画は，高等教育機関に在学する低所得家庭の子女で，高等教育の課程を履修，継続するために，就業による勤労収入を必要とする学生のパートタイム雇用を奨励し増進することを目的とするものである。この事業に参加する教育施設は，学生に対して寄宿舎や実験室の管理，給食サービス，一般事務，図書館の検索事務，研究所の補助員などの構内作業を提供し，構外作業については公共または非営利団体との協定に基づいて提供される家庭教師，コミュニティサービスの補助員などの作業に学生を就かせる。学期中の就業時間は週15時間までに制限され，これらの学生に対する報酬最低額は一時間あたり1ドル25セントである。1965年秋までに約10万人の大学生が1,100校の単科大学または総合大学においてこの計画に参加する。

・都市および農村のコミュニティ活動計画（URBAN AND RURAL COMMUNITY ACTION PROGRAMS）について

1．一般コミュニティ活動計画（General Community Action Programs）—本計画の目的は，都市および農村の地域社会が，貧困の問題と原因を根絶するために，コミュニティ活動計画を通じてその資源を動員するように奨励することである。コミュニティ活動計画は，都市または農村が公私の資源を動員し利用する計画であり，雇用機会を開発し，人間の行為，動機および生産力を運用し，または人々が生活し，学びそして働く条件を改良することによって，貧困または貧困の原因の除去が期待できるサービス，援助その他の諸活動を実施するものである。また，この計画はサービスを受ける集団または地域の住民の最大限の可能な参加でもって展開，実施，管理されるもので，公的ないし私的な非営利機関（政党を除く）もしくはその混成機関によって，実施，管理ないし調整されるものである。

本計画の特色として，貧しい人々自身（その地域の住人であり事業の対象となるグループのメンバー）をこの計画の立案，策定および運営に参加させ，貧しい階層，貧しい地域が自己の諸問題を効果的に解決し，もはや援助を必要としなくなるような能力にまで恒久的に高めることである。さらに，公的ないし私的な非営利機関（Community Action Agency，CAA）の運営する計画の分野として，教育，雇用，家庭福祉，保健衛生，住宅，経済開発，消費者保護および売賦制度，司法保護サービスなど多岐にわたるものであり，経済機会局長官は計画の費用に対して交付金を支給し，支給の条件として，当該地域の貧困発生度，保護申請者が有効かつ迅速に保護される程度を勘案する。また，青少年計画やコミュニティ活動計画を州内において実施する場合，交付金など援助に関する計画書を州知事に提出し，提出後 30 日以内に州知事の承認を得なければ，交付金などその他の援助は行われない。

2. 成人基礎教育計画（Adult Education）—本計画は，18 歳以上の成人の貧困者の教育と文盲プログラムを確立するために，州の教育機関に財政その他の援助を与えるものである。英語の読み書きが不十分なために当人にふさわしい就業機会を得ることができない者に対して教育指導計画を実施し，当人が他人に依存する性向を改善することを目的とする。補助金は地域における新規の成人教育計画を開発・奨励し，成人教育計画の作成に必要な情報資料を作成する, 地域教育機関の試験的事業の創設を援助するために支給されるものである。1965 年末の時点で 49 州その他の地域において 19 万 5,000 人がこの計画に参加する。

3. 要保護児童に対するボランタリー援助計画（Voluntary Assistance for Needy Children）―この計画の目的は，個々のアメリカ人が自発的に要保護児童を援助することによって，個人的に貧困戦争に参加させることを目指すものである。要保護児童に関する情報の収集と市や郡の社会福祉機関との調整をはかる機関を経済機会局内に創設し，その機関は児童に対して経済的に援助するボランティアを登録，派遣するものである。

・農村地区における貧困と戦うための特別計画（SPECIAL PROGRAMS TO COMBAT POVERTY IN RURAL AREAS）について

本計画の目的は，農村部における貧困問題に対処し，低所得の農村家庭，移住農業労働者とその家族の所得および生活水準を維持，または向上させることを目指すものである。

1. 融資計画（Loans）―農業所得を改善するために必要とされる経営費，家畜，機械・器具，建物その他に対して2,500ドルまで融資するもので，融資を受ける資格をもつ農家および農村地区の人々には，小規模な非農業経営（材木の裁断，井戸の掘削，機械の修理など）の資本，運営その他の費用に対して2,500ドルまでを融資するものである。これにより農業の経営，改善を援助し，協同組合への加入を促進して家族の所得を増加させることを目的としている。

2. 移住農業労働者計画（Migrant Workers）―これは移住民および季節労働者，農業労働者とその家族の援助を目的とし，援助計画（住宅建設，保健衛生，教育，児童保育など）を策定し，それらを運営する州，公的非営利機関，農業組合または個人を援助することを意図するものである。

3. 酪農農家に対する損害補償金（Indemnity Payments to Dairy Farmers）―これは，使用の時点で連邦政府から認められていた農薬が含有するために，1964年1月1日からその牛乳を市場から撤去するよう指示された酪農農家に対して，適正な市場価格により損害補償金を支払い，その生産品が再び市場での売却を許されるまで損害補償金の支払いを継続するというものである。

・雇用および投資の奨励
（EMPLOYMENT AND INVESTMENT INCENTIVES）について

これは中小企業の安定，保護，強化を支援し，中小企業を営む者の経営技術を改善するために，公私の経営技術および資源を動員することを目的とするもので，既存の将来性をもつ中小企業に対しての融資制度である。この計画に基づく融資は地方の市民および経営者の指導者層によって組織される中小企業開発センターを設置している地域社会において行われ，コミュニティ活動計画と協力してその地域において職場を作り出す企業を開発することを意図している。融資限度は2万5,000ドルであり，償還期限は15年である。

・労働経験計画（WORK EXPERIENCE PROGRAMS）について

これは保健教育福祉省の管理の下で，十分な教育を受けられないかまたは就業のための基礎的な職業技術を欠いて失業している世帯主，その他の要保護者を援助することを目的とする。既存の訓練プログラムを活用する気構えに欠ける意識の低い失業者に重点をおくことによって失業者の意欲を増進させるなどの試験的計画，基礎的な読み書き学級，職業指導やソーシャル・サービスなどの費用の金額を支出するものである。

・運営および調整（ADMINISTRATION AND COORDINATION）について

大統領府内に経済機会局（Office of Economic Opportunity，OEO）が設置され，長官にはサージェント・シュライバーが任命された。OEOは経済機会法におけるすべての計画を調整する権限を与えられた。ひとつの局においてすべての反貧困計画の調整を行うことがこの法律における最重要点で，地方の要求に対しての連邦計画の柔軟性を促進する，またその調整を容易にする権限を有する新たなる機関として期待された[51)]。OEOはコミュニティ活動計画，仕事部隊，VISTA（後述）の実施を受け持つこととなった。

なお，OEOの計画の総括的指揮は長官が有し，経済機会法によって新たに設置された二つの諮問機関の助言と補佐を受けることとなった。ひとつは「経済機会審議会」であり，長官の諮問に対する応答，連邦政府の各部局における貧困事業の連絡調整にあたり，その構成は各省の長官12名からなるものであった。もうひとつは「国家諮問審議会」であり，長官の要請に基づいてOEOの運営および活動を審議して適切な勧告を行う任を負った。構成は名誉会長として副大統領，会長には長官が就任し，その他大統領によって任命された一般国民の14名からなるものであった。これらの中央機関の他に，地方機関として7つの地区事務所が設置された。

次に，アメリカ奉仕隊（Volunteers in Service to America, VISTA）について説明する。アメリカ奉仕隊は隊員（ボランティア）の募集，選考，訓練を行い，援助を要請する公私の地方機関に隊員を派遣するものである。隊員資格は18歳以上であり，学歴は必要とされなかった。奉仕期間は一年間で，4週間から6週間の訓練を受ける。隊員はコミュニティ活動計画を実施する大学，奉仕対象となる地区や職務についての訓練をうけ，各地域におけるコミュニティ活動事業，職業部隊センター，ネイティブ・アメリカン保留地，精神薄弱者対象の計画などに参加して奉仕活動を行うものである。なお，隊員には生活手当が支給され，奉仕終了時には奉仕期間に応じて一カ月毎50ドルが支給されたのである。

ちなみに，経済機会法による計画を担当する官庁は，第一部は「仕事部隊」(OEO)，「労働訓練計画」(労働省)，「労働勉学計画」(保健教育福祉省)，第二部は「農村および都市のコミュニティ活動計画」(OEO, 地方コミュニティ)，第三部は「農村地区における貧困と戦うための特別計画」(農務省)，第四部は「雇用および投資の奨励」計画（中小企業局)，第五部は「労働経験計画」(保健・教育・福祉省)，第六部は「VISTA」(OEO）であった[52)]。承認された9億4,750万ドルのうち，第一部の「青少年計画」には4億1,250万ドル，第二部の「農村および都市のコミュニティ活動計画」には3億4,000万ドルが各々当てられた。

第５節　経済機会法の実施

1964年11月25日，経済機会局長官のシュライバーは着手される119の事業を発表した。その中で，州知事による拒否権の行使は全くなく，14州の州知事が32の「仕事部隊」キャンプを承認したことを述べた。しかし実際には，アラバマ州，ミシシッピー州，ルイジアナ州，ジョージア州，およびサウスカロライナ州において仕事部隊キャンプの提案はなかった。これは，人種統合されたキャンプに対する強い反発が予想されたからである。コミュニティ活動補助金は，12の都市，6の農村地区，1のネイティブ・アメリカン保留地を含む9州に対して支給された。その事業の範囲は多様で，例えば，アラバマ州のパタゴ・インディアンの子供たちに対する英語教育からデトロイト市における低所得住民に対する社会サービスまで含んでいた。「職業訓練計画」は13の州において1万500人の若者を対象とした14の事業で開始された。失業中の親を対象とした「労働経験計画」はノースカロライナ州とアーカンソー州において始められ，貧しい大学生を対象とした「労働勉学計画」はワシントン特別区，シカゴ市，デトロイト市の31の大学で開始されたのである[53]。

先に述べたように，いわゆる仕事部隊は，失業中で不十分な教育しか受けていない若者を対象に職業訓練を受けさせるものであった。1965年には，1万の隊員募集に対して3万にもの若者が申請を行った[54]。隊員となった若者たちは，自分たちの住む地域から遠く離れた自然保護キャンプや訓練センターで訓練を受けた。しかし，計画の初年度においては各地の訓練キャンプで暴動や傷害事件が多発した。また，隊員たちと施設のある地域の住民たちとの間のあつれきも報告された。仕事部隊に入隊した隊員たちの脱落率は，当初の仕事部隊に対する期待とは裏腹に，初年度において13%までに達した[55]。隊員たちの約三分の一は簡単な文章さえ読むことができず，しかも60%は崩壊した家庭の出身で，かつ40%は家族から保護を受け，半数の隊員たちは小学5学年以上の教育を終えていない者たちで占められていた[56]。なお，隊員たちは主にサービス業の職業訓練を受けたが，しかし実際には，この産業部門における雇用機会は必ずしも恵まれてはおらず，賃金もかなり低いものであった。任務を終えた隊員たちの賃金は，入隊以前とほとんど変わることはなく，その28%は職を得ることができなかったといわれる[57]。

ところで，経済機会法の中で最も議論が集中したのは「コミュニティ活動計画」であった。この計画は高い支持を得た一方で，他方で激しい論争を生み出した。まず，高い支持を得たものは1965年から開始された「ヘッド・スタート（Project Head Start)」であり，貧しい地域に住む子供たちに学齢前学級を受けさせることにより，幼稚園もしくは小学校に入学した際に富裕な同級生と同等の教育レベルに学習させることを目的としたものであった。開始された初年度において，この計画は50万人の子供たちに及んだ。それは，とりわけ南部の地域においては大きな人気を博し，特に黒人たちの間では，この計画の参加者の大部分を黒人児童が占めていた。なお，ヘッド・スタートの支援を受けた児童に関する研究は貧困の児童たちへの深刻な影響を明らかにしていた。それは，貧しい児童たちの健康状態は約半数以上が何らかの健康上の問題を抱えていることを示し，ある地域の黒人児童の90%以上が病虫に苦しんでいると報告した[58]。

とりわけ激しい議論を巻き起こしたのは，各地方におけるコミュニティ活動計画であった。貧しい人々に対する社会計画を実施する際に，それらの人々が住む低所得の農村および都市部において地方の機関が創設された。その地方の「コミュニティ活動機関（Community Action Agencies，CAA's)」の活動は，“地域に住む住人たちと団体の成員たちの「最大限の可能な参加（maximum feasible participation)」で開始され，指揮され，管理される”ものであった。この条項に関して，それはコミュニティ活動計画がただ貧しい人々を含むという意味なのか，もしくは貧しい人々によって運営されることを意味するのかをめぐって長い論争を生んだ。この計画の運営および調整機関であるOEOはCAAを運営する「政策委員会（policy board)」の構成に関して，地方政府や福祉行政機関などの公共機関，地域の指導的な民間諸団体（労働，実業，宗教，少数派人種の諸団体），そして対象地域の住民代表のいわゆる「三脚方式」を指導した[59]。しかし，計画の行われる地域からの住民代表は最低1名でよく，また政策委員会の成員数も限定されていなかった。OEOは対象住民の参加を指導しながらも，「最大限の可能な参加」を地方の自主性に委ねていた。この結果，各地域においてさまざまな形式のCAAが創設されることになり，また多くの衝突を生みだす結果となった。

例えば，シカゴ市のCAAでは，政策委員会において完全に貧困層からの代表者を排除し，その政策委員会も諮問機関としての役割を担っただけであり，実権は地方福祉機関の官僚たちが握った。これはシカゴ市長のデイリーが住民の組織化による自らの政治マシーンの弱体化を嫌ったからである[60]。だが，各地域の大部分のCAAにおいては，政策委員会が「三脚方式」を採用し，対象地域に設置された諮問会議機関を母体にして住民代表を選出した。住民代表となった人々はすでに各種の地域組織において積極的に活動し，中間層への上昇意欲を持つ人々であった。しかしここで問題なのは，彼らには有力な支持基盤やリーダーシップがなく，既存支配グループの政策決定を覆すほどの影響力を持つことはできなかったことであった[61]。もちろん，住民代表がCAAの運営に影響力を持つことに成功した地域も存在した。そこでは活発な公民権運動が展開されており，住民の大部分が黒人などの少数派人種であった。地域の住民代表たちは，既存の支配グループからの抵抗を受けつつも，政策委員会において他の一般代表からの支持を取り付けるなどをして実質的な参加を成功させていた。一方，少数派人種団体の指導者が住民代表に選出されて地域の政策委員会を統制した事例も存在した。実際，シェラキース市においては，黒人活動家たちによって率いられたコミュニティ活動機関が，スラム街の住民たちを組織して市行政機関に対して状況改善のための抗議活動やデモを行っていた[62]。

経済機会法の中軸である「コミュニティ活動計画」への批判は，各方面から生じた。まず，地域住民の「最大限の可能な参加」に関して，貧しい人々の代表者たちは，地域のコミュニティ活動政策委員会が貧しい人々の代表者たちを排除しており，特に南部において黒人の計画決定における参加が排除されていると述べた。彼らは，既存の政治支配層に対抗する貧しい人々と黒人の集団を恐れる市行政官僚たち，貧しい人々に政治勢力を付与することに興味のない既存の福祉機関，連邦政府補助金からの高い俸給を求める政治マシーンとソーシャルワーカーによって管理されている，と批判したのである。そこで，黒人活動家たちは，ジョンソン政権の反貧困政策が従来と何ら変わらない白人の“福祉パターナリズム”を拡大したものにすぎず，黒人の地域社会に何ら影響を与えないものであると批判をあびせた。

これに対して市の行政職員たちは，黒人たちの好戦的な活動によって市の実施する反貧困計画が脅かされていると述べた。また，貧しい人々について，彼らの要求を理解している福祉機関や選出された市職員を通じて適切にコミュニティ活動政策委員会に代表されているものの，しかし実際には貧しい人々の能力や経験の欠如からは政策委員会の有効な委員とはなり得ないと述べた。さらに，OEO に関しても批判が集中した。1965 年 5 月に開催された全米市長会議において，シェラキース市長のウィリアム・ワルシュ（William Walsh）やロサンゼルス市長のサミュエル・ヨーティ（Samuel Yorty），サンフランシスコ市長のジョン・シェリー（John Shelly）などが，OEO が過度に住民参加を促すことによって貧しい人々の間に「階級闘争」や「緊張状態」を生み出していると非難した。一方，連邦議会においては，コミュニティ活動計画の“補助金”が大都市における政治マシーンの政治的助成金と化し，計画の運営に高額の俸給を受けている素人が携わっているというような批判も共和党議員の間から生じた[63]。

経済機会法の開始から 1965 年にかけて，これらの批判にもかかわらず，1965 年の 10 月に成立した修正経済機会法では予算として 15 億ドルが承認され，1967 年 8 月までの延長が認められた。また，南部民主党の要求により挿入された州知事の拒否権の範囲は縮小され，仕事部隊の隊員に対する非米活動の宣誓供述書を求める条項も削除された[64]。連邦下院における賛否の票差は，前年の賛成 226 対反対 185 に比べて倍の賛成 245 対反対 158 であった。

1964年の連邦議会選挙において民主党は多くの北部リベラル派を議席に加え，上院では民主党68議席に対して共和党32議席，下院においては295対140と圧倒的な優位を占めていた[65]。修正法に対して前年と同様に，共和党議員は強い反対を示し，南部民主党保守派議員も反対を表明したものの，前年と比べて二倍の票差はジョンソン大統領の強い要請を受けた新人議員たちによる支持表明の成果を物語っていたといえる。

しかしながら，1966年以降，連邦議会での経済機会法への支持は徐々に薄れていった。それはベトナム戦争が激化するにつれて軍事予算の増大により国内政策の予算が切りつめられることを余儀なくされ，さらに，都市におけるスラム地区での暴動の多発が暴動をコミュニティ活動計画が支援しているのではないかという疑念を生みだしたからである。なお，ジョンソン政権がベトナム対策や国内における治安対策への対処に忙殺されるにつれ，追加計画の拡大もしくは予算の増加に対する支持を連邦議員たちに強く働きかけることができなかったことも忘れてはならない。1966年の修正法に対しては，16億1,200万ドルが承認されたものの，その額はジョンソンが要請した額を1億3,800万ドルも下回るものであった[66]。修正条項においては，地域のコミュニティ活動機関に少なくとも三分の一の貧しい人々の代表を加えると書き加えられた一方で，他方でコミュニティ計画に対する予算の減額と指定，CAA職員の俸給に対する上限の設定，OEOの承認する補助金に対する厳しい会計基準の制定が盛り込まれた[67]。さらに，1967年の修正においては，CAAは地方政府により任命された公的もしくは私的な機関とされ，政策委員会もしくは統括機関の成員を上限51名とし，その構成を貧しい地域の代表，公的機関の職員，民間の諸団体の代表それぞれ三分の一となることが明記された。これにより，コミュニティ活動計画は「地方政府」の管理下にはいることとなったのである[68]。

第6節　おわりに―経済機会法の評価

それでは，経済機会法はどの程度初期の目的を達成し，どれほどの成果を上げることができたのであろうか。おわりに経済機会法をめぐる評価を試みたい。その評価については，今もなお依然として議論が続いている。その中で最も議論が集中するのは，「コミュニティ活動計画」の内実についてである。まず，「最大限可能な参加」条項に関しては，法案作成時に立案者たちは，地域の特殊事情に応じた事業計画の発案と選択を確保して地方機関に可能な限り広範な裁量余地を残すために，柔軟な解釈を許す簡潔な規定を盛り込んだ[69)]。立案者たちの間ではこの条項は，南部の受益差別を防ぐ「安全条項」とみなされ，貧困者に政治力を与えることを明言したものではなかった。もちろん一方では，コミュニティ活動が既存の制度との摩擦を引き起こすことは十分に予想されていたものの，それは地方政府および貧しい人々と，既存の福祉機関の間での問題視されていたに過ぎない。確かに，ジョンソン大統領は，ケネディの遺産を継承し，残された立法のひとつである貧困政策を立法化することを望んだ。その際，この法案がすべてのアメリカ人に恩恵を与えることを印象づける一方で，1964年の大統領選挙までにはなんとしても立法化しなければならなかった。そこでは一面で，「自助」，「機会」という政治的に受け入れ可能なレトリックを用いて白人中産階級の支持を獲得すると共に，ニューディール以来の民主党支持者である労働者，農民，黒人，特に南部における黒人票を獲得することを期待したのは否めない。貧困対策事業が可視的で実効性のあるものであり，全国において大規模なかたちで実施されるが，しかし少額の予算で行われることを望んだ。しかも，連邦議会においては，ジョンソン大統領の連邦議員たちに対する「空前の圧力」と巧妙な議会操縦によって，法案提出からわずか5カ月という早急な成立を促した。「地域住民の最大限可能な参加」が立案者たちの手を離れて地方における自主性に委ねられたとき，ジョンソン大統領の意図を超えてその影響はあらゆるレベルに及んだのは事実である。それは，白人の大多数が，相次ぐ人種暴動での黒人の好戦的態度に直面する中で，「コミュニティ活動計画」もしくは経済機会法全体がある特定の集団，特に黒人に向けての反体制支援，秩序の混乱を促しているのではないかという疑念を生じさせたからに他ならない。

しかしながら，ここで留意すべきは，自らの地域における計画に参加するという経験は，地域の生活改善に意欲を持つ人々にその行動を促し，貧困層のみならず人種的少数派に対してもその組織化を促したことであり，その点で十分評価に値するものである。「コミュニティ活動計画」に参加して事業を通して地域の改善を行うだけでなく，組織された団体がその資金を利用して，主体的・創造的な活動を展開した例も存在したからである[70)]。また，「コミュニティ活動計画」の一部として1965年に開始された「法的支援計画 (Legal Services)」は，貧しい人々に自らの生活改善を法的に支援する機会を与えたことも同様である。その目的は，都市の貧困地域において法律相談所を設立し，貧しい人々に対して無料の法律相談を提供するものであった。これは，貧しい人々に既存の体制に対して異議申し立てをする際の強力な武器を提供した点で注目に値する[71)]。確かにそれは，のちに福祉受給者増大を促す一因ともなったものの，しかし一方で貧しい人々には法という手段を用いて社会的救済と保障の権利を獲得する道を開くものであった，といわねばならない[72)]。

それでは，「経済機会法」の成立と施行によって貧困線以下で暮らす人々の生活はどれほど改善されたのであろうか。ジョンソン大統領は1964年に成立させた経済機会法を，1965年と66年の連邦議会における圧倒的立法成立率を達成する中で，修正を行い，また予算を獲得していった。1964年に承認された予算は9億4,750万ドルであり，これは1964年の総連邦予算の約1%にあたり，1966年に承認された15億ドルは全連邦予算の1.5%を示すにすぎなかった。1965年から1968年までのOEOの毎年の支出の平均をみると，貧しいアメリカ人各人の一年における50ドルから65ドルにすぎなかった[73)]。OEO長官のシュライバーは，建国200年にあたる1976年にはアメリカの貧困問題は解決できるであろうという見解をもっていた[74)]。実際には，1974年までに，貧困者数の350万家族，1,650万人も減少したことが明らかとなった[75)]。問題なのは，依然としてアメリカでは483万家族，2,300万人の多くの人々が貧困状態にあり，貧困の根絶を達成することは不可能であったことである。ジョンソン政権期において貧困状態を脱出することができたのは基本的に労働可能な貧しい人々であり，高齢者，シングルマザー，障害者などの労働市場とのつながりが希薄な経済的弱者は何ら恩恵をこうむることができなかった。これは，経済機会法が青年の雇用促進と自立支援に焦点を合わせるものであったからであったといえる。また，忘れてならないのは，「貧困との戦い」に対する予算の獲得が，1965年以降拡大し泥沼化したベトナム戦争の軍事予算の増大によって大きく阻まれ，連邦議会において計画の拡大や新たな政策の提案が困難になってきたとも無関係でない。いわゆる「バターも大砲も」の両立の矛盾が顕著になった証左でもあった，といってよい。

このように，経済機会法は，1964年に実施されてから多くの混乱と批判を生み出した。そしてニクソン共和党政権の二期目にその象徴というべき経済機会局そのものが解体されてしまった。その背景には，1970年代と1980年代のアメリカにおいて「貧困との戦い」は保守主義者たちの大きな批判の的となった点が挙げられる。経済的停滞や連邦政府予算の増大，福祉依存人口の増加などがジョンソン政権期におけるそれらの政策の失敗に帰せられ，「大きな政府」に対する批判が行われ，そして「小さな政府」の考えが次第に支配的となっていった。しかし一方で，ジョンソン政権期において著しい貧困の減少が示されたのも厳然たる事実である[76)]。果たして，それが当時の経済成長によるものなのか，それとも「貧困との戦い」の成果であるのかは議論の分かれるところである。ジョンソン大統領が進めた「貧困との戦い」は，単に貧しい人々の生活状況を改善しただけではない。何よりも「貧困との戦い」は，経済繁栄の恩恵を受けている大多数の人々の貧困に対する認識を変え，また，「貧困との戦い」によって恩恵を受ける貧しい人々自身の心理的・社会的背景に大きな影響を与えたのである。その意味で，ジョンソン大統領が提案した「貧困との戦い」は，それが貧困問題の全面的な解決を示すものでなかったとしても，貧困の解消へ向かう「第一歩」を提示したことは十分評価に値するものであると考える。

<注>

1)　『朝日年鑑，1964年版』(朝日新聞社，1965年)，159頁。

2)　J・K・ガルブレイス著，鈴木哲太郎訳『ゆたかな社会』(岩波書店，1965年)，297頁；田中寿「資料・アメリカの貧困戦争」『レファレンス』第16巻1号(1966年11月)，101頁。

3)　田中，前掲論文，「資料・アメリカの貧困戦争」，101頁。

4)　同上，102頁。

5)　馬場宏二「ニューディールと『偉大な社会』」東京大学社会科学研究所編『福祉国家の展開〔2〕』(東大出版，1985年)，146-147頁；マイケル・ハリントン著，内田満，青山保訳『もう一つのアメリカ』(日本評論社，1965年)，17-18頁。

6)　田中，前掲論文，「資料・アメリカの貧困戦争」，100頁。

7)　嘉治元郎「貧困との戦い」アメリカ学会編『原典アメリカ史　第7巻』(岩波書店，1982年)，242頁。

8)　Irving Bernstein, *Guns or Butter: The Presidency of Lyndon Johnson* (New York: Oxford University Press, 1996), p. 92.

9)　大森，前掲論文「現代行政における『住民参加』の展開―1960年アメリカにおける「コミュニティ活動事業」の導入と変容―」，279-280頁。

10)　小林清一『アメリカ福祉国家体制の形成』(1999年，ミネルヴァ書房)，276頁。

11)　大森，前掲論文「現代行政における『住民参加』の展開―1960年アメリカにおける「コミュニティ活動事業」の導入と変容―」，279-280頁。

12)　田中寿「経済機会法」『外国の立法』第15号（1965年1月)，29-30頁;濵賀祐子「貧困との戦い―『経済機会法』の成立をめぐって―」藤本一美編『ジョンソン大統領とアメリカ政治』(つなん出版，2004年)，148頁。

13)　阿部弘「青年雇用法」『外国の立法』第10号（1964年3月)，39-42頁。

14)　田中寿「国家奉仕隊法案」『外国の立法』第12号（1964年7月)，41-45頁。

15)　John A. Andrew, *Lyndon Johnson and the Great Society* (Chicago: Ivan R. Dee, 1998), p. 56.

16)　嘉治，前掲論文，「貧困との戦い」，241-242頁。

17)　上坂昇『アメリカの貧困と不平等』(明石書店，1993年)，103-109，131-133頁。

18)　大森，前掲論文「現代行政における『住民参加』の展開―1960年アメリカにおける「コミュニティ活動事業」の導入と変容―」，268-267頁。

19)　大森彌「『偉大な社会』の夢LBJ―『貧困との戦い』再訪―」『アメリカ研究』第21号

（1987年），60頁。
20）Andrew, *op. cit., Lyndon Johnson and the Great Society*, p. 56.
21）ハリントン，前掲書，22–26頁，261–263頁。
22）大森，前掲論文，「『偉大な社会』の夢―LBJ『貧困との戦い』再訪―」，62–63頁。
23）大森，前掲論文，「現代行政における『住民参加』の展開―1960年アメリカにおける「コミュニティ活動事業」の導入と変容―」，270–275頁；小林，前掲書，『アメリカ福祉国家体制の形成』，276–279頁。
24）大森，同上，288頁。
25）*Public Papers of the Presidents of the United States: Lyndon B. Johnson, 1963-1964*, (US. GPO, 1965)，p. 165.
26）*Ibid.*, pp. 182–184.
27）古米淑郎「ゆたかな社会の貧困」榊原胖夫編『総合研究アメリカ 第5巻』（研究社，1976年），147–148頁。
28）同上，151–152頁。
29）紀平英作『ニューディール政治秩序の形成過程の研究―20世紀アメリカ合衆国政治社会史研究序説―』（京都大学学術出版会，1993年），20–21頁。
30）*Congressional Quarterly Almanac 1964*, p. 214.
31）*Public Papers of the Presidents of the United States: Lyndon B. Johnson, 1963-1964*, (US. GPO, 1965)，pp. 112–118; 世界年鑑，1964年版』（共同通信社，1965年），613–616頁。
32）坂内富雄「ジョンソンの予算教書」『世界週報』（時事通信社）1964年2月4日号，49頁；『朝日新聞』，1964年3月17日。
33）「貧乏追放の戦いを宣す―経済機会法に関する特別教書―〔解説〕」『世界週報』，1964年3月31日号，37–39頁；*Public Papers of the Presidents of the United States: Lyndon B. Johnson, 1963-1964*, (US. GPO, 1965)，pp. 376–380;『朝日新聞』，1964年3月17日。
34）山田敬信「ジョンソン大統領の『偉大な社会』計画におけるコミュニティ活動の意味」『名古屋大学法政論集』（第121号，1988年），220–221頁。
35）Bernstein, *op. cit.*, *Guns or Butter: The Presidency of Lyndon Johnson*, p. 106.
36）*Ibid.*
37）Schulman, *op. cit.*, *Lyndon B. Johnson and American Liberalism*, p. 85.
38）Bernstein, *op. cit.*, *Guns or Butter: The Presidency of Lyndon Johnson*, p. 98.
39）大森，前掲論文「現代行政における『住民参加』の展開―1960年アメリカにおける「コミュニティ活動事業」の導入と変容―」，286–287頁。
40）『朝日新聞』，1964年8月18日；*Congressional Quarterly Almanac 1964*, p. 226. ジョンソンは上下両院議員時代，特に上院議員の時代には多数派院内総務として辣腕をふるい，その議会対策の手法によって「立法の魔術師」と評された。この点については，藤本一美「米国の上院と院内総務―リーダーシップの類型―」『専大法学論集』（第 71 号，1997 年）を参照せよ。

41） 田中，前掲論文，「資料・アメリカの貧困戦争」，104 頁。

42） *Congressional Quarterly Almanac 1964*, p. 208.

43） *Ibid.*, pp. 218-219.

44） Andrew, *op. cit.*, *Lyndon Johnson and the Great Society*, p. 66.

45） 田中，前掲論文，「経済機会法」，30 頁。

46） *Congressional Quarterly Almanac 1964*, p. 70.

47） 大森, 前掲論文,「現代行政における『住民参加』の展開―1960 年アメリカにおける『コミュニティ活動事業』の導入と変容―」，291-292 頁。

48） *Congressional Quarterly Almanac 1964*, p. 208.

49） 田中，前掲論文，「経済機会法」，31 頁。

50） *Congressional Quarterly Almanac 1964*, pp. 210-212; 田中，前掲論文，「経済機会法」，32-39 頁；田中，前掲論文，「資料・アメリカの貧困戦争」，105-113 頁。

51） *Congressional Quarterly Almanac 1964*, pp. 209-210.

52） 大森, 前掲論文,「現代行政における『住民参加』の展開―1960 年アメリカにおける『コミュニティ活動事業』の導入と変容―」，290-291 頁。

53） *Congressional Quarterly Almanac 1964*, p. 210.

54） Schulman, *op. cit.*, *Lyndon B. Johnson and American Liberalism*, p. 96.

55） Congressional Quarterly Service, *Congress and the Nation: Volume II*, *1965-1968*, (Washington, D.C., 1969), p. 748.

56） Andrew, *op. cit.*, *Lyndon Johnson and the Great Society*, p. 74.

57） Schulman, *op. cit.*, *Lyndon B. Johnson and American Liberalism*, p. 96.

58） *Ibid.*

59） 大森, 前掲論文,「現代行政における『住民参加』の展開―1960 年アメリカにおける『コミュニティ活動事業』の導入と変容―」，297-300 頁。

60） 同上，300-302 頁。

61） 同上，302-305 頁。

62） 同上，306-310 頁。

63） *Congressional Quarterly Almanac 1965*, pp. 408-409.

64） *Ibid.*, p. 405.

65） 『世界年鑑，1965 年版』（共同通信社，1966 年），294 頁。

66） *Congressional Quarterly Almanac 1966*, p. 250.

67） *op. cit.*, *Congress and the Nation: Volume II, 1965-1968*, p. 749.

68） *Ibid.*

69） 大森, 前掲論文,「現代行政における『住民参加』の展開―1960 年アメリカにおける「コミュニティ活動事業」の導入と変容—」, 286-290 頁。

70)　土屋和代「『貧困との戦い』とコミュニティ組織の発展—1960 年代後半のロサンゼルスの事例を中心に—」日本アメリカ史学会編『アメリカ史研究』(第 24 号, 2001 年), 53-63 頁。

71)　Andrew, *op. cit.*, *Lyndon Johnson and the Great Society*, p. 75.

72)　小林, 前掲書,『アメリカ福祉国家体制の形成』, 285-286 頁。

73)　Andrew, *op. cit.*, *Lyndon Johnson and the Great Society*, p. 87.

74)　*Ibid.*, p. 81.

75)　古米, 前掲論文,「ゆたかな社会の貧困」, 161-166 頁。

76)　同上, 162 頁。

第6章　メディケア・メディケイド—老齢者医療保障と低所得者医療扶助

第1節　はじめに

リンドン・ジョンソン大統領は, 1965年7月30日, 元大統領ハリー・トルーマン（Harry S. Truman）の故郷ミズーリ州インディペンデンスで行なわれた「1965年社会保障改正法案（メディケア・メディケイド）」の署名式典で，以下のように語った。すなわち，「もはや，老齢のアメリカ人たちは，現代医学の驚異的な治療を与えられずにいることはない。もはや，病気は，彼らが非常に注意深く人生の中で蓄えてきた貯金を使い果たし，そして損なうことはない。その結果，彼らは晩年の期間において尊厳を享受することになるであろう。もはや，年若い家族は，ただ彼らが自分たちの親，叔父，叔母に対して深い道徳的な義務を行なっているということを理由に，彼らの収入と希望とが食い尽くされるのを見ることはない」[1)]。

すでに述べたように，1963年11月，ケネディ大統領の暗殺を受けて大統領に昇格したジョンソンは，1964年の大統領選挙で地すべり的勝利を手にし，同時に行なわれた連邦議員選挙においても上下両院ともに民主党が議席を増やした連邦議会の第89議会において，ジョンソンが掲げた「偉大な社会」計画に関する法案の多くを推進し，その多くを成立させた。フランクリン・D・ローズベルト大統領（Franklin D. Roosevelt）が提案して以来，長年にわたって論争の的となっていた老齢者医療保障なども，そのひとつである，といえる。

ところで，これまで，連邦議会におけるメディケア・メディケイドに関する立法過程では，下院歳入委員長ウィルバー・ミルズ（Wilbur Mills）議員の行動を中心として説明されてきた。ケネディ政権下では，歳入委員長ミルズは政権側が支援するメディケア法案を，歳入委員会で棚上げにし，ケネディ暗殺の後にジョンソンが大統領となった後でも，その姿勢は変わることがなかった。ミルズの態度が変化する兆しは1964年の大統領選挙および連邦議員選挙でのジョンソンの地滑り的大勝利と多数の民主党リベラル派議員の当選であった。それを受けてミルズは，メディケアの成立を不可避なものと見なし，その立場を転換させたのである。そして，以下で述べるように，いわゆる「三層構造の(Three Layer Cake)」の法案を提案し，成立に導いたのである。

その場合，ジョンソン大統領が果たした貢献としては，ケネディ政権下で老齢者への医療保障を担当していたスタッフたちを全員慰留させ，引き続いてその推進を命じたこと，また，ミルズ委員長に対してケネディ政権下で長く法案を担当してきた保健教育福祉省（HEW）次官補ウィルバー・コーエン（Wilbur Cohen）を法案作成の支援者として協力させたこと，であった。留意すべきは，メディケア・メディケイド法案を推進する際に，ジョンソン大統領が，終始表舞台に出ることはなく，もっぱら担当補佐官たちを通じて連邦議会での審議を見守り，法案の内容自体には自ら「細部について述べることはしない」と公表したことである[2)]。それが法案成立の成功につながった点は否定できない。しかしながら，以下で述べるように，実際には，ジョンソン大統領は，大物議員である下院歳入委員長ミルズとの一連の交渉過程の中において，メディケア・メディケイドの内容についてミルズと密接に連絡を取り，協議を行ない，そしてより包括的な内容を含む法案をのませたのである。ジョンソンは持ち前の指導力を発揮し，法案の審議中には，巧みな議会戦術を駆使して，あえて法案を廃案にさせた。これにより，直前に迫る1964年の大統領選挙において，老齢者への医療保障を一つの争点として有権者に注目を集めさせることができたのだ。また，1965年から始まる新たな議会会期の中で，より広範囲の内容を含む法案の審議の可能性を求め，そして最終的にメディケア・メディケイド(1965年社会保障改正法）を成立させたのである。

本章では，近年公表された大統領の電話会話記録などを利用しながら，1965年社会保障改正法の成立過程におけるジョンソン大統領の政治指導とその役割を検討する。

第2節　1965年社会保障法改正法案（メディケア・メディケイド）の意図と背景

(1) 連邦議会審議（1964年）

1963年11月，大統領に昇格したジョンソンは，最初の数カ月の間に，医療分野に関する自らの決定を公表した。その中で，ジョンソンは「現代医学の奇跡をすべての米国人が利用できるようにする」との見解を示した。1964年1月8日に行なった大統領就任後初の一般教書演説では，「病院およびナーシングホームのより一層の増設，看護師の訓練」，「社会保障法の下での老齢者のための病院保険の提供」などを明らかにした[3)]。さらにジョンソン大統領は，1964年2月10日，連邦議会へ特別教書を送り，具体的な内容を連邦議会に提案した。その内容は，老齢者のための病院保険，医療施設の近代化および増設，人材の増員と質の向上，精神疾病に対する研究資金の増額，米国における主要な死因である心臓病，ガン，脳卒中に関する委員会の設立，それらの予防および治療のための研究資金の増額など，であった[4)]。

ジョンソン大統領は，当時アメリカの三大疾患であった心臓病，ガン，脳卒中にかかる国民の苦しみに極めて敏感に反応した。というのは，ジョンソン自身が連邦上院議員時代に発した心臓発作の再発の不安にさいなまれていたし，また，彼の家族の中には，父親は心疾患で亡くなり，母親はガンにおかされており，祖母にいたっては，脳卒中の麻痺によって車椅子生活を余儀なくされたことを目の当たりにしていたからである。さらに，ジョンソン大統領にとって，あらゆるアメリカ人に現代医療の恩恵に浴する機会を拡大することは，ジョンソンが掲げた「偉大な社会」計画における生活の質の向上と軸を一にするものであった。また，老齢者への医療保障の実現は，ジョンソンが畏敬の念を抱くフランクリン・D・ローズベルト大統領によって実現した社会保障計画を完成させ，さらにはそれを超えることを意味していたのである[5)]。

まず，連邦議会でメディケア法案を成立させるにあたり，最大の障壁は，上院の財政委員会であり，一方，下院においては歳入委員会であった[6)]。上院財政委員会委員長ハリー・F・バード（Harry F. Byrd，民主党，ヴァージニア州），下院歳入委員会委員長ウィルバー・ミルズ（Wilbur Mills，民主党，アーカンソー州）の両議員ともにメディケアに基本的には反対の立場をとっていた。こうした状況の中で，ジョンソン大統領は，両委員会の委員たちに対し，メディケアに賛成票を投じるよう話をし，そしておだてて説得するために多くの時間を費やした。特に，下院歳入委員会のミルズ委員長に対して気をつかい，大統領就任後，ジョンソンは，ホワイトハウスの晩餐会へミルズ夫妻を招き，その席で直接説得を行なったほどである[7)]。その上で，HEW 次官補のウィルバー・コーエン（Wilbur Cohen），ホワイトハウスの大統領首席補佐官のラリー・オブライエン（Larry O'Brien）を中心に，政権スタッフにミルズと詳細な交渉を行なうよう要請したのである[8)]。

1964 年に入ってからのジョンソン大統領の医療分野における関心は，老齢者のための病院保険のみではなかった。もう一方の関心は「心臓病，ガン，卒中に関する委員会（Commission on Heart Disease, Cancer and Strokes, HDCS）」の創設であった。1964 年 4 月 17 日に行なわれた同委員会の創設式典において，ジョンソンは，心臓病，ガン，卒中に対して，「最も熱望」し，「最も重大な」，そして最も「個人的関心を持つ」ことを表明した[9)]。

このようなジョンソン大統領の“伝道者的”ともいえる熱意，また，感染病，特にポリオに対する治療を生み出した 1940 年代と 1950 年代の医療の進歩により，委員会は 1964 年 12 月，近い将来に“奇跡”を約束するとした報告書を提出した。その中で，予算として 28 億ドルを計上し，わずか 5 年間のうちに，心臓病，ガン，卒中の“最終的征服”をもたらすと指摘した。また，「心臓病，ガン，卒中は，2000 年中ではなく，一世紀の間でなく，この 20 年ないし 30 年で征服されうる」と述べた。ジョンソンは，医療発展のいわば“歴史的進展の入り口”の世界を宣言した，といってよい[10)]。

HDCSの約束を実現するため，ジョンソン大統領は連邦議会に対して「地域医療計画（Regional Medical Program，RMP）」を設立するための予算を要請した。それは，上記の研究と臨床が連邦政府によって資金提供された病院のネットワークを構築するものであった。

しかし，ジョンソン大統領の提案は，「アメリカ医師会（American Medical Association，AMA）」からの大きな反対に直面した。AMAは「この国は，貧困との戦い，ベトナムでの戦いを宣言しうる。しかし，心臓病，ガン，卒中との戦いを宣言することはできない」，「これは米国民を誤解させることになる」と宣言した。AMAは，世界で最も進んだ医療の供給システムが，連邦政府の介入により社会主義化された医療に取って代わることに反対したのである。そのため連邦議会は，これらの圧力を受け，原案とまったく異なるRMPを成立させるにとどまった（1965年10月6日成立）[11]。

1964年から1965年にかけて，ジョンソン大統領が直面する政治的難問が明らかになるにつれて，一方で心臓病，ガン，卒中への戦いを展開するジョンソンの関心は弱まっていった。関心が弱まる代わりに，彼は一層，社会保障法の下での老齢者の病院保険の方に焦点を合わせるようになった。というのも，社会保障法の下での病院保険関連の法案は，1930年代に，フランクリン・ローズベルト政権が提案して以来，リベラルな改革の協議事項のトップにあったものの，しかしこれは決して可決されることはなかった。だが，1964年の夏までには，医療に資金を提供し，医療を供給する国内でもっとも望ましい改革案が，広範な国民からの支持を得ていたのである[12]。

前のケネディ政権下では，HEWの次官補であったウィルバー・コーエンを中心に，歳入委員会の南部民主党委員たちに対応した。彼らは，ケネディ政権が支持するキング・アンダーソン法案の修正を行ない，南部民主党委員たちのメディケア法案への支持転向を促したのである。また，民主党下院指導部から新たに当選した下院議員への説得を通じて，歳入委員会内でのメディケアを支持する委員の拡大を図った[13]。その結果，下院歳入委員会では，1960年には，共和党議員と南部民主党議員が多数派を形成し，メディケア法案に関して，委員総数25名のうち，反対17対賛成8で反対派が多数を占めていた委員構成が，1960年の連邦議会選挙後には，10名の共和党議員および6名の南部民主党議員対9名の北部州選出の民主党議員を含めて，1962年は反対14対賛成11へと変化した[14)]。こうして，1964年までには，メディケア支持の委員数は，12名までに増加し，メディケア支持が多数となるまであと1名に迫ったのである。

次に，ジョンソン大統領は，下院歳入委員会から法案を本会議に報告させるに際し，ミルズ委員長に，修正案の作成とその推進，そして法案が成立した場合の功績を与えることを繰り返し語った。実際，1964年1月27日付けのオブライエンからジョンソンへのメモランダムによれば，ジョンソンの説得に対して，ミルズは，自らの立場を法案の支持へと変えるか，もしくは法案の共同提案者となることを明確に示していないことを示唆している。その一方で，ミルズは，政権側との一連の交渉を通じて，「諸州に広く受け入れられる形でカー・ミルズ計画を変更する」ことにより，前政権から引き続いてジョンソン政権が支持する「キング・アンダーソン法案支持への立場を正当化することに向っている」ようであった[15)]。なお，カー・ミルズ計画とは，ミルズが主導し，1960年に連邦議会で成立した州運営の貧困者のための健康保険計画のことである。

下院歳入委員会委員長のミルズは，ジョンソン大統領の説得に対して，容易に屈する人物でなかった。さらに，メディケア立法を支持する世論にもほとんど反応を示さなかった。彼は，社会改革のために，連邦政府の財政を将来悪化させてはならないという立場に立つ議員であった[16)]。また，ジョンソン政権が支援するキング・アンダーソン法案は，ミルズ委員長にとって，その内容が病院費用のみをカバーするものであって，病院費用とともに医師サービスの費用をも支払わなければならない老齢者には不十分な内容であると考えられていた。その一方で，医師への支払をカバーする内容を含むカー・ミルズ計画の拡大やその他の修正案についても，キング・アンダーソン法案よりもさらなる増税を行なうことが避けられなかった。これらの諸法案に加えて，1964年には，老齢年金給付の増額を求める動きが連邦議会で高まっていた。すなわち，年金給付額が実際の生活費の上昇に追いつかず，年金給付の増額を望む有権者を抱える連邦議員たちは，1964年の連邦議会選挙にむけて，年金給付額の増加の成果を得ることを望んでいたのだ。しかし，年金増額と医療保障とをまかなうための増税は，議会選挙の年に，社会保障税10%の上限を超える増税となる法案の成立について，すべての連邦議員が懸念を抱いていた[17)]。

こうした状況の中で，ジョンソン大統領は，歳入委員会のその他の民主党委員たちの説得を続けていった。ジョンソンと同じ出身州で，メディケア支持に揺れる下院のクラーク・W. トンプソン（Clark W. Thompson，テキサス州）議員に対し，ジョンソンは，1962年の中間選挙でのジョンソンの応援を思い出させ，メディケアを支持するように強く説得を試みた。しかしながら，ジョンソンの説得が功を奏したのはトンプソンのみであった。メディケアへの支持を拒む下院のA. シドニー・ハーロング（A. Sidney Herlong，フロリダ州），およびジョン・C. ワッツ（John C. Watts，ケンタッキー州）の両議員は態度を変えなかった[18)]。結局，ジョンソンによる説得も，メディケア反対委員を支持に転向させることはできず，両委員会内での支持の構図に変わりはなかった[19)]。

ジョンソン大統領は，1964年6月9日の電話会話の中で，“ミルズの法案”についてミルズ自身に対して委員会での状況を尋ねている。その会話によれば，社会保障給付金の増額とメディケアをまかなうための社会保障税の増税の経済的影響に関して懸念を述べたミルズに対して，ジョンソンは語った。「私はあなたの判断を信頼している」。そして，法案の歴史的意義とミルズが受ける賞賛を述べた後，「最も重要なことは，あなたが取り組んでいる法案」であり，自分としては「(法案の）細部について述べることはしない」旨を，ジョンソンは繰り返し強調したのである[20)]。

しかしながら，実際には，ジョンソン大統領は，ミルズとの交渉の過程の中で，ミルズが提案するさまざまな法案の形に対して，細部にわたって意見を述べている。すなわち，上記の電話会話の2日後の6月11日の電話会話の中では，ジョンソンはミルズに「メディケアについて審議を進める方法を探す」ように指示した。ミルズは，歳入委員会の法案反対議員たちが支持へと方向転換するための方策として，社会保障給付金の増額，病院費（キング・アンダーソン法案），およびカー・ミルズ計画の拡大（貧困者への医療扶助）の“三層の”法案をジョンソンに提案した。それに対して，ジョンソンは，ミルズの提案に同意しつつも，「もしあなたが（さらに）第四の提案をその中に含めることができるならば，私はその三つの提案をすべて支持する」と述べ，医師の診療サービスも含む，より包括的なメディケア法案を求めたのである[21]。

1964年6月24日，ミルズ委員長は，上記の法案に対して下院歳入委員会で採決を求めた。7月7日，歳入委員会は1958年以降の生活費の7%上昇を相殺するための老齢年金給付額の5%増加を報告するにとどまり，7月29日，下院本会議場においてもメディケアに関する審議は進められることなく，ただ，年金増額を含む提案のみが賛成388対反対8で可決されただけであった。この時点では，ミルズはジョンソン大統領の意向を十分に満たすことはできなかったといえる[22]。

下院本会議場における採決の結果は，ジョンソン大統領にとって敗北を意味するものとなった。しかし，民主党全国大会での大統領候補者指名をひかえた大統領にとって，その敗北をそのまま受け入れる気持ちはなかった。そこで，ジョンソン側は，下院案が送付される上院で，年金増額の修正案の中にメディケアを挿入しようと試みたのである[23]。

しかし，連邦上院においても，メディケア法案に関して修正を挿入することに確証があったわけではなかった。実際，7月に行なわれた上院民主党議員総会では，民主党議員たちはジョンソン大統領が望む協議事項に強い支持を表明した一方，医療保険計画については分裂したままであった[24]。前HEW長官でコネティカット州選出の民主党上院議員アブラハム・リビコフ（Abraham Ribicoff）は，7月20日，ジョンソン大統領に宛てた書簡の中で次のように述べた。すなわち，上院は，年金の増額については支持するであろうが，病院保険に関する修正を追加した大幅な増税案には支持を躊躇するであろうと，また，年金増額のための5%増税が必要となる下院案を成立させた場合でも，1964年中での病院保険案の成立は事実上無理である，と主張した。そこで，妥協案として，社会保障受給者に，年金給付の増額か病院保険かどちらかの選択を与える提案を行なったのである[25)]。

このような状況に直面した，民主党多数派院内総務マイク・マンスフィールド（Mike Mansfield），副大統領候補ヒューバート・ハンフリー（Hubert Humphrey），メディケアの提案者アンダーソンら上院民主党指導部は，リビコフが示した妥協案を“唯一の方法”として採用し，ジョンソン大統領に対して，その戦略を受け入れるように上院財政委員会の南部民主党議員たち—フロリダ州選出のジョージ・スマザーズ（George Smathers），ルイジアナ州選出のラッセル・ロング（Russell Long），ジョージア州選出のハーマン・タルマージ（Herman Talmadge），アーカンソー州選出のウィリアム・フルブライト（William J. Fulbright）の各議員たちを説得するよう要請したのである[26)]。

しかしながら，ジョンソン大統領の説得によっても，財政委員会内の南部民主党議員たちを法案への支持をのませることはできなかった。1964年8月1日の電話会話記録によれば，スマザーズへの説得を試みるジョンソン大統領に対し，スマザーズの方は，メディケアについて，選挙前に成立させることをあきらめ，選挙運動の中で争点として利用することを主張した。また，下院歳入委員長のミルズと同様に，政権が支持する案では老齢者を満足させることはできない，と懸念を述べたのである[27)]。

こうした中で，1964年8月6日から14日までの間，上院財政委員会の公聴会が開かれた。その場で審議されたのは，下院案（H.R.11865，年金給付の増額を認めたもの），キング・アンダーソン案（ゴア修正案），およびニューヨーク州選出の共和党リベラル派のヤコブ・ジャビッツ（Jacob Javits）が議員提案したジャビッツ案[28)]についてであった。財政委員会では，メディケアに対して強い反対論が展開された。実際，ミネソタ州選出の共和党少数派院内総務のエヴェレット・ダークセン（Everett Dirksen）議員が率いる6名の共和党議員と4名の南部民主党議員（バード，スマザーズ，ロング，フルブライト）が反対し，賛成は６名のリベラル派民主党議員（アンダーソン，ゴア，リビコフ，ポール・ダグラス，イリノイ州，ユージーン・マッカーシー，ミネソタ州，バンス・ハルケ，インディアナ州）であった。リビコフ案については，賛成５対反対 12 で否決され，ジャビッツ案は発声投票によって否決された。こうして８月 20 日，財政委員会委員長は，他の修正案をすべて否決した上で，下院案を全会一致で下院本会議場に報告したのである [29]。

ジョンソン大統領は，ゴア修正案を上院本会議において下院案への修正案として提案させた。また，リビコフも同様に，自らの法案を提案し，年金給付の増額かもしくはメディケアかという選択肢を上院議員たちに示したのである。ジョンソン大統領の首席補佐官のローレンス・オブライエンは，上院本会議の審議において，リビコフ修正案を支持すべきかもしくはゴア修正案を堅持すべきか，指示を求めてジョンソンに直ちに電話を入れた。これに対してジョンソンの返答は，来るべき両院協議会において，下院案とすり合わせる際に，より包括的なゴア修正案を上院案に含ませることが肝要であると主張し，ゴア修正案の堅持を要請したのである [30]。

1964 年９月２日に行なわれた，上院本会議場におけるゴア修正案（キング・アンダーソン案）に対する採決は混乱したものとなった。というのも，上院本会議場では，リベラル派が財政委員会内よりも勢力が大きく [31]，1964 年９月２日，数名のリベラル派が欠席する中で採決が行われたからだ。民主党上院多数派院内総務のマンスフィールド議員は支持票を数え，賛成 51 票対反対 49 票と僅差であった。なお，アリゾナ州選出のカール・ヘイデン（Carl Hayden）議員が，支持にゆれていると報告を受けたジョンソン大統領は，直ちにヘイデンに電話を入れ，党への忠誠や選挙について話し，彼の選挙区で選挙のさい大統領自ら応援することを伝えた。その上で，ヘイデンに対し，ジョンソンは「もし我々があなたの票を必要としなくなったら，もう一方の陣営へ自由に行きなさい」と述べたのである [32]。

上院本会議での採決の結果は，賛成 42 対反対 42 で票が割れ，結局３度目の投票で上院は賛成 49 対反対 44 でゴア修正案を可決した。採決の際に，へイデンは，ジョンソン大統領に従って支持票を投じた。だが，アリゾナ州選出の共和党大統領候補バリー・ゴールドウォーター議員は，メディケアについて「アメリカ人の知性への侮辱である」と叫び，これに反対した。これを聞いたホワイトハウス国内問題担当補佐官のビル・モイヤーズ（Bill Moyers）は，民主党全国委員会に，老齢者団体に向けてゴールドウォーターの発言を伝えるよう指示し，特にフロリダおよびカリフォルニア州南部などに向けて強く発信するよう要請した。この採決は，上下両院において，メディケアを可決した史上初の採決となった。翌日の9月3日，上院は，年金支給の増額とメディケアを組み合わせた修正案を，賛成60対反対28で可決したのである[33)]。

上院がメディケアを可決したその日，ジョンソン大統領は，下院議長のカール・アルバート（Carl Albert）を中心とした民主党指導部にむけて，両院協議会での戦略について語った。それは，両院協議会においてウィルバー・ミルズを支持に転向させる方法であり，ミルズ自身の有する重要性を強調するというものであった。その際，ジョンソンは，「私は，このことが党を含む国家的課題であることを，ウィルバーに伝えるつもりである。彼はアメリカを代表する人物であり，彼がただアーカンソー州の代表であるだけでなく，影響力を持つ下院歳入委員会の委員長であり，そして彼はあらゆる国民を代表しているのである」と述べ，また，「我々は彼に推進の余地を与えており，そしてそれを彼に修正させることを望む」，とも語り，ミルズが望む方法での法案の修正を支持したのである。さらに，「両院協議会で，ミルズ・アンダーソン・リビコフ案を提案しようではないか」とも主張した。すなわち，ミルズ（カー・ミルズ計画の拡大）・アンダーソン（政権が支持するキング・アンダーソン案）・リビコフ（年金増額に関する選択肢を含む法案）であり，この提案は，6月にミルズ自身がジョンソンに提案していた内容と同様のものであった[34)]。しかし，この方針については，何の進展もみなかった。

1964年9月3日の上院本会議場での可決を受けて，両院協議会が開かれた。評議員の構成は，上院から7名で，5名の民主党議員（バード，アンダーソン，ゴア，スマーザーズ，ロング）と，2名の共和党議員（ジョン・ウィリアムズ，デラウエア州，フランク・カールソン，カンザス州）が選出され，その中で，アンダーソン，ゴアのみがメディケア支持で，いかなる社会保障をも反対していたバード議員は棄権すると考えられていた。一方，下院から5名で，3名の民主党議員（ミルズ，キング，院内幹事ヘイル・ボグスHale Boggs），2名の共和党議員（バーンズ，トマス・カーティスThomas Cartis，ミズーリ州）が選出され，キングとボグス両議員が法案支持を，一方，ミルズ，バーンズ，カーティスの議員らは法案反対を表明していた[35)]。

こうした状況の中で，オブライエンを中心とするジョンソン政権のスタッフたちは，社会保障法改正に関して，年金増額に病院保険条項を追加することを主張する両院協議員たちからの確認事項などを，定期的にジョンソン大統領へ報告していた。しかしながら，ジョンソンは，大統領補佐官たちと協議することをやめて，代わりに個人的に，両院協議会の上院委員たちと直接談判した。実際，9月24日には，ジョンソンは，両院協議会の上院側評議員の一人であるスマザーズ議員と連絡を取り，両院協議会での進展を報告するように要請した。それに加えて，ジョンソンは，「私が電話したことを話さないでほしい。そうでないと，彼らが嫉妬するから」と述べ，その10分後に，ラッセル・ロングにつないだ電話においても，メディケアの見通しについて協議した後，「彼らが嫉妬するので」この電話の事実を誰にも話さないように要請したのである[36)]。

だが問題は，ミルズの方が，メディケアに関する財政的な健全性に懸念を示し，その立場を変えようとはしなかったことだ。しかも，ミルズは，両院協議会の審議の場において，社会保障給付金の大幅な増額を提案したのである。これは，社会保障税が10%に達するものであり，社会保障税の上限であると考えられた数字であった。ミルズの意図としては，その増税案が成立した場合，連邦議会がそれ以上の連邦税の増税を行なうことが困難となり，その結果，秋の連邦議会選挙で生じるメディケアへの影響がいかなるものであれ，メディケアを中心としたそれ以上の社会保障の拡大を阻止することが可能となると考えたのである[37)]。

1964年10月2日，両院協議会において採決が行なわれた。その結果，社会保障給付金の増額案，メディケアの修正案はともに廃案という結果になった。第88議会での病院保険の成立は失敗に終わったのである。ミルズを中心とする下院側評議員たちは，社会保障法の下での医療計画について賛成3対反対2で否決し，また，上院側評議員たちも，病院給付が含まれないいかなる法案を拒否することを賛成4対反対3で可決した。双方ともにメディケアに対する譲歩を拒否したといえる。その際，とくに注目されたのが，上院で長年にわたってメディケアに反対の立場を示してきたロングおよびスマザーズ両議員のメディケアへの賛成投票であった[38]。スマーザーズは，ジョンソン大統領からAMAから距離を置くよう説得され，また，ロングはハンフリーからの受け継ぎで多数派院内幹事の職を得ることを望んでおり，この点についてジョンソン自身からの必要な内諾を得ていた[39]。記者団から立場の転向の理由を尋ねられたスマザーズは慇懃な態度で，“リンドンがそうしろと”と述べたのである。

議会関係の専門誌である『コングレッショナル・クオーターリー』が指摘したように，ジョンソン大統領は，「ほかの印象的な（投票）記録の中で，彼の最も手痛い立法上の敗北」を味わった[40]。ジョンソンは，その日の記者会見で，この国に老齢者のための健康保険が存在しない主な原因は，ウィルバー・ミルズによる妨害であるとさえ述べた。だが，その後ミルズの抵抗は，他の多くの下院議員たちを救うことになった。メディケアに対する採決時期が，1964年11月の連邦議会選挙にきわめて近く，多くの下院議員たちは，ミルズがメディケアの争点を採決しないことを願っていた。というのも，彼らは，一方で有力支持基盤である医療団体と関連企業団体，並びにタバコ産業と商業会議所などと，また他方で老齢者，労働者たち有権者との間で板ばさみに遭うことを避けたかったからに他ならない。こうした事情の下では，ミルズも，メディケアの不成立の理由を自身の責任のせいにせざるを得なかった，といえる[41]。

ケネディおよびジョンソン政権下の4年間に，メディケアへの支持が繰り返し力説されたことは，連邦議会と国民双方に大きな変化を与えた[42]。世論調査では，メディケアに賛成する有権者が3分の2を超えることを示していた。

老齢者数と医療費について，老齢者の健康支援の要請は増大する一方で，カー・ミルズ計画など既存の制度では対応が不十分であった。また，長年にわたってメディケア反対キャンペーンを展開してきたAMAの活動も，会員たちの態度の変化に見られるように，しだいに力を失っていた。この点について，ローレンス・オブライエンは，以下のように回顧している。「メディケアについて，私は最初から，決して最悪な，最終的な失敗を想像しなかった。なぜなら，その核心は，好ましい行動を求めたからである[43]」と。1964年選挙前日の記者会見の場で，ジョンソン大統領は「当選したら老齢者健康保険は優先事項となるのか」との記者団からの質問に対し，“リストのトップである”と答え，また，その2週間後，HEWのウィルバー・コーエンに対して，「われわれの第一の優先事項をメディケアにすること，関係するすべての人々と接触を図ること，閣僚に経過についての情報を与えること，全精力を法案に注ぐこと」を指示したのである[44]。

(2) 1964年大統領選挙および連邦議員選挙の影響

既述のように，1964年11月3日に行なわれた大統領選挙は，ジョンソンの地滑り的勝利に終わった。共和党大統領候補であったバリー・ゴールドウォーターを押さえ，一般投票では何と投票者の61.1%，大統領選挙人では486人を獲得する結果となり，ジョンソンは歴史的ともいえる圧倒的信任をうけて大統領への再選を果たした。その上，同時に行なわれた連邦議会選挙においても，民主党は，上院では1議席増の68議席，下院にいたっては37議席増の295議席を確保するに成功し，大勝利であった。下院での民主党の圧倒的多数の議席確保は，ニューディールの頂点であった1936年のフランクリン・ローズベルトの歴史的大勝利に匹敵する，2対1以上の議席配分を民主党に与えた[45]。

ゴールドウォーターを破ったジョンソンの劇的ともいえる勝利は，メディケアに対する国民の広範な信任のあかしであるとさえ解釈された。ゴールドウォーターが選挙期間中，州，地方，そして個人による提案を掲げた一方で，ジョンソンは，社会改革，特にメディケアと連邦政府による教育援助の推進を強調したからである。国民はあげてゴールドウォーターが掲げた選択肢を拒絶し，ジョンソンが掲げたリベラルな目標の方を圧倒的に支持したわけである。こうした事態を目にした下院歳入委員長のウィルバー・ミルズは，選挙後の11月11日，「私は現金給付のための賃金税を支持してきたように，医療給付の資金提供のための賃金税を支持することができる」と述べ，もしジョンソン大統領からの要請があれば，喜んで法案を歳入委員会に提出するとしてメディケアへの支持を表明せざるを得なかった[46]。

連邦下院における民主党の多数派の増大は，連邦下院の各委員会へ大きな衝撃を与えたのはいうまでもない。まず，民主党リベラル派議員たちを中心として，下院議事規則の変更が行なわれ，「21日間規則」が復活した。これにより，規則委員会において，法案を最大21日間棚あげした後に下院本会議場に上程することが可能となった。また，歳入委員会においては，民主党委員17名，共和党委員8名と，その比率は2対1となり，歳入委員会内でのメディケア支持派が多数を占めるに至った。かくして，ジョンソン政権にとって，たとえミルズ委員長からの支持を取りつけることができなくても，いつでも歳入委員会で法案を報告・採決することが可能になったわけである[47]。

それ故ジョンソン大統領も，来るべき第89連邦議会でメディケア法案を成立させうることに非常に強い確信を抱いた。法案の成立を確固たるものにすべく，ジョンソンは迅速に行動に移した。まず，HEW次官補のコーエンが，議会指導部と労働組合側のAFL–CIO幹部と協議し，大統領による継続的な協力により新たな会期が始まって2，3カ月のうちに成功をもたらす可能性を報告した。また，上院における法案支持票が，55対45で賛成多数であることが示されたものの，しかし，ジョンソンは，メディケアに関して賛否の態度を決めかねていたジョージア州選出の上院議員ラッセルを賛成側に加えることによってさらに勝利が確実になると考え，スタッフを派遣してラッセルの説得を試みたのである[48]。

ジョンソンはさらに，関係議員に働きかけて法案を立法の協議事項の最優先課題に加えることに合意させ，それは上下両院での第一号法案，H.R.1，S.1となった。他方で，新たな会期にむけて提案する法案の内容について，法案反対者に対して検討の余地を残すことを避けるため，ジョンソンは，医師の診療費を含めない，老齢者のための病院費をカバーする内容の法案を新たに提案した。これは，医師の診療費を対象範囲に含めないことで，「社会主義化された医療」の批判を回避するためのものに他ならない[49]。また，ジョンソンは，法案を担当する各省のスタッフたちをホワイトハウスに招集し，以下のように訓示した。すなわち，「私が在職している日々において，票は徐々に失われていくであろう。このことは，ウィルソン，ローズベルトの場合にも生じたことである。我々は，この法案を早急に成立させなければならない。私のハネムーンの間に成立させなければならない」と述べて，関係者たちに法案成立への強い決意を示したのである[50]。

(3) 連邦議会審議（1965年）

1965年1月4日，ジョンソン大統領は，上下両院合同会議に出席し，再選後初となる一般教書演説を行なった[51]。ジョンソンが掲げる「偉大な社会」計画の輪郭が具体的に示されたその教書の中で，ジョンソンは，「社会保障のもとでの病院保険を提供すること，また，老齢者の後の年月の尊厳のために戦っている国民への，支給金額の増額」を示すことで，老齢者への支援を強く要請したのである。ジョンソンが一般教書の中でメディケアに言及するたびに，出席議員たちから大きな拍手が沸き起こり，続いて1月7日に行なわれた「国民の健康を増進する」と題された特別教書演説においても，包括的な計画における第一の提案は，老齢者のための病院保険であるとし，「この法案は最大限喫緊なものである」と訴えるジョンソンに対し熱狂的な拍手が送られたのである[52]。

1965年に入って，連邦議会が活動を開始してから真の争点はメディケア法案が成立するかどうかではなく，むしろ最終的な法案の内容がどのような形で展開されるかであり，それは老齢者医療の将来にとって大きな重要性を有する問題であった。それは，皮肉なことに，最終案を形作った共和党の反対とAMAが主導権を握った形で進行したのである[53]。

AMAは，メディケアがアメリカの医療を崩壊させると主張し，老齢者に対する強制健康保険を批判してきたそれまでの戦略をガラリと変更して，ジョンソン政権が支持する案の計画がいかに乏しい成果しかもたらさないかと抗議する作戦に切り替えた。そして，1965年1月27日，AMAが支援するメディケアへの代替案が，下院歳入委員会の委員ハーロングとカーティス両議員から提案されるに至った。

その“エルダーケア（Eldercare）”法案の内容は，既存のカー・ミルズ計画のいわば拡大であり，連邦および州政府からの補助金によって，任意の民間保険プランの選択を老齢者に助成するというものであった。その特徴として，病院費とともに医師の診療費をもカバーするものであった。AMAは，大々的な広告キャンペーンを展開し，医師の診療費をカバーしないメディケアを老齢者たちに訴えた。しかしながら，エルダーケア法案そのものは，ほとんど真剣に取り上げられることはなく，ニュージャージー州選出の下院議員フランク・トンプソンは，その代替案を医師たちのための“ドクターケア”であるとしてこき下ろす始末であった[54]。

一方，共和党の代替案は，ウィスコンシン州選出の下院議員ジョン・バーンズ（John F. Byrnes）によって提案された。“ベターケア（Bettercare）”と名づけられたこの法案の内容は，低所得の老齢者のための，保険かけ金を連邦政府が給付することを規定した任意の計画であり，一部費用を分担することで，医者および病院費を支払い，その財源は一般財源から支出する，というものであった。連邦政府が，民間の健康保険を実施し，資金提供を行なうものであって，その特徴として，メディケアよりも対象範囲が広く，医師の診療費，薬剤，付き添い介護，精神病院での介護が含まれていた[55]。

1965年1月後半から3月の前半まで，下院歳入委員会は，非公開の委員会を開き，公聴会において専門家たちを証言させた。公聴会では，主に病院保険を提供する地域保健機構であるブルークロス，米国病院協会，非営利医療サービスのカイザーヘルスプラン会社，グループヘルス，州厚生職員，経済諮問委員会および財務省の専門家たちが証言台に立ち，技術的な側面からも議論がなされた。

この公聴会について，HEW 次官補のコーエンは，ホワイトハウスへの報告書の中で，1965 年 3 月 2 日のやり取りが非常に意義あるものであったと，ジョンソン大統領に報告している。同じ 3 月 2 日に，ミルズ委員長がコーエンに対し，キング・アンダーソン法案にバーンズ修正案（共和党案，ベターケア）を組み込むことはできないものかどうかをたずねた。一方，ミルズの方は，社会保障法の下での病院保険，連邦一般歳入から資金提供された医師の診療費のための任意の保険，そして州が運営する貧困者のためのカー・ミルズ計画の拡大，のいわゆる“三層構造（three-layer cake）”を提示したのである。3 月 3 日，コーエンは，組み合わせた修正案を歳入委員会に提出した。もし仮に，ジョンソン政権が，キング・アンダーソン法案を成立させれば，共和党は，ベターケアよりも限定されたものとして攻撃できる内容であった。この場合，ミルズ側の戦略とは，これらの法案を巧みに組み合わせることにより“政治的に論破できない”ものにすることであった。コーエンは，後に，「委員会室にいたすべての人と同じく，私はミルズ氏の戦略に驚いた。それは私が 30 年の間で最も見事な法案審議であった」と回顧している[56]。

ミルズの政府案修正の要請に対し，ジョンソン大統領は感嘆した。ミルズの要請を受けたコーエンは，報告書を持ってジョンソンと会った。ミルズの要請は，医師の請求書支払い条項が年間 5 億ドルの支出を必要とするというものであった。ジョンソンの方はこれを見て驚き，そして喜びの表情を見せながら，「列車の衝突は，新人の鉄道作業員にとっては見たことのないものだ」と述べ，「5 億ドル？それだけか？今すぐ法案を推進しろ。我々が敗北する前に」と命じた。ジョンソンは直ちにその費用を容認し，経過を見守ると指示したのである[57]。

1965 年 3 月 23 日，歳入委員会は，ミルズが提案した法案（H.R.6675）の採決を行なった。結果は，賛成 17 対反対 8 で可決された。南部選出議員を含む全民主党委員が賛成する一方，反対はすべての共和党議員であった。法案の内容は，第一部が，65歳以上の老齢者に対する，病院費および訪問看護費の補償する保険計画であり，それらは社会保障法の下で行なわれ，病院保険信託基金と賃金税から資金提供されるものであった。第二部は，バーンズ案(ベターケア）を採用し，65歳以上の老齢者のための，医師の診療費を補償する任意の保険計画であり，月額3ドルの掛け金で，一般歳入予算から資金が提供されるものであった。第三部は，エルダーケアを採用し，既存のカー・ミルズ計画を拡大したものであった。カー・ミルズ計画によって支援された，医療を必要とする貧困者と同様に，社会保障制度の枠外にいる福祉受給者への医療への支援を行なう内容であった。また，この法案には，社会保障給付金の7%の増額も盛り込まれた[58)]。

下院歳入委員会がミルズの法案を可決したその日，ミルズ委員長は，ジョンソン大統領との電話の中で，ミルズの提案した法案の費用について懸念を表明した。これに対してジョンソン大統領は，「私はそれに対処するつもりである」と語り，ミルズに心配しないように説得したのである。ジョンソン政権が促進する財政抑制策により捻出した資金をあてるつもりであるとし，以下のように説いた。「あなたは，追加として4億もしくは5億ドルを望んでいる。それについて私はなんと言ったか？…私は，コーエンに，それが健康のため，病気のためのものであるならば，4億ドルによってはわれわれ友人たちは分裂しないと述べた。なぜなら，私のすべての計画よりもそれは，強い要請であるからである」と，こうして説得工作は成功したのである[59)]。

他方,政府案の修正に対し,経済諮問委員会のガードナー・アクレー(Gardner Ackley）が，メディケアによる増税が必要以上に大きく，1964年に実施した減税の効果を打ち消し，1966年前半に経済的に大きな負担を生み出しかねないと警告を発した。このような負担に対し，一方で経済諮問委員会，財務省，HEWにおいて，他方でミルズの間で，負担を軽減するための論争が起こった。中でも，X線技師，麻酔医，病理医，物理療法の医師たちの請求書を，病院保険もしくは医療計画の下で支払うのかどうかをめぐって激しい議論が展開された。政権側は，費用増大への懸念から，病院保険の下での道筋を促した。しかし，ミルズ側は，病院保険計画の下で，医師の請求書を支払うことはしないと態度は一貫していた[60]。

４月にはいると，メディケアによる増税に対する経済負担への不安が国民の間で広まった。これを見たHEW長官のセレブレッツェは，ホワイトハウスに，新聞各紙がメディケアの経済上の負担の可能性に関心を寄せ記事を掲載していると警告した。ホワイトハウスの大統領特別補佐官のジャック・バレンティ（Jack Valenti）が報告しているように，「彼は，これが法案に対しての新たな攻撃となっていると思っている」と。これに対して，ジョンソン大統領は，経済諮問委員会委員長アクレーと，商務長官ヘンリー・ファウラーに，彼らの友人である経済評論家たちを沈黙させるように要請した[61]。

４月８日，下院本会議場で審議が行なわれた。ミルズによる下院議員たちへの新たな法案（H.R.6675, 社会保障改正法案）の説明以外には議論はなされず，その日に採決が行なわれた。結果は，賛成313対反対115であった。248人の民主党議員と，65名の共和党議員が支持し，反対は，42名の民主党議員と73名の共和党議員にとどまった。北部州選出議員の中では賛成189対反対２であり，南部民主党議員は賛成59対反対40で多数派を得た。この結果を聞いたジョンソン大統領はすぐさま下院指導部，並びにミルズ，キング，ジョン・ディンゲル（John Dingell，ワグナー・マーレー・ディンゲル法案の提案者の一人）関係者たちに電話を入れ，祝辞の言葉を述べたのである[62]。下院での可決を受けて，ジョンソン大統領は，補佐官のオブライエンに語った。いわく「彼らがローズベルトの100日間に行ったこと以上のことを，彼らはやったのだ…」と[63]。

ジョンソン大統領は，メディケアに関する審議の行方を心配して，あらゆることに慎重で，極めて用心深く行動した。すでに，３月26日，ジョンソンは，「非常に重要で国家機密に関わる会議」であると称して両院の議会指導部をホワイトハウスに招いた。これは，上院での審議の障害を除くためであった。その遡上に上がったのが，上院財政委員長のハリー・バードに他ならない。古参でうるさ型の大物議員バードはメディケアに対して強固に反対を表明しており，財政委員会でメディケア法案の棚上げを実践した議員の一人であったからだ。非公開で行なわれた会議の後，ジョンソンは不意に部屋へホワイハウス付の記者たちを呼び入れ，集まった議員たちとともに記者会見を開いた。TV カメラが回される中で，ジョンソンは，バードのほうに顔を向け，上院財政委員会がメディケアに関して早急なる公聴会を開くことに何か問題があるかどうかを尋ねた。バードは，しぶしぶ，法案の審議にいかなる遅れもないと述べざるを得なかった。ジョンソンは強引に，財政委員会が迅速に公聴会を開くことを，TV カメラの前で，バードに発表させたのである。出席者の一人カール・アルバートいわく，「あれこそ，公けでの“トリートメント（対応）”のかつてないほどのよい例であった」と[64]。

こうして，4 月 29 日から 5 月 18 日まで，上院財政委員会において公聴会が開かれた[65]。一見すると誰もが注目していないように見えたものの，しかし，5 月と 6 月中に，ジョンソン大統領が意図する大規模な計画の故に，委員会と上院に対して関係者から巨大な圧力がかかっていた。というのも，ジョンソンが意図する計画のため多数の法案が上院での審議を待ちの状況であったからだ。大規模な計画と迅速な行動とを常に求めたジョンソンは，メディケアの審議が遅れてしまうことを強く懸念したのである。

そのような状況の中で，ルイジアナ州選出のラッセル・ロング（Russell Long）議員は，財政委員会での審議について，非協調的な態度を取っていた[66]。ロングは，法案の内容を抜本的に修正する大幅な変更を加えた保険法案を提案し，他の委員たちの説得を求めたのである。ロングは，すでに投票権法案への支持票を投じて地元有権者の支持を失っており，これを回復するため，自分がジョンソンの単なる“使い走り”ではないことを誇示するべく，メディケア法案を利用したといえる。これに対して，ジョンソン大統領は6月18日に，電話でロングに修正案を引っ込ませせることを求めた。しかしロングはこれを拒否した。そこで最終的に，6 月 21 日，ジョンソンは彼をホワイトハウスへと呼び出した。しかし彼はジョンソンの“対応(トリートメント)”では働かなかった[67]。

だが，6月30日，最後の採決が行なわれ，H.R.6675は財政委員会では賛成12対反対5で可決された。当該法案を支持した議員は，6人のリベラル派民主党議員，アンダーソン，ダグラス，ゴア，マッカーシー，ハルケ，リビコフら4名の南部民主党議員，スマザーズ，タルマージ，フルブライト，ロング，2名の共和党議員，ダークセン，カールソン議員，である。この法案は，“上院財政委員会から出た最初の法案”となった。一方ロングの修正案の方は，反対10対賛成7でもって否決された[68]。

財政委員会の案が上院本会議場に上程されたとき，ホワイトハウスは，ロングがH.R.6675を下院に受け入れられない内容に変えてしまうのではないかと心配した。そこでジョンソン大統領は，ロングに修正案を取り消すよう要請したものの，だがロングの方は逆に抵抗してより多くの修正を提案する始末であった。このようなロングの抵抗は，ジョンソン大統領の“権威的”な議会支配に反対する連邦議員の抵抗の一端を示したものであった。南部州の有権者からの圧力は，リベラルな連邦議会において，南部議員たちに大きな抵抗を強いるほど強力であった，といえる[69]。

越えて7月6日，ホワイトハウス議会担当補佐官であるマイク・マナトス（Mike Manatos）は，H.R.6675に対する上院本会議場での支持票を数えた。それは少なくとも58票で，それに加えて，態度を表明していない南部民主党議員たち，それから，支持に加わると思われる共和党議員の一団も存在した。多くの修正がくわえられたH.R.6675は，上院本会議場で，1965年7月9日，賛成68対反対21でもって可決された。主に南部州選出議員からなる14名が，1964年の投票からその立場を変え，また，共和党議員の大きな一団が賛成に加わったことが大きかった[70]。

ミルズは，6回にわたる両院協議会に参加し，協議の中で，ミルズは“牛刀を振り回し”て，上院の修正案の95%を切り離し，最終案は事実上，下院が可決した内容と同じものとなった。両院協議会は，1965年7月21日，社会保障改正法案を報告した[71]。下院は，両院協議会からの成案を7月27日，賛成 307 対反対 116 で可決し，一方，上院は 7 月 28 日，賛成 70 対反対 24 で可決した [72]。

法案は成立したとはいえ，ジョンソン大統領にとって残された大きな課題は，AMA のメンバーたちがメディケア・メディケイド計画への参加を拒否しないことを確実のものにすることだった。というのも「病院，医院が老齢患者であふれかえるという予想，制度がそれ自体の重さで崩壊するという予想」は，医療専門家たちのボイコットを予感させるに十分であったからだ [73]。ジョンソン大統領は，7 月 29 日，AMA の指導者たちと面会した。その際，ジョンソンは，国民が自分の国の医者たちにどれほどの“感謝”と“尊敬”を感じているかについて丁寧に話し，また，ベトナムについても話を始めた。ジョンソンは，医師たちに，ベトナムの人々と彼らの医療の必要性を語り，AMA の指導者たちに支援を要請した。これを聞いた指導者たちは，快く快諾したのである。喜びに満ちた大統領は，「ここに記者たちを呼べ」と叫んだ。ホワイトハウスづめの記者団に向かって，ジョンソンは，ベトナムにおける医療支援計画に同意した AMA の指導者たちをたたえる話をしていた。しかし，記者たちの方は，医師たちがメディケア計画に参加するかどうかを質問した。ジョンソンは怒りの表情を表し，「これらの人々は，殺されるかもしれない医師たちをベトナムへと赴任させようとしている…。メディケアは動かしがたい国法である。もちろん，彼らは国法を支持するはずだ」と述べ，AMA の会長に応えるように仕向けた。彼は，静かに，「我々は最終的に，法律を順守する国民である」と語ったのである [74]。

こうして，7 月 30 日，ジョンソン大統領は，トルーマン前大統領の故郷であるミズーリ州インディペンデンスで，社会保障改正法案の署名式典に出席し，法案に署名を行なった。ここに，懸案であった社会保障改正法が成立したのである。

第3節　メディケア・メディケイドの内容

メディケア（Medicare）・メディケイド（Medicaid）は，正確には，「1965年社会保障改正法（the Social Security Amendments of 1965）」の第一章第一部第18編および第二部第19編にあたる。以下，成立をみたメディケア，メディケイドの概要を紹介する[75]。

(1) 病院保険給付（第18編パートA）

①受給資格として，65歳以上のすべての者が対象となる。ただし，連邦健康保険プログラムに加入している現職の連邦職員または退職者，6か月間居住していない外国人，一部の犯罪者を除く。

給付内容として，①入院患者病院サービス――疾病期間（Spell of Illness）について90日間で，通常入院患者に対して行なわれるサービスであり，受給者は最初の60日につき40ドルの定額負担金（Deductible）と61日目以降につき一日10ドルの一部負担金（Coinsurance）を自己負担として支払う。適用されるサービスには，給食，寝具，入院患者の療養のために病院が通常提供する看護，その他の関係サービス，病院施設の利用，社会医療サービス，薬剤などが含まれる。インターンやレジデントによって為される場合を除き，原則として医師によるサービスを含まない。また，提供される病室は2～4人を収容する部屋である。

②退院後保護サービス―病院の入院日数3日後に後保護施設に移送されたもので，「一疾病期間」につき最高100日までは給付の対象となる。最初の20日間までは無料，21日以降は，受給者が1日5ドルの一部負担額を支払う。

③外来患者の病院診断サービス―同一病院で提供される診断サービスにつき，20日以内の診療サービスが20ドルの定額負担金と20%の一部負担金という受給者負担により行なわれる。

④退院後在宅保健サービス―在宅患者に対して，訪問を原則とする，看護婦(パートタイム）による看護，物理療法，作業療法，言語障害矯正，補装具，家事援助等であって，一疾病期間につき一年間で訪問回数は100回までである。

なお，これらの給付にかかる費用は，「適正費用（Reasonable cost)」という基準をもとに，病院など各サービス提供者に対して支払われる。「適正費用」は，保健教育福祉省長官が規則によって定めるが，公的機関や既設の民間保健団体によって適用されている一般原則やその他社会通念的に合理的な諸般の事情を考慮して決定される。

施行期日については，入院給付，在宅保健サービス，外来患者サービスは1966年7月1日，退院後保護サービスについては1967年1月1日から実施される。

財源は，社会保障税（Pay-roll tax）に含めて徴収し，健康保険給付についての部分と連邦政府の一般歳入からの支出が，新たに設置される病院保険信託基金に繰り入れられる。

(2) 補助的医療保険給付（第18編パートB）

加入資格として65歳以上の者で，任意保険制度に加入することを選択する者であり，給付内容として，①病院，診療所，事務所，家庭その他いずれの場所を問わず医師，X線治療士，歯科技工士，などから受けたサービス，②診断X線，臨床検査，③X線治療，放射線治療，③補装具，義眼，④救急車サービス，⑤家庭保健訪問サービス（1年に100回）などを含み，精神障害に関する病院外の治療については年間医療費の50%または最高250ドルのいずれか低いほうを受給者が負担する。健康診断，眼鏡または補聴器については給付に含めない。薬剤処方については1966年6月までに決定される。これらのサービスについて，年間医療費のうち50ドルと，残りの費用20%が自己負担となる。施行期日は1967年1月1日である。

なお，加入者は毎月一人につき3ドルの保険料を支払い，連邦政府は加入者の保険料と同額を負担する。年間50ドル定額負担金の支払を前提として費用の80%をカバーする。償還は，請求書にもとづき被保険者になされるか，直接医師に対してなされる。償還事務の実施は，保健教育福祉省長官との契約に基づき，いわゆる保険代行者（Carriers）にゆだねられ，「適正料金(Reasonable Charge)」との基準に基づき決定される。

(3) 医療扶助（第19編）

1960年に制定された貧困老齢者医療扶助計画であるカー・ミルズ計画を，要扶養児童，視覚障害者，障害者などに対して拡張適用する。

この計画に参加する州は，入院および外来患者の病院サービス，諸検査およびX線サービス，後保護施設サービス並びに医師のサービスを実施することが義務付けられる。州は，受給資格を決定する際，「弾力的な」所得調査をし，巨額の医療負担をする者に不利な基準を設けることはできない。また，配偶者または未成年者，もしくは21歳以上も視覚障害者，完全永久的障害者の親以外の親族から，負担金を要求することはできない。

連邦補助金は，各州の平均所得を基準として，従来よりも増額となる55–83%のマッチングファンドで交付される。

第4節　おわりに

以上において，メディケア・メディケイドの成立に際して，ジョンソン大統領が，法案の審議過程を常に監視し，関係スタッフおよび連邦議員たちから報告を受け，ミルズ委員長と協議して法案の内容を作成し，そしてミルズに成立のすべての功績が向かうように約束した経緯を見てきた。この辺の事情をミルズは，以下のように回顧している。「(長い期間をかけて）我々が法案を作成するのにこぎつけたのだ。まさにその通りに運んだ」[76]と。本論でも指摘したように，ジョンソン大統領は，法案成立の鍵を握るミルズと一連の交渉を行なう中で，ミルズ本人に法案を作成させ，推進させることを促し，その上で，ジョンソンは全面的な支援を約束したのである。一方，ミルズの方は，法案を進める際に，ジョンソン大統領が，法案の内容に応じるための資金提供の方途を見出し，票の獲得のために支援し，そして成立にいたった暁には功績のすべてをミルズに与えることを理解していた。このようなジョンソンの“恩典”なしには，ミルズ委員長が，法案への支持表明に向かわせることは極めて困難であったといえる[77]。

ともあれ，ジョンソン大統領は，法案成立への障害について敏感に察知し，その障害を果敢に取り除いていった。メディケアの成立にとって重要な上下両院の連邦議員たちに，ジョンソンはその説得能力をフルに発揮して，法案成立の筋道をつけることに尽力した。また，メディケア・メディケイド実施に伴う経済的な懸念が生じてきた時には，それを封じるようにスタッフたちに命じたのである。

1965年7月30日に成立した1965年社会保障改正法（メディケア・メディケイド）は，1966年7月1日から施行された。HEW次官補ウィルバー・コーエンが「第二次世界大戦のヨーロッパにおけるD-day作戦以来最大の政府事業の一つ」と呼んだメディケア・メディケイドの施行は，ホワイトハウスの担当スタッフによる詳細な計画と組織化を通じて，滞りなく施行されたのである[78]。

ちなみに，メディケアが実施された1966年には，病院保険計画（メディケアパートA）に登録した65歳以上の人数は1,910万人，補助的医療保険（メディケアパートB）には1,770万人が登録した。1967会計年度で，710万件の入院費用請求に対し31億ドルが支払われ，2,440万件の医師の診療費請求に75億ドルが支出された[79]。その施行から10年のうちに，メディケアはいかなる大統領も表立って反対することのできない，国民に幅広く受け入れられた制度となった。そして老齢有権者たちは，強力な圧力団体となり，メディケアからの支援によって貧困者へと転落する機会を低減させた老齢者たちは，社会保障改革に対するのと同様に，メディケア・メディケイドの強力な支援者となったのである。後のレーガン政権が，その任期中，メディケア・メディケイド支出の抑制に精力的に活動したにもかかわらず，計画の撤廃を提案することはなかった[80]。

メディケア・メディケイドはまた，老齢のアメリカ人に対して，専門的医療へのアクセスの増大をもたらした。1960年には，専門的な医療サービスを受けた経験のある，白人以外の人々は45%以下であった。しかし，この数字は，メディケア・メディケイドの施行後しだいに低下していき，1978年には，11%までになった[81]。さらに，医療費の支払いが公的に担保される制度であったため，医療提供者たちにとっても，メディケアは確実な収入源となり，病院設備への投資を行なうことができた。このことは，メディケア・メディケイドがあくまでも医療の財政面を連邦政府にゆだねただけであり，ジョンソン大統領が「地域医療計画」を推進するに当たってAMAからの大きな反発を受けたように，医療の「供給体制」のあり方について，連邦政府の管理が行なわれたわけではなかった，といえる[82]。「病院・医師にいかなる管理も及ぶことはない」という法案の寛大さが，一部分医療技術の発展，医療需要の増大を加えつつも，アメリカ社会における医療費の急騰を招いたのであった。

1965年に成立して以来，多少の修正を加えつつも，メディケア・メディケイドは，今日も，アメリカ社会の中で，貧困者，老齢者にとって重要な制度として現に存在しており，フランクリン・ローズベルト大統領以来の民主党政権の悲願であった老齢者医療制度の創設を成功させたジョンソン大統領は，アメリカの医療制度の改革においてもっとも有能な大統領の地位に留まっている。

<注>

1）*Public Papers of the Presidents of the United States: Lyndon B. Johnson, 1965, Volume 2* (US. Government Printing Office, 1966), p. 813.

2）Henry B. Sirgo, “Congressional Liaison Operations During the Johnson Administration: The Case of Medicare,” *Presidential Studies Quarterly*, Volume 15, Number 4 (Fall, 1985), pp. 826–827.

3) "Annual Message to the Congress on the State of the Union, January 8, 1964," *Public Papers of the Presidents of the United States: Lyndon B. Johnson, 1963-1964, Volume 1* (US. GPO, 1965), pp. 114-115.
4) "Special Message to the Congress on the Nation's Health, February 10, 1964," *Public Papers of the Presidents of the United States: Lyndon B. Johnson, 1963-1964, Volume 1* (US. GPO, 1965), pp. 275-284.
5) Joseph A. Califano, Jr., *Triumph & Tragedy of Lyndon Johnson: The White House Years* (College Station: Texas A & M University Press, 2000), pp. 29-30; Robert Dallek, *Flawed Giant: Lyndon Johnson and his time 1961-1973* (NY:Oxford University Press, 1998), p. 203; Sheri I. David, "Medicare: Hallmark of the Great Society," in Bernard J. Firestone and Robert C. Vogt, ed., *Lyndon Baines Johnson and the Use of Power* (Connecticut: Greenwood Press, 1988), p. 41.
6) David, *op. cit.*, "Medicare: Hallmark of the Great Society," p. 42.
7) Wilbur Mills Oral History, taken by Joe B. Frantz, interview 1, tape 1 of 1 November 2, 1971, Lyndon B. Johnson Library（以下，LBJL と略す）; Irving Bernstein, *Guns or Butter* (NY: Oxford University Press, 1996), p. 161.
8) David Blumenthal and James A. Morone, *The Heart of Power: Health and Politics in the Oval Office* (Berkeley: University of California Press, 2009), p. 179; Wilbur Mills Oral History, taken by Joe B. Frantz, interview 1, tape 1 of 1 November 2, 1971,LBJL; Wilbur Cohen, telephone audiotape, March 21, 1964, "Recordings and Transcripts of Conversations," Citation 2612, LBJL.
9) Dallek, *op. cit.*, *Flawed Giant*, p. 204; *Public Papers of the Presidents of the United States: Lyndon B. Johnson, 1963-1964, Volume 1* (US. GPO, 1965), p. 282.
10) Dallek, *ibid.*, *Flawed Giant*, pp. 204-205; Clarence G. Lasby, "The war on Disease," Robert A. Divine, ed., *The Johnson Years Volume Two: Vietnam, the Environment, and Science* (Lawrence: The University Press of Kansas, 1987), pp. 191-194; *Public Papers of the Presidents of the United States: Lyndon B. Johnson, 1963-1964, Volume 2* (US. GPO, 1965), pp. 1650-1651; *Public Papers of the Presidents of the United States: Lyndon B. Johnson, 1965, Volume 1* (US. GPO, 1966), pp. 12-21.
11) Dallek, *ibid.*, *Flawed Giant*, pp. 194-198; Lasby, *ibid.*, "The war on Disease," pp. 194-198.
12) Dallek, *op. cit.*, *Flawed Giant*, p. 205.
13) Theodore Marmor, *The Politics of Medicare, Second Edition* (NY: Aldine de Gruyter, 2000), p. 42.
14) Bernstein, *op. cit.*, *Guns or Butter*, p. 160.

15)　Blumenthal and Morone, *op. cit.*, *The Heart of Power*, p. 179; Lawrence O'Brien, memo to the President, "Medical Insurance," January 27, 1964, Office Files of Mike Manatos, Box 9 (1 of 2), LBJL. ブルメンソールとモローネ（David Blumenthal and James A. Morone）は，オブライエンがジョンソンへの報告の中で，ミルズが今後採用しようとする法案の内容が（A）カー・ミルズ計画に対して連邦政府が一層の資金拡大を行なう，(B) 資産調査基準が異なる諸州に，同一の資格調査を導入する，(C) 医師の診療サービスを含める，と報告していることを指摘し，ミルズはすでにこの時期に，1965年に成立にいたるメディケア法案の内容をジョンソンに示していたと主張している（*ibid.*）。

16)　Dallek, *op. cit.*, *Flawed Giant*, p. 206; Lawrence O'Brien Oral History, Sept. 18, 1985, LBJL.

17)　Bernstein, *op. cit.*, *Guns or Butter*, p. 164.

18)　Sheri I. David, *With Dignity: The Search for Medicare and Medicaid* (Connecticut: Greenwood Press, 1985), p. 111; Bernstein, *op. cit.*, *Guns or Butter*, p. 164.

19)　ホワイトハウスの下院連絡担当官であったヘンリー・ホール・ウィルソン（Henry Hall Wilson）は，大統領首席補佐官であるローレンス・オブライエンに宛てたメモの中で，「もしそれが委員会から提出されたとしても」下院本会議場で可決されることは不可能である，と語っている（Bernstein, *op. cit.*, *Guns or Butter*, p. 161）。

20)　Randall Woods, *LBJ*: *Architect of American Ambition* (NY: Free Press, 2006), p. 571; Blumenthal and Morone, *op. cit.*, *The Heart of Power*, pp. 179–180; LBJ and W. Mills Conversation June 9, 1964, WH Tapes, WH6406. 03, citation 3642, LBJL.

21)　Blumenthal and Morone, *op. cit.*, *The Heart of Power*, p. 180; Lawrence F. O'Brien, 3:55, P.M., June 11, 1964, "Recordings and Transcripts of Conversations," Citation 3686, LBJL. 1964年6月11日の電話会話によれば，ジョンソンはミルズが受けると思われる賞賛を繰り返し語り，会話を終えている（ibid）。

22)　Bernstein, *op. cit.*, *Guns or Butter*, p. 165.

23)　*Ibid.*

24)　Blumenthal and Morone, *op. cit.*, *The Heart of Power*, pp. 181–182.

25)　David, *op. cit.*, *With Dignity*, p. 112.

26)　Bernstein, *op. cit.*, *Guns or Butter*, p. 166.

27)　Blumenthal and Morone, *op. cit.*, *The Heart of Power*, pp. 181–182.; George Smathers, audiotape, 11:00 A.M., August 1, 1964, "Recordings and Transcripts of Conversations," Citation 4604, LBJL.

28)　ジャビッツ案の内容は，老齢受給者に対して，社会保障法の下でのメディケアか，政府によって償還される民間保険会社が提供する，社会保障法の下のメディケアと同額の給付を受けるかの選択を含む内容であった。

29)　Bernstein, *op. cit.*, *Guns or Butter*, p. 167; Congressional Quarterly Inc.,

Congressional Quarterly Almanac 1964 (1965), p. 236.

30) Blumenthal and Morone, *op. cit.*, *The Heart of Power*, p. 182.

31) 1964 年の連邦上院における財政委員会では保守派委員の比率が大きく，一方，上院本会議では，リベラル派が多数を占めていた。

32) Blumenthal and Morone, *op. cit.*, *The Heart of Power*, p. 182; Mike Mansfield, audiotape, 10:58 A.M., September 2, 1964, "Recordings and Transcripts of Conversations," Citation 5416; Carl Hayden, audiotape, 11:15 A.M., September 2, 1964, "Recordings and Transcripts of Conversations," Citation 5419, LBJL.

33) David, *op. cit.*, *With Dignity*, pp. 117–118; Bernstein, *op. cit.*, *Guns or Butter*, pp. 167–168.

34) Blumenthal and Morone, *op. cit.*, *The Heart of Power*, pp. 183–184; Carl Albert, audiotape, 11:20 A.M., September 3, 1964, "Recordings and Transcripts of Conversations," Citation 5445, LBJL.

35) Bernstein, *op. cit.*, *Guns or Butter*, p. 168.

36) Blumenthal and Morone, *op. cit.*, *The Heart of Power*, p. 184.

37) *Ibid.*, pp. 184–185.

38) *CQ Almanac, 1964*, p. 239.

39) Bernstein, *op. cit.*, *Guns or Butter*, p. 168.

40) *CQ Almanac*, 1964, p. 231.

41) David, *op. cit.*, "Medicare: Hallmark of the Great Society," p. 44.

42) Bernstein, *op. cit.*, *Guns or Butter*, p. 169.

43) Lawrence O'Brien, Oral History Interview, Ⅲ–49, LBJL.

44) Woods, *op. cit.*, *LBJ*, p. 569.

45) Marmor, *op. cit.*, *The Politics of Medicare*, p. 45.

46) David, *op. cit.*, "Medicare: Hallmark of the Great Society," pp. 44–45; Bernstein, *op. cit.*, *Guns or Butter*, p. 169; David, *op. cit.*, *With Dignity*, p. 122.

47) Marmor, *op. cit.*, *The Politics of Medicare*, p. 45

48) Dallek, *op. cit.*, *Flawed Giant*, pp. 205–206.

49) *Ibid.*, p. 207.

50) Bernstein, *op. cit.*, *Guns or Butter*, p. 170.

51) *Public Papers of the Presidents of the United States: Lyndon B. Johnson, 1965* (US. GPO, 1966), pp. 1–9.

52) David, *op. cit.*, *With Dignity*, p. 123.

53) David, *op. cit.*, "Medicare: Hallmark of the Great Society," pp. 45.

54) Bernstein, *op. cit.*, *Guns or Butter*, pp. 170–171.

55) *Ibid.*, p. 171.

56)　Dallek, *op. cit.*, *Flawed Giant*, p. 208; Bernstein, *op. cit.*, *Guns or Butter*, p. 172.

57)　*Ibid.*

58)　David, *op. cit.*, *With Dignity*, p. 130.

59)　Blumenthal and Morone, *op. cit.*, *The Heart of Power*, p. 191; John McCormack, audiotape, 4:54 P.M., March 23, 1965, "Recordings and Transcripts of Conversations," Citation 7141, LBJL.

59)　Bernstein, *op. cit.*, *Guns or Butter*, p. 168.

60)　*Ibid.*, p. 172.

61)　Blumenthal and Morone, *op. cit.*, *The Heart of Power*, p. 193; Jack Valenti, memorandum to the President, April 22, 1965, EX LE/IS1, WHCF, Box 75, LBJL.

62)　Bernstein, *op. cit.*, *Guns or Butter*, p. 173.

63)　Woods, *op. cit.*, *LBJ*, p. 572.

64)　Dallek, *op. cit.*, *Flawed Giant*, pp. 208-209. なお，ハリー・バードについては，藤本一美「ヴァジニア州政治と政党再編成―バード・マシーンの崩壊と民主党支配の終焉」『アメリカ研究』第22号［1987年4月］,後に『アメリカの政治と政党再編成―「サンベルト」の変容』（勁草書房，1988年），第2部第5章に収録を，参照されたい。

65)　Bernstein, *op. cit.*, *Guns or Butter*, p. 174.

66)　Dallek, *op. cit.*, *Flawed Giant*, p. 209; David, *op. cit.*, "Medicare: Hallmark of the Great Society," p. 46.

67)　Bernstein, *op. cit.*, *Guns or Butter*, pp. 174-175.

68)　*Ibid.*, pp. 175-176.

69)　*Ibid.*, p. 174.

70)　*Ibid.*, p. 176.

71)　*Ibid.*

72)　David, *op. cit.*, *With Dignity*, p. 140.

73)　Dallek, *op. cit.*, *Flawed Giant*, p. 209.

74)　Blumenthal and Morone, *op. cit.*, *The Heart of Power*, pp. 198-199.

75)　田中寿「老人健康保険法（その1）～（その3）」国立国会図書館調査立法考査局編『外国の立法』（第22号，1966年3月），83-93頁，（同第23号，1966年5月），128-139頁，143頁，（同第24号，1966年7月），175-184頁；菊池馨実『年金保険の基本構造―アメリカ社会保障制度の展開と自由の理念』〔北海道大学図書刊行会，1998年〕，296-299頁。1965年社会保障改正法では，老齢者医療保険のほかに，医療扶助，母子保健など保健に関する改正，社会保障（老齢，遺族，障害保険の給付，および，社会保障税の引き上げなど）の改正，ならびに公的扶助の改正も含まれた（同上266-269頁）。

76)　Wilbur Mills, Oral History, taken by Michael L. Gillette, interview 2, tape 1 of 2, March 25, 1987, LBJL.

77) Blumenthal and Morone, *op. cit.*, *The Heart of Power*, p. 181.

78) Bernstein, *op. cit.*, *Guns or Butter*, pp. 180–181.

79) *Ibid.*, p. 156.

80) Richard Sorian, *The Better Pill: Tough Choices in America's Health Policy* (NY: McGraw-Hill, 1990), pp. 13–16.

81) Marilyn Moon, "What Medicare Has Meant to Older Americans," *Health Care Financing Review* (Winter, 1996), pp. 54–57.

82) 広井良典『アメリカの医療政策と日本』(勁草書房, 1992年), 46-50頁。

第7章　初等・中等教育法―教育機会の改善

第1節　はじめに

「1965年初等・中等教育法（the Elementary and Secondary Education Act of 1965, 以下ESEAと略する）」は，リンドン・ジョンソン大統領（Lyndon B. Johnson）が提案した「偉大な社会」計画の中の主要な立法業績のひとつに数えられている。それはまた，1964年に開始された「貧困との戦い」との関連においても重要な立法の一つであった。ESEAの内容は，主として低所得家庭出身の5歳から17歳までの生徒に対して，教育環境の改善のために連邦政府が援助を提供するもので，それは，伝統的に州および地方の領域と見なされてきた教育政策の分野について，連邦政府による大規模な介入の始まりであった。

すでに本書の冒頭でも述べたように，ジョンソン大統領は，自身が職業として最初に小学校と高等学校の教師の経歴を持ち，そのため教育政策に対して強い情熱を抱いた人物であった。事実，ジョンソンは，教育に対する信念を自身の経験をもとに繰り返し語っており，教育があたかも世直しの“万能薬”のように見ているようであった。実際，ジョンソン政権下では，ESEAをはじめとして，大学進学を希望する学生に対する連邦奨学金の設立や，大学機関の教育設備の補助を規定した「高等教育法（the Higher Education Act of 1965）」など，60もの教育関連法案が連邦議会で成立するにいたっている。このように，ジョンソンは教育政策に関してきわめて積極的でかつ熱心な大統領であった。

本章においては，1965年初等・中等教育法を取り上げて，連邦議会における同法の成立過程を検討する。その際，ジョンソンの家庭環境および経歴を踏まえて，教育に対するジョンソンの基本的な考え方を検討し，また，大統領に就任した後に，ジョンソンの見解がどのような形で法案自体の中に反映されていったのかを見ていきたい。

第２節　ジョンソンと教育政策

ジョンソン大統領は，その前の大統領のケネディなどに比べると，貧しい中で幼少期を過ごしたといってよい。テキサス州の州議会議員であった父親のサム（Sam Johnson）は，ジョンソンを州議会議事堂や討論集会などに連れて行き，ジョンソンに弁論の指導を行なった一方，当時として女性では珍しく大学卒業者であった母親レベッカ（Rebekah）により，ジョンソンは厳しく育てられた。しかし，ジョンソンの幼年期における学業成績は“並”であり，高校卒業時には，大学への進学を勧める母親の意見を無視して，カリフォルニア州に友人と出かけて道路工夫などをした。しかし，教育がなければろくな仕事にありつけないことを悟って，一年で故郷に舞い戻ってきた。大学に進学することを決意したジョンソンは，貧しい家庭を考え，州都オースティンにあるテキサス大学ではなく，テキサス州立サウスウエスト師範大学へと入学した。その大学生活の中で，ジョンソンの後の政治的経歴に大きな影響を及した経験を重ねることになったのである。

師範大学に入ったものの，ジョンソンは，20歳の時に学業資金が足りなくなり，学費を得るため，大学を一時休学してテキサス州南部に位置するコトラの町に教師として赴任している。その町には大多数の貧しいメキシコ系の住民が住んでおり，ジョンソンが赴任したウェルハウゼン小学校は，アングロ系の白人からは人種隔離されたメキシコ系の生徒たちが通う学校であった。

すでに小学校の教師免状を所持していたジョンソンは，校長として，生徒たちを指導した。ジョンソン校長は，“強い熱意で，非常に積極的であり，規律に厳しく”生徒たちを指導する中で，生徒たちの間にある貧困と人種的憎悪に大きな衝撃を受けた[1)]。ジョンソンは当時の体験を後に次のように述べている。

「朝，学校に登校した際に，彼らの目の中に失望を，彼らの顔にとまどったような表情を見たことを，私は決して忘れることはできなかった。彼らの多くが朝食もとらず，お腹を空かせたままであり，彼らはいつも私に尋ねているようであった。“人々はなぜ自分を好きになってくれないのか？彼らはなぜ自分を憎んでいるのか？”」。そして「幼い子供たちの顔に傷あとを見つけるとき，貧困と憎悪が何をなすかということを，決して忘れることはない」と述懐している[2)]。

貧困と人種差別の中で生きる児童たちに対して，ジョンソン校長は積極的に学業上の指導を行なった。例えば，学校運営と彼の担当授業の傍ら，数多くの課外活動を計画し，自費で必要な用具を購入した。また，校内でディベートチームを結成した時には自ら指導に当たった。ディベートチームの生徒や他の運動チームの遠征時には，学校区に住む生徒の保護者と掛け合い，遠征用の自動車を調達した。このような熱心な教育指導の中で，ジョンソンは，生徒たちにアメリカが移民からなる国であって，他のドイツ系，ポーランド系，イタリア系のアメリカ人と同様に，メキシコ系の人々にも“アメリカの夢”への権利があることを諭したのである[3)]。

当時，ジョンソンは，大多数の生徒が英語を話すことができない状況なかで，学校内ではスペイン語の使用を許さず，英語を使用することを厳しく指導したという。というのも，ジョンソンは，英語能力の向上こそが，生徒たちの将来における機会を大きく広げるものであること，そして何よりも貧困から抜け出すためには必要であるという認識を抱いていたからである[4)]。

実際，ジョンソン自身にとっても，教育は，テキサスの片田舎の貧困から抜け出す手段であった。彼は，アメリカのあらゆる生徒たちが生活を向上させるため機会を得ることを望み，そして，あらゆるレベルにおける教育の拡大と向上を推進する際，ジョンソンは，連邦政府の活用に大きな確信を抱いていた。事実，アメリカでは，1960年代までに，アメリカの教育問題が強く認識されるようになっていた。第一次および第二次世界大戦を通じて，徴兵された兵士たちの間の読み書き能力などの適正能力の不足が認識され，また，米ソ冷戦下では，国防教育法などにより，科学，工学，数学，外国語などの学力向上が声高に叫ばれていた。さらに，戦後ベビー・ブーム世代が 1960 年代に学齢期に達するなかで，教師や施設を含めた地方の教育資源の不足を補う支援が求められていたのである [5)]。

そのような現実の中で，ジョンソンは，教育問題への対処を主導するには連邦政府による以外ないと考えた。また，学童人口の増加は一面で，大規模な教育政策を推進することで，大きな社会的・経済的機会を生むものとも考えられていた。ことに中産階級以下の親たちは，彼らの子供たちの生活向上を考え，貧しい人々の教育を改善すべく，連邦政府による積極的な行動を望んでいたのである [6)]。

ケネディ政権下において，ジョンソンは副大統領に就任していた。ケネディ大統領は当時，教育に関する特別委員会を組織し，パデュー大学の学長であったフレデリック・L・ホウブ（Frederick L. Hovde）を委員長として，カーネギー財団の理事長ジョン・ガードナー（John Gardner），ハーバード大学教育学部の学部長であったフランシス・ケッペル（Francis Keppel）を委員として任命した。そこでの教育政策の主眼は，歳入規模が小さく学校制度の整備が不十分な州と，大都市における隔離された公立学校に対する財政援助であり，私立学校への援助はなかった。その他の重要な提案として，教育施設の建設のために大学への資金援助と貸付計画があった。こうした中で 1961 年に，ケネディ政権はこれらの構想をまとめた教育法案を連邦議会に提出した [7)]。

しかし，この教育法案は，さまざまな障害によって行き詰まることとなった。まず第一に，連邦による包括的な教育援助により，伝統的に地方政府が留保していた教育への管理が失われることを懸念した共和党議員たちによる反対があった。第二に，南部において展開されていた公民権運動の高まりの中で，連邦政府による学校への資金提供が学校の人種的統合をもたらすことを恐れる南部選出議員たちの反発があった。そして第三に，いわゆる“教会―国家（Church – State）”論争によって阻まれたのである。当時，アメリカにおける多くの私立学校は，その 85%がカソリック教会によって運営されており，その学校の下で教育を受ける生徒の数は500万人を超えていた。「全米カソリック福祉協議会（the National Catholic Welfare Conference）」は，連邦議会が教育援助をするならば，教区学校の生徒たちにも公平に扱うべきだと主張した。それに対して，100万人近い学校教員を代表する「全米教職員教会（the National Education Association）」，および31のプロテスタント宗派を代表する「全米キリスト教会協議会（the National Council of Churches）」は，教区学校へのいかなる支援についても反対の立場をとった。こうした状況の中で，カソリック教徒であったケネディ大統領自身も，“教会―国家”論争に関して敏感にならざるを得なかった。教育法案は，連邦上院を通過したものの，しかし，下院議事規則委員会において，“教会―国家”論争を乗り越えて合意するまでには至らず，結局，廃案となった。ケネディは翌年にも同様の提案を行なった。だが，連邦下院は法案の審議すら拒否したのであった[8]。

それ以降，ケネディ大統領は，連邦政府による包括的な援助計画を，資金の使用目的をより限定した計画に移行させた。そして職業訓練，人材開発，心身障害者，図書館と医学学校のような特定の教育機関への補助的な連邦援助を規定する法案を，連邦議会で成立させるにとどまった。

第3節　ESEA成立の背景

(1) ESEAの草案作成過程（1964年）

連邦政府による教育援助に情熱を注いだ前任者のケネディ大統領[9]と比べると，教育に対するジョンソンの情熱は並大抵のものではなかった。連邦教育局局長であったフランシス・ケッペル（Francis Keppel）は，ジョンソン大統領の姿勢を「教育は，彼が心から抱いていた関心の一つであった」と述べ，「それは偽りではなく」，「その関心はまったくの本物であった」と述懐しているほどである[10]。それはまた，ジョンソンにとりついた“強迫観念（obsession）”でもあった[11]。報道担当秘書官であったジョージ・リーディ（George

Reedy）は，以下のようにジョンソン大統領を回顧している。「彼の考えの中では，それ以上に存在するものはなかった。アメリカ合衆国のあらゆる少年少女たちが，彼らが受けるべきすべての教育を受けることができる保証を，彼は求めた。彼は，ほとんどそれを盲信しており，しばしば，彼が，皮膚病の治療として短期大学を，のどの痛みへの特効薬として大学を支援しているようにも思えたのであった」[12)]。

ケネディ大統領の暗殺後1963年11月，大統領に昇格したジョンソンは，ケネディ政権の継続を国民の前に約束し，ケネディ大統領が果たせなかった諸法案を成立させた。その一方で，ジョンソン大統領は，自らが構想する計画を国民に向けて明らかにした。実際，1964年5月22日，ミシガン大学での学位授与式に出席した時に，ジョンソン大統領は自身が意図する「偉大な社会」計画とそれに到達するための構想を披露した。すなわち，「我々は，最善の思考と最善の知識を集めている…。私は，都市に関する，自然環境の美化に関する，教育の質に関する，そしてそのほかに現れる挑戦に関する，一連のホワイトハウス協議会および会議を準備するための活動グループの創設を意図している。それらの会議から，この着想から，それらの研究から，我々は，偉大な社会へ到達するわれわれの道筋を向けることを始める[13)]」。これらの構想にしたがって，5月30日までに，経済諮問委員会委員長のウォルター・ヘラー（Walter Heller）と予算局局長カーミット・ゴードン（Kermit Gordon）により，教育政策を含む諸政策に関する14の特別委員会が提案されたのである[14)]。

教育に関する特別委員会は，14名の専門家から構成され，委員たちは教育界，私立・公立，非宗教，宗派，白人，黒人の中から登用された。教育者であったジョン・ガードナーを委員長に，フランシス・ケッペル，ホワイトハウスの大統領補佐官リチャード・グッドウィン（Richard Goodwin），そして，予算局から教育財政に関する専門家としてウィリアム・B．キャノン（William B. Cannon）がメンバーとして加わった。ガードナー特別委員会の報告書提出期限は11月10日と決められ，ジョンソン大統領は，ガードナー委員長に対して，委員会における「構想と最善の考察，そして最も創造性に富んだ見解」を望む一方で，「政治を考慮に入れないよう」に伝えた[15]。

このガードナー委員会において重要な役割を果たしたのは，フランシス・ケッペルである。ジョンソン政権は，教育における連邦政府の役割の拡大を阻む政治的な障害が依然として解決されないままになっていることを強く認識していた。いわゆる“３つのR―人種（Racial），宗教（Religion），連邦による管理（Red s）”―人種統合につながる政府支援，カソリック教区学校，そして伝統的に州および地方の管轄とされた領域への連邦の介入への強い抵抗が，実質的な障害として立ちふさがっていた。

1964年7月の1964年公民権法の成立，特に，人種差別が行なわれる計画への連邦資金の割り当てを禁止した第6編は，一時的なものではあったが，連邦議会での教育援助に関する審議が人種的争点によって複雑化することを防いだ。しかしながら，ケッペルは，1964年のメモで，他の２つの“R”が依然として存在することに警告を発している。彼は，学校への実質的に新しい連邦補助を規定するいかなる計画も，民主党の重要な２つの支持グループ，すなわち，カソリック教徒と全米教職員教会（NEA）との間での対立を生むと同様に，州権主義と反連邦主義の保守派たちからの強い反対に直面するであろうと警告した[16]。

ケッペルは，1962年にケネディ政権に登用された際に，「全米キリスト教福祉協議会（The National Catholic Welfare Conference, NCWC）」とすぐさま接触を図るように主張し，その後２年間の間，彼は，「全米教職員協会（The National Education　Association, NEA）」，全米教会協議会（The National Council of Churches）と並んで，カソリック教徒とも信頼関係の醸成に努め，対立関係にあるそれらの団体との調停者の役割を担った。連邦議会が教会区学校を平等に扱うことを主張したカソリック宗派に対し，ユダヤ団体を含めて，NEAおよび全米教会協議会は“宗教と国家の分離”を強く主張した。つまり，教会区学校へのいかなる支援を行なわない，という主張であった。両者の主張はお互いに神聖不可分なものであり，それらの原則を収斂させる議論へと移行させることが，ケッペルの役割であった，といえる[17]。

ジョンソン大統領は，1964年の秋，ケッペルを中心に補佐官たちが上記の問題に取り組んでいたとき，HEW次官補であったウィルバー・コーエン（Wilber Cohen）に以下のように漏らした。すなわち「とにかく，ウィルバー，私を宗教論争の真っ只中にひきずりこむようなことはなしだ。一方ではバプティストから，もう一方はカソリックからの非難を，私は望まない[18]」。

ジョンソン政権内の高官たち，教育指導者たち，宗教指導者たちとの協議の後，ケッペルは，初等中等教育法案成立への基礎となる巧妙な妥協案を考案した。彼の計画では，登校している学校の種類（公立か私立か）に関係なく，連邦補助を貧しい児童たちに振り向けるものであった。いわゆる“子供の利益論（Child Benefit Theory）[19]”には，連邦議会選挙区の大部分，公立および私立学校の児童たち，そして法律の施行のために州教育機関に資金をばらまき，その結果，計画への潜在的な政治上の抵抗の多くを和らげるという利点があった[20]。私立学校への支援に関する論争を抑える一方で，他方で，教育への連邦援助に対して国民の同意を取り付けるためのアピールになると考えて，ジョンソン大統領はケッペルの提案を強く支持した。

それに加えて，ジョンソン大統領は，重要な決定をおこなった。それはHEW，ホワイトハウス予算局，そして連邦教育局からの資金要請への拒否であった。それらの機関からの要望の内容は，裕福な学校区よりも，貧しい学校区にむけてより多くの連邦資金が提供される保証を，草案に盛り込むことであった。ジョンソンは，恵まれない人々に教育を与えることを目的とする法案を国民に訴えていたものの，しかし，その計画が中産階級家庭とその子供たちにも十分な資金が与えられるならば，より一層法案成立の機会が拡大されると考えたのである[21]。

すでに述べたように，1964年の11月に行なわれた大統領選挙において，ジョンソン大統領は，共和党大統領候補のバリー・ゴールドウォーターを大差で破り，再選を果たした。しかも同時に行なわれた連邦議員選挙においては，上下両院で民主党が多数派を維持した。下院では，民主党は69議席を加えて295対140，上院においては，68対32となった。北部および西部都市区から当選したリベラル派たちからなる多数派は，多くの委員会において，ジョンソンの望む法案の審議の進展に多大な影響力を与える結果となった。特に，下院議事規則委員会は，“学校に対するいかなる規制も受けつけない”姿勢で知られており，委員長であるヴァージニア州選出のハワード・スミス（Howard Smith）議員は，1961 年にケネディ大統領が支持する教育補助法案を廃案に追いこんでいた[22)]。しかしながら，下院における民主共和両党の議席比率が２対１になった結果，同委員会内での法案支持委員の比率が高まり，スミス委員長の影響力は弱められることになったのである。

11 月中旬，ガードナー委員会からの教育に関する報告書が，ホワイトハウスに提出された。報告書の中の広範な提案を立法計画へと転換する迅速な対応は，ケッペルと彼のスタッフによって始められた。12 月前半までには，ジョンソン政権内での高官レベルでの協議が行なわれ，クリスマス休暇中に，テキサス州のジョンソンの牧場において，ジョンソン大統領，上級補佐官，および閣僚たちによって法案の内容が決定された[23)]。法案の準備全般にわたって，ジョンソンは，政権高官たちがあらゆる重要な圧力団体と接触をはかり，それ以外の数多くの組織とも連絡をとるように命じた。そして，さまざまな教育活動家，教育長，経営者たちの信念，もしくは個人的な留保を考慮して，細かな変更が行なわれた。最終的な法案は，直接の利害関係者で最も影響力のある団体すべての事前の了承を受けたといわれる[24)]。

(2) 連邦議会審議（1965 年）

1965 年１月 11 日，ジョンソン大統領は，閣僚たちを前に以下のように訓示した。すなわち，「明日，私は，教育に関する教書を連邦議会に送付する予定である。私は，教育が，我々現政権の計画と業績とを達成する際の礎石となることを望み，礎石とするつもりである…。私は，あなた方の優先順位の一番目を，教育—法案だけでなく大義それ自体—を支援する責任と考えたいと思う[25)]」。

翌１月 12 日に連邦議会に提出された教育に関する特別教書において，ジョンソン大統領は，教育を「この国の協議事項の中での第一の議事である…すなわち，“わが国の民主主義の守るべき真髄”である」とした。その上で，「十分な教育機会におけるわが国の目標」を明らかにし，教育における連邦支出を40億ドルから80億ドルへの倍増を要請した。そして，初等・中等学校の生徒に対する10億ドルの支出を求めたのである[26]。ここで重要なことは，低所得者家庭出身の生徒が登校する公立学校への連邦政府による大規模な支援であり，ジョンソンは，これに10億ドルを要請した。また，初等および中等学校における図書館施設の充実のための連邦支援，特別授業における指導方法の改善のための補助的教育センター，サービスの創設，教員養成のための研究機関の創設なども提案した[27]。

ジョンソン大統領は，教育法案を国民に訴える際に，きわめて個人的な熱意でもって，特に感情的に愛国的な訴えを行なっている。ジョンソンは，「あなたたちの大統領として，これらのアメリカの子供たちに，彼らに見合うものを与える」と述べた。また，ジョンソン自らの学生時代の話も披露した。例のコトラ小学校での校長時代のことに詳細に言及するとともに，「子供たちはとても哀れ」であったと述べた。「彼らはほとんどメキシコ系アメリカ人であった。休み時間にはタバコをふかしに外に出て行った。私は彼らとバレーボールをするためにボールを購入し，また楽器も集めた。私たちは，歌うことを教え，合唱団を組織した。私はディベートチームを受け持ち，お互いの言語が違う中で陪審制がよいものであるかを論じ合った。彼らはそれを非常に喜んでくれ，その後ずっと私に投票してくれている」と，熱心に語ったのである[28]。

ジョンソン大統領が提出した教育教書に対して，『ワシントンポスト』紙など主要新聞各紙はジョンソンの提案を支持する論評を掲載した。しかしながら，ジョンソンは，連邦議会に対して画期的な法案を審議に向かわせるには，不断の圧力なしには危ういことを長い議員生活の経験から熟知していた。そこで，ジョンソンと主要補佐官たちは，連邦議会における法案審議の行方を慎重に見守った[29]。

初等中等教育法案は，上院では，オレゴン州選出で，上院教育省委員会の委員長ウェイン・モース（Wayne Morse）議員によってS.370と法案番号が付された。一方，下院においては，ケンタッキー州選出で，総合教育小委員会の委員長カール・パーキンス（Carl Perkins）議員によってH.R.2362と法案番号が付されて提出された。

ジョンソン大統領は，連邦議会における戦略として，いわゆる“教会―国家”論争を抑制し，迅速に審議を進めることを決めた。こと教育法案に関しては，ジョンソンの戦略はメディケア法案とは対照的であったといわねばならない。大統領はこの法案に関してHEW次官補のウィルバー・ミルズ（Wilbur Mills）に委ねることをせず，提案される修正案をまったく受け入れなかった。ジョンソンの望みは明確であった。教育法案について，連邦議会の抵抗を引き起こすことがないほどの，最大限の迅速さでもって審議を促進し，それはホワイトハウス関係者の言葉に従うならば“一つのコンマの修正もなく”可決されるべきものと考えた。その一方で，広範で複雑な法案について性急な手続きに不満を持つ議員に対して，ジョンソン政権の返答はきわめて率直であった。すなわち，明らかに法案には不完全な部分がある。だが，重要なのは初等・中等教育への援助に関する連邦レベルの制度を創設することであり，不十分な部分は後に修正しうる，というのがジョンソンの基本的見解であった[30)]。

ESEAを可決させるための連邦議会議員たちへの説得工作は，ジョンソン大統領が特別教書を送付したその日から始められた。ホワイトハウスの大統領補佐官であるビル・モヤーズとダグラス・カーター（Douglass Cater）は，下院における教育に関する議事責任者である，オレゴン州選出の下院議員エディス・グリーン（Edith Green）と会食し，「彼女のエゴを刺激して」，そして法案に対する「彼女の立場を探った」。法案支持を示しているように思えたグリーンであったが，しかし，ジョンソンはグリーンを大統領執務室に呼び，その場で，大統領補佐官のラリー・オブライエンと民主党下院指導部を助けて法案の審議を促すように説得したのである。

その間に，オブライエンは連邦議会での審議に関する詳細な戦略を作成した。法案および大統領教書の作成に携わったダグラス・カーターが，その戦略の中心的な役割を担った。彼は，下院の担当委員会および小委員会の公聴会で証言台に立つ証人たちの証言の準備を手伝う形で，彼ら証言者たちを監視した。また，委員会メンバーたちの反応に注意し，反対者たちの修正案を否決する方法を検討する責任を担った。

一方，法案の提案者であるパーキンスが受け取った指示は，彼の委員会で法案を可決させ，できるだけ迅速に下院本会議場へ上程することであった。それは，いかなる重要な修正をも回避するために必要であった。パーキンスは，委員長を務める総合教育小委員会で公聴会を開催することから開始した。この間に，上院においては，提案者のモースによる法案審議が時間をかけて進められていた。その目的は，両院協議会を回避するためであって，それと同時に，法案成立に障害となる下院議事規則委員会からの審議の要請を回避するためでもあった。

パーキンスの方は，自らの小委員会で公聴会を1月22日から2月2までの8日間開催した。そのなかで，パーキンスは，強靭な監督官のように振る舞い，数多くの証言者たちを巧みに裁いた。彼は，2月8日までに，事実上，法案に関する最終的仕上げを完了した，といってよかった[31)]。

これに対して，下院教育労働委員会では，委員長のアダム・クレイトン・パウエル（Adam Clayton Powell）議員が，2月8日に委員会で法案の審議を進める予定であった。しかし，クレイトンは，委員会の開催を中止し，自身はプエル・ト・リコへと出発してしまい，補佐官のオブライエンや下院議長であるジョン・マコーマック（John McCormack）からの連絡に対してもなしのつぶてであった。結局，パウエルは姿を現すことがなく，しかたなくオブライエン大統領補佐官は，委員会のメンバーに対して法案の審議を継続するように要請するのみに終始した。しかも，委員会内での南部，北部選出委員たちによる都市部における学校資金の配分をめぐって調整が難航した。さらに，委員たちの間で都市部の学校区に対する“特別な考慮”，すなわち6,300万ドルの補助金の増額の提案がなされるなど，議事の行方が混乱する中で，法案は3月8日に至り最終的に可決された[32)]。

このように連邦議会で法案の審議が進められる中で，強引とも言える議会審議に反発を感じた民主および共和両党の反対者たちから，厳しい内容の演説が行なわれた。その内容は，「強圧的な審議」，「民主主義的なプロセスのまがいもの」というものであった。例えば，ニューヨーク州選出の共和党下院議員チャールズ・E．グッデル（Charles E. Goodell）は，「私の議員生活すべての中で耳にした最も奇妙な原理である。あらゆるものを強引に推し進めることを正当化している」と語った。一方，下院教育労働委員会の幹部委員であったオレゴン州選出の民主党下院議員エディス・グリーンは，「このことは，法案に対する正当な懸念を断ち切るものであり，私が民主党所属であることに誇りを持つ理由の一つは，我々が少数者を擁護しようとしてきたことにある。私はこれを単に少数派民族を擁護することであると解釈したことはない」と不満を述べたのである[33]。

こうした状況の中で，下院議事規則委員会の委員長ハワード・スミス（Howard Smith）は，連邦政府の拡大，差別是正のための税金の使用，公的な資源からキリスト教派学校に支援することに一貫して反対していた。教育法案についても，連邦憲法の合憲性審査を求める条項の追加を提案することによって，抵抗した。スミスの提案は，法案支持を確固とするための連合を解体させる可能性を秘めていた。実際当初から，「全国キリスト教福祉協議会（The National Catholic Welfare Conference)」は，合憲性審査を求める条項が法案に追加された場合に支持を撤回することを明確にしていた。それに対するホワイトハウスの対応は，スミスに「党への忠誠」を盾に説得を試みることであった。結果的に，スミスの提案は発声投票で否決された[34]。

ジョンソン大統領は，上下両院の民主党指導部に絶え間なく電話をかけて圧力をかけ，そして法案への支持票を数えていた。こうした中で下院本会議で，3月26日，採決が行なわれ，賛成263対反対153で当該法案は可決された。北部州選出の民主党議員は187対3で圧倒的支持を示し，一方，南部州選出民主党議員の間では，賛成41対反対54と票が割れた。共和党議員の中では，賛成35対反対96で反対派が多数を占めた[35]。

ジョンソン大統領は，両院協議会に法案の送付を回避するため，上院においても下院案と同様の法案を可決すべきであると強く主張した。上院における審議は，下院案に対するいかなる修正も可決されることなく進み，ヴァーモント州選出の共和党議員ウィンストン・プロウティ（Winston Prouty）がこの国に示されている問題は教育ではなく，「立法過程における同等のパートナーとしての上院の将来である」と述べた。上院は，4月9日，賛成73対反対18でもって法案を可決した。民主党上院議員は55対4で賛成し，他方，共和党においても，18対14で賛成派が上回った[36]。

こうして1965年4月11日，初等中等教育法案は，ジョンソン大統領の署名でもって成立した。ジョンソンは，署名式典の開催を，故郷テキサス州のジョンソン・シティにある自身が通った小学校の校舎の前で行なった。彼は，最初の担任教師であったケイティ・デトリッヒ・ルーニー，コトラ時代の教え子，および高校教師時代の討論チームの教え子などの目の前で法案への署名を行なったのである。

2日後の4月13日，ホワイトハウスでの式典において，ジョンソンは喜びに満ちた表情で，「私は，1931年にワシントンD.C.にやってきて以来，かつて取り組んできたいかなる法案よりも，この法案に関して熱意を持って，辛抱強く取り組んだものはない。私は誇りに思う」と自信をもって述べることができたのである[37]。

第4節　ESEAの内容

ジョンソン大統領は1965年4月11日にESEAに署名し，1965年初等・中等教育法（the Elementary and Secondary Education Act of 1965）が成立した。参考までに以下，法律の概要を紹介する[38]。

・教育上恵まれない生徒への援助（第一篇）

これは，低所得家庭出身の生徒が集中する地域に供する地方教育機関への財政援助を規定するものである。まず，連邦教育局局長（US Commissioner of Education）に対して，基本的補助金および特別奨励補助金として地方教育機関へ配分する資金を州教育機関に提供する権限を与える。

そして，局長が，（以下の計算方法を行なう際に）有用な十分なデータを決定する場合，1966 会計年度における地方教育機関への基本的補助金の上限は，各州における生徒一人当たりの教育支出平均の 50%に，学校区内における年間所得 2,000 ドル以下，もしくは扶養児童給付金を加えた所得の家庭出身の 5 歳から 17 歳までの生徒の数をかけた額となる。また，情報が学校区によっては有用でない場合，基本補助金の上限は郡によって決定され，資金は，委員長が定める基準に従って地方教育機関に割り当てられる。

さらに，1966 会計年度における基本補助金の上限は，同会計年の地方教育機関の予算の 30%に制限される。基本的補助金を受給する資格として，地方教育機関は，2,000 ドル以下の低所得家庭出身の 5 歳から 17 歳までの生徒の数が少なくとも 100 名，もしくは，その学校区におけるすべての生徒のうちの 3 %の人数がいる学校区に所在地がある必要がある。しかしながら，いかなる場合にも，低所得家庭出身の生徒の数が 10 名以下の場合でも，教育機関は補助金を受給しうる。その場合，情報が学校区基準では有用ではない時には，同機関が所在する郡における低所得家庭出身生徒の数が 100 名存在する時に資格を有する。

一方，1967 会計年度において基本補助金を受ける資格を持つ各地方教育機関は，1965 会計年度において公立学校へ通常登校する全生徒数に，1964 年会計年度における生徒一人当たりの平均教育支出の 105%を超えない額をかけた補助金を，受給する。

また，基本補助金あるいは特別奨励補助金を受給するためには，地方教育機関は，申請書を提出しなければならず，申請書は，適切な州教育機関によって承認を受けたものとする。低所得家庭出身の大部分が住む地域における教育上恵まれない生徒への特別な必要を満たす計画に関しては，補助金が使用され，その地域において私立学校に登校する貧しい生徒の数を考慮し，貧しい生徒が参加する教育サービスを準備する。補助金から生じた資金と資産は，公的な機関によって保持され，管理される。なお，地方機関は毎年計画に対する評価を実施して州機関へ報告する。それらの事業は，1964 年経済機会法の下での地方コミュニティー活動計画と協働して行なわれる。

計画の参加を希望する州は，州教育機関を通じて，連邦教育諮問委員会委員長へ，以下の言質を定めた申請書を提出することが求められる。すなわち，

1．第一篇の下で受給した補助金が，州教育機関からの承認を受けた計画と事業に対してのみ使用され，教育機関は同編の規定を順守する。

2．財政管理および資金会計手続きが適切に行なわれる。

3．州機関は，補助金の有効性を評価する報告書を定期的に作成する。

教育委員会委員長は，実質的な不履行をみとめ，州教育機関に対しての妥当な通達と公聴会への機会を与えた後，第一篇の下での補助金の支給を取りやめることができる。

大統領は，法案の成立後 90 日以内に，第一篇の運営を調査するための 12 名からなる貧しい児童の教育に関する諮問協議会を任命する。諮問協議会は，毎年，大統領に調査結果と提案を大統領に報告する。

・教育教材（第二篇）

これは，公立および私立の初等中等教育学校の生徒，教師が使用する学校図書，教科書および教材の購入に対して補助金を支給する 5 カ年計画を定めるものである。

1966 会計年度において，補助金のために 1 億ドルの予算を規定する。補助金支給の望む州は，法案に示された基準に合致する計画を，教育諮問委員会委員長に提出することが求められる。連邦補助金は，教材に対する州，地方および私立学校の教材に対する支出水準を向上させるために使用される。

さらに，第二篇の下で購入される教材の使用に対する管理および運営は，公的機関によって行なわれる。また，教材の使用は，州における初等・中等学校に登校し，適切な州もしくは地方教育機関によって使用が認められた生徒に限られる。

なお，局長は，妥当な通達と公聴会の機会を与えずに，いかなる州の計画をも不可とすることはできない。

・補助的教育サービス（第三篇）

これは，州に対して，“必要が強く求められる”教育的サービスを提供するための，そして実験的な学校計画を創設するための補助的教育センターとサービスに対する補助金の5カ年計画である。

1966会計年度における補助金の予算1億ドルを承認し，各州におのおの20万ドルを割り当てる。ちなみに，補助的教育センターおよびサービスの種類として，教育相談，補習指導，保健，教育計画へ参加する人々を支援するための社会的業務，学芸教育サービス，職業ガイダンス，継続的な成人教育に関する相談，高校大学同時在籍制度を含む模範教育計画，科学，外国語の優秀な生徒に対する特別指導と教材，芸術家，音楽家を含む資格を有する人員の雇用，教育ラジオおよびテレビ計画の創設，僻地に居住する生徒に対する特別教育サービス，自宅学習，教員訪問計画などがある。計画の作成については，州教育機関，高等教育機関，非営利私立学校，図書館，美術館，音楽および芸術団体，教育ラジオおよびテレビ局などの非営利機関が参加する。

なお，補助金は，所定の目的に対する州の資金を補うものであり，代替するものではない。また，補助金の受給を望む地方教育機関は法案に示された基準を満たす申請を，教育諮問委員会委員長に提出しなければならない。

連邦教育局内に，9名からなる補助的教育センターおよびサービスに関する諮問委員会を創設し，補助金受給の申請書について，教育諮問委員会に助言を与える。

・教育的研究および訓練（第四篇）

これは教育諮問委員会委員長に対して，教育分野における研究，調査，実験を行なう大学，非営利民間機関，施設，組織，個人などと契約を結ぶための補助金を与えるものである。

受給者は，教育における研究指導を提供するために補助金を使用し，それには，研究訓練，研修制度などの創設および維持が含まれる。宗教的な職業に就く生徒に対する計画は認められない。教育諮問委員会委員長は，連邦議会に対して，計画の運営，および政府機関外の専門家からなる専門委員団からの提案に関して，毎年報告を行なう。なお，1966-1970 会計年度の期間に，教育の分野における研究のための地域センターの建設および運営に対して，総額 1 億ドルの予算を規定する。

・州教育省（第五篇）

これは州教育機関の強化を促進，支援するための 5 カ年計画である。1966 会計年度において 2,500 万ドルの予算を定め，各州に共通する州教育機関における問題を解決するための実験事業および特別サービスの創設に対して補助金を支給する。1966 会計年度において承認された州の支出に対して，一部地域を除いて連邦政府が全額を負担する。それ以降は，州の平均歳入額の 50%-66%と同率の水準で連邦政府が負担するものとなる。

補助金は，州全体を基礎とした教育計画の作成，州および地方における教育に関するデータの報告，州の教育に関する情報の普及，教育的調査および実験計画，教員養成および州，地方教育機関人員養成の改善計画のような活動に対して使用される。

・雑則（第六篇）

本法においては，いかなる連邦の省，機関，職員に対して，教育機関または学校制度のカリキュラム，指導計画，運営，人事に関して，または教育機関または学校制度による図書館資源，教科書，他の指導機材の選定に関して，指示，監督もしくは管理を行使するために権限を与えるという解釈はなされない。また本法においては，宗教的な礼拝もしくは教育指導のために補助金の支給を認めるとの解釈はなされない。

第5節　おわりに

1965年4月9日，初等中等教育法案が連邦議会での審議を終えたとの報告が，野球観戦のためにテキサス州ヒューストンの球場を訪れていたジョンソン大統領の下に伝えられた。ジョンソンは,「貧しい農家の息子として,わたしは,教育が貧困から抜け出す有効なパスポートであることを知っている…。健康は重要である。環境美化，公民権，農業，国防体制も同様である。しかし，それらすべては,われわれに教育がなければ意味を成さない…。1870年以来ずっと,ほぼ100年前であるが，我々は，我々がまさに成し遂げたこと―アメリカのすべての子供たちのための初等学校法案の成立―を試みてきた…。我々はそれを成し遂げた。あらゆる善良なものによって，我々は成し遂げたのだ。それはすばらしいことであり，誇らしいことである」と述べ，その上で「私の全生涯，現在あるいは将来にわたって，これ以上に私を興奮させ，私が仕えた国家に益し，連邦とあらゆる国民をよりよく，より賢明にし，より強くすることを，私は成しえないであろう。あるいは，この教育法案でもってわれわれが為すこと以上に，世界で自由と正義とがより重要であることを示すことはないであろう…。これは，私が署名する法案の中で最も重要なものである」と，ジョンソン大統領は初等中等教育法の成立に深い感慨の念を示したのである[39)]。

連邦議会は，ジョンソン大統領をはじめとするホワイトハウスからの圧力でもって，法案が提出された後，息を呑むようなわずか87日間という短期間の間に，国家の基本的な制度に深く影響を与える，10億ドルの予算を規定する法案を可決した。連邦下院は，提出された法案のいかなる大幅な修正もなしにそれを可決した。一方，連邦上院では，文字通り一句の変更もなく，それを承認したのであった[40]。

ジョンソン政権は，議会対策の一環としてとして，連邦議会の各委員会での際限のない討論によって法案が停滞することを回避することを決定した。そして，大統領特別委員会が秘密裏にその法案を作成し，いかなる修正もなく，そして“1965年偉大な鉄道線路法（Great Railroad Act of 1965）”と知られるようになるほど，上下両院における審議に多くの時間がほとんど費やされることもなく，連邦議会で成立させたのである[41]。

ジョンソン大統領は，署名式典において，第3代大統領のトマス・ジェファソンを引用し，ESEAの成立がほんの始まりに過ぎないことを述べた。いわく「我々は法律を制定した。…それがうまく機能する際には，遅れないで居ようではないか」と。そして，今後引き続いてなされるべき大規模な事業に向けて，今まで小規模な機関でしかなかった連邦教育局の改善に取りかかった。しかし，ESEAの運営に関して，ジョンソン大統領が割くことができる時間と関心は少なくなった。何故なら，ジョンソン大統領の認識は，彼が推進する「偉大な社会」計画の他の関連諸立法の成立，それから，海外での外交問題，特にベトナム政策に向けられていたからである。

ジョンソン政権は，ESEAを，1960年代の経済的繁栄の時期に，貧困との戦い，貧困地域支援，特定補助計画という政治的に支持が高い理念と結びつけた。1964年，大統領および連邦議員選挙における民主党の大勝でもって，ジョンソン政権は，リベラル多数派が支配する連邦議会で，ESEAの成立に向けて慎重な下地作りを行なった。その過程で，連邦議会では，人種，宗教，連邦政府による管理の3つのRに焦点を当てた議論ではなく，法案の第一篇が規定する10億ドルの支援を分配する方式に焦点を合わせた議論が生じたといえる。それらの議論は，都市地区のスラムと地方の貧困地区を支援するものであった。しかし，最終的に，資金の一部を全国の学校区の90%，全国の郡の95%へ振り分けることとなり，第一篇に定められた分配方式は，事実上あらゆる地域に分配されることになった[42]。

また，ESEA には，アメリカにおいて，地域間格差，所得格差などから生じる貧しい児童たちの間に見られた教育的危機を改善するため，連邦政府の役割を拡大するべきという教育に関する政策決定者たちと研究者たちの間での広範な合意が存在した。しかしながら，貧困の原因，教育的不平等，そしてそれらに取り組むための方法について，合意を得ることは極めて困難な作業であった[43)]。

ともあれ，結果的に見れば，地方の学校制度の中で，革新的な教育指導，文化および社会講座拡充プログラム，図書館改善，保護者参加活動，栄養計画，そして社会および医療サービスを含む，広範で多様な計画に，ESEA の資金が割り当てられたことは事実である。ただし，貧困と戦う方法と学校での効果については不明瞭なままで，この不明確さは，ESEA の施行に際して一つの大きな障害であることが明らかとなった。

ジョンソン大統領は，任期中，みずから“教育大統領（Educational President）”という造語を作り出し，そしてそれを現実に目ざした。ジョンソンにとって，自分の経歴自体に教育的背景があった。彼自身，学校の教師であり，教育が，「偉大な社会」計画の基盤であると考えたのである。彼は，教育政策担当の補佐官たちに，「これは教育計画である。我々は教育でもって貧困を根絶しようとしている。…人々は貧困から抜け出す方法を学ぼうとしている」と述懐した。確かにジョンソン大統領は，当初予期したものとは違った形ではあったが教育の向上をはかり，一定の限界はあったにせよ，教育も資金および計画を示しつつ，教育におけるアメリカの方向性，アメリカの教育制度における変革を果断に試みた大統領であった，といえるではなかろうか。

<注>

1）Alfred Steinberg, *Sam Johnson's Boy: A Close-up of the President from Texas* (NY: The Macmillan Company, 1968), p. 46. この学校の教師たちは，正式の教職免許を持っておらず，ジョンソンのみが２年の課程での小学校の正式免許を持っていた。

2）J. Ronnie Dugger, *The Politician* (New York, W. W. Norton, 1982), pp. 115–116;

Public Papers of the Presidents of the United States: Lyndon B. Johnson, 1965, Vol. 1 (Washington, D.C.: GPO, 1966), p. 286; Bruce J. Schulman, *Lyndon B. Johnson and American Liberalism* (Boston: Bedford, 1995), pp. 9–10.

3) Randall B. Woods, *LBJ: Architect of American Ambition* (New York: Free Press, 2006), pp. 63–65. ジョンソン校長の熱心な指導について, メキシコ系の保護者たちは"晴れ渡った空からの恵みのようであった"と述べている。アングロ系であるジョンソン校長の指導は, 生徒の保護者から驚きをもって迎えられたという（*Ibid.*)。

4) Doris Kearns Goodwin, *Lyndon Johnson and American Dream* (New York: St. Martin's Griffin, 1991), pp. 66–67. 歴史家でのD・K・グッドウィン（Doris Kearns Goodwin）は, コトラ時代のジョンソンの教育指導が熱意を帯びたものであったとする一方で, メキシコ系の人々の政治的・社会的背景への認識が欠けていたことを批判している。たとえば, アメリカの政治についての授業の際に, 投票権を与えられずにいる両親を持つ生徒に向かって, "努力すれば, アメリカ大統領になれる"と教えたのであった（*Ibid.*)。

5) Hugh Davis Graham, "The Transformation of Federal Education Policy," Robert A. Divine, ed., *The Johnson Years Volume One* (Laurence: University Press of Kansas, 1981), pp. 155–156. ジョンソンは, 大学を卒業した後, 1年と10カ月ほど, ヒューストン高校などで教師として教鞭をとった。また, テキサス州選出の連邦下院議員の秘書となった後は, 法律を学ぶために一時期ジョージタウン大学ロースクールで授業を聴講している。

6) Robert Dallek, *Flawed Giant: Lyndon Johnson and his time 1961-1973* (NY: Oxford University Press, 1998), pp. 195–196. 歴史家のI・バーンスタインは, ジョンソンの教育に対する情熱の根源に隠れされた劣等感に関して, 以下のように興味ある見解を披露している。「ジョンソンは, 彼自身の学歴の不十分さに対する恥を埋め合わせる必要から, そのように活動したように見える。子供のころ, 彼は学校嫌いであり, 規律上の問題を抱え, 成績も良くなかった。大学進学を勧める両親に反発してカリフォルニア州に逃げ出した。…彼が入学した大学は, テキサス州の高等教育機関の中でもまったく目立たない田舎の小規模な学校に過ぎなかった。(妻の) レディ・バードはテキサス大学出身であり, …ジョンソンは常に, "ハーバード出"と呼ばれる, ジョンおよびロバート・ケネディ, そして自身の政権内の多くの顧問たちに不快感を示していた。(それは) ほかの人たちに, 彼が抱いた恥の感覚を感じてほしくはなかったからだ」(Irving Bernstein, *Guns or Butter: The Presidency of Lyndon Johnson*〔NY: Oxford University Press, Inc., 1996〕, p. 184)。

7) Bernstein, *ibid.*, *Guns or Butter*, p. 184.

8) Graham, *op. cit.*, "The Transformation of Federal Education Policy," pp. 156–157.

9) Theodore C. Sorensen, *Kennedy* (NY: Harper and Row, 1965), p. 358; Graham, *ibid.*, "The Transformation of Federal Education Policy," p. 156.

10）　Francis Keppel, “Oral History Interview” (Transcript), April, 21, 1969, Lyndon B. Johnson Library（以下，LBJL と略す）.
11）　Bernstein, *op. cit., Guns or Butter*, p. 183.
12）　George Reedy, *Lyndon B. Johnson: A Memoir* (New York: Andrews and McNeel, 1982), p. 22; Maurice R. Berube, *American Presidents and Education* (New York: Greenwood Press, 1991), p. 61.
13）　*Public Papers of the Presidents of the United States: Lyndon B. Johnson, 1963-1964, Vol. 1* (Washington, D.C.: GPO, 1965), p. 706.
14）　Bernstein, *op. cit., Guns or Butter*, p. 185.
15）　*Ibid.*, p. 186.
16）　Patric McGuinn and Frederick Hess, “Freedom from Ignorance?” Sidney M., Milkis and Jerome M. Mileur, eds., *The Great Society and the High Tide of Liberalism* (Boston: University of Massachusetts Press, 2005), p. 294.
17）　Bernstein, *op. cit., Guns or Butter*, p. 188.
18）　Wilber Cohen Oral History, May 10, 1969, LBJL.
19）　いわゆる「子供の利益」論については，さしあたり藤本典裕「初等中等教育法成立過程の研究—アメリカ連邦政府教育補助金の教育的意義—」『東京大学教育学部紀要』第 25 巻（1985 年），275-276 頁を参照。
20）　McGuinn and Hess, *op. cit.*, “Freedom from Ignorance?” p. 294.
21）　Hugh Davis Graham, *The Uncertain Triumph: Federal Education Policy in The Kennedy and Johnson Years* (Chapel Hill: University of North Carolina Press, 1984), pp. 75-76.
22）　Graham, *op. cit.*, “The Transformation of Federal Education Policy,” Robert A. Divine, ed., *The Johnson Years Volume One* (University Press of Kansas, 1981), pp. 161-162.
23）　Graham, *op. cit.*, “The Transformation of Federal Education Policy,” p. 162.
24）　Eric F. Goldman, *The Tragedy of Lyndon Johnson* (New York: Alfred A. Knopf, 1969), pp. 300-301.
25）　Dallek, *op. cit., Flawed Giant*, p. 198.
26）　*Public Papers of the Presidents of the United States: Lyndon B. Johnson, 1965, Vol. 1* (Washington, D.C.: GPO, 1966), pp. 25-34; Dallek, *ibid., Flawed Giant,* p. 198.
27）　Bernstein, *op. cit., Guns or Butter*, p. 192.
28）　Goldman, *op. cit., The Tragedy of Lyndon Johnson*, pp. 303-304.
29）　Dallek, *op. cit., Flawed Giant*, p. 198.
30）　Goldman, *op. cit., The Tragedy of Lyndon Johnson*, pp. 300-301.

31） Bernstein, *op. cit.*, *Guns or Butter*, pp. 193–194.
32） Dallek, *op. cit.*, *Flawed Giant*, pp. 199–200.
33） Goldman, *op. cit.*, *The Tragedy of Lyndon Johnson*, p. 305.
34） Goldman, *ibid.*, pp. 305–306.
35） Bernstein, *op. cit.*, *Guns or Butter*, p. 186.
36） Dallek, *op. cit.*, *Flawed Giant*, p. 200.
37） *Public Papers of the Presidents of the United States: Lyndon B. Johnson, 1965, Vol. 1* (Washington, D.C.: GPO, 1966), p. 122.
38） 藤本，前掲論文，「初等中等教育法成立過程の研究—アメリカ連邦政府教育補助金の教育的意義—」；宮本繁雄「アメリカの連邦政府と教育援助の拡大（上）」文部省調査局編『文部時報』第 1063 号（1966 年 3 月）；Congressional Quarterly Service Inc., *1965 CQ Almanac* (CQ Press, 1966), pp. 276–279.
39） Goldman, *op. cit.*, *The Tragedy of Lyndon Johnson*, p. 307.
40） Goldman, *ibid.*
41） McGuinn and Hess, *op. cit.*, "Freedom from Ignorance?" p. 294. ここで問題なのは，ジョンソン大統領の法案を成立させるに当たっての，" 性急さと押しの強さ " である。藤本はこの点について以下のような注目すべき側面を紹介している。「ジョンソン…の議会戦略を検討する場合に興味深いのは，彼が（有能な）議会人であったにもかかわらず，いわゆる " 討論 " にはほとんど関心を示さず，ただ結果のみを案じたことである。…ジョンソンにとって討論とは，単に相違点を際ただせるだけで，むしろ無用なものと考えていたふしがある。つまり，争点は隠すことによって法案を通すことが可能となるからである。（だから）討論を通じて争点を明確にすることは " 愚の骨頂 " であった。ジョンソンにとって，良き立法とは，雄弁と討論の所産ではなく，交渉と審議の所産であり，それは争点をつくりだすのではなく，平等で，独立で，かつ異なった議員が存在するところにおいて，共通の背景を見いだすものであった」（藤本一美編著『ジョンソン大統領とアメリカ政治』〔つなん出版，2004 年〕，77 頁）。また，押しの強さについては有名で，上院多数派院内総務時代，本会議の投票に間に合うよう他の飛行機を押しのけて到着させたり，パトロールを先導させて議員を本会議に向かわせたことや，上院議員たちが「ジョンソン流の精力的なやり方に疲れて，精神的にも肉体的にも，しびれを切らした状態にあった」事実を指摘している（同上，79 頁，注 29）。
42） Graham, *op. cit.*, "The Transformation of Federal Education Policy," p. 163.
43） McGuinn and Hess, *op. cit.*, "Freedom from Ignorance?" p. 294.

第8章　レディ・バード・ジョンソンと高速道路美化法の成立—環境問題と景観問題

第1節　はじめに

ジョンソン大統領は，彼が掲げる「偉大な社会」計画の輪郭を示した，1964年5月のいわゆる「偉大な社会」演説において，環境問題に取り組む重要性をも強調した。その際，ジョンソンは，アメリカ国民の生活の質を向上させる方法の一つとして，アメリカにおける自然美の保護，景観の改善を要請したのである。

実際，ジョンソン大統領は，1963年から1969年までの約5年の間，原生林，国立公園，水質資源，野生保護，公害対策，および都市空間整備の諸問題に積極的に取り組み，都合300本もの関連法案を成立させ，連邦議会において120億ドル以上の予算承認を勝ち取った。これらの行動は，アメリカのそれ以前の187年間における業績をはるかに上回るものであり，それに加えて，任期中には35もの地域が国立公園に指定されたのである[1]。

ジョンソン政権下で成立するに至った一連の環境立法は，ジョンソン大統領のみならず，ケネディ政権下の内務省長官で，ジョンソンに対して環境対策の重要性を説いたステュアート・ユーダル（Stewart L. Udall）や，連邦議会では，より徹底した公害規制を求めたエドモンド・マスキー（Edmund Muskie）民主党上院議員たちの活動に支えられて，実現した面が少なくない。もちろん，アメリカ各地での深刻な公害被害や環境破壊を目の当たりにした市民による草の根の環境運動の全国的な高まり，また国際社会における環境問題をめぐる動向なども，ジョンソン大統領の環境政策に一定のインパクトを与えたことは否めない[2]。いわゆるジョンソン政権期の環境政策は，焦点の曖昧さや諸政策間の調整の欠如，関連立法における内容および予算の不十分さなど，一定の限界を示すものであった。しかし，それは1970年代における「環境の10年」への扉を開く嚆矢であったと位置づけてよい[3)]。

このような状況の中で，ファースト・レディであるレディ・バード・ジョンソン（Lady Bird Johnson，以下，レディ・バードと略す）は，自然保護と美化運動に対して，熱心に深く関与したことで知られている。彼女の活動は，社会問題に対応する唱道者の一人として，「計画の規模および広範囲にわたる積極的な活動の点からして，いかなるファースト・レディも，レディ・バードによる社会問題に対する運動に匹敵するものはいない」[4)]と評されたほどである。とくに，連邦政府管轄の高速道路における景観の改善と美化を求めた「1965年高速道路美化法（the Highway Beautification Act of 1965）」について，レディ・バードはその立法過程において，熱心なロビー活動を展開するなど，立法の成立に少なからぬ影響を与えたのである。

本章では，ジョンソン大統領が推進した「偉大な社会」計画における一つの側面として，これまでの論じてきた内容とは若干角度を変えて，レディ・バード夫人の環境改善と美化活動，並びにその役割を検討する。とくに，1965年高速道路美化法の成立過程に焦点を当てて，レディ・バードによる積極的な政治的活動が法案成立にどのような影響を与えたのか，また，それらの活動に対して，ジョンソン大統領はどのように指示を与えて側面から援助したのかを検討し，ジョンソン政権下における景観問題や環境問題に対する基本的理念と実態を考察する。

第2節 「偉大な社会」計画とレディ・バードの活動

クラウディア・アルタ・テイラー（Claudia Alta Taylor，後のレディ・バード）は，1912年にテキサス州に生まれ，テキサス大学および同大学院を卒業した才媛である。1934年，当時連邦下院議員秘書を務めていたリンドン・ジョンソンと知り合い結婚した。その後，夫であるジョンソンが連邦下院議員としてワシントンD.C.へ転出するのを契機に，内気で内向的であった彼女は政治家夫人として夫を支え，連邦上院議員，そしてケネディ政権下の副大統領夫人として，夫からの期待に応えて演説や記者会見などの公務をこなすようになった。また，ケネディ大統領の暗殺の後，夫が副大統領から大統領へと昇格するに伴い，レディ・バードはファースト・レディとなった。

レディ・バードは,テキサス東部のカーナックですごした子供時代について,自然に対して生来絶えることのなかった情熱のような深い興味を抱いたと述べている。すなわち,「私がかつてすごした最も記憶に残る時間の一部は,野外で,自然に親しむこと，豊かなその景観美に非常な喜びを見出すことであった」[5)]。ファースト・レディとして，レディ・バードは，夫であるジョンソン大統領の期待に沿う形で，また，自らのスタイルに沿って，その役割を追求した。

レディ・バードに環境への取り組みを後押しさせた要因の一つは，ジョンソン大統領が掲げる「偉大な社会」計画における環境問題に対処する政策に他ならない。1964年5月22日に，ミシガン大学で行なった「偉大な社会」演説のなかで，大統領は，「見苦しいアメリカを防ぐ」必要性を説いた。なぜなら,「…わが国の自然のすばらしさが一度破壊されれば，決して回復させることはできない。そして一度自然を散策することができなくなり，そして自然に感嘆しなくなれば，人間の精神はしおれ，暮らしは荒廃する」からであった[6)]。

ジョンソンは，大統領就任後，ケネディ前政権の内務省長官から留任していたステュアート・ユーダルから「現政権と環境保護」という報告を受けた。そこには，国土および水利保護基金，原生林保護法案，水利事業，国立公園，電力送電，塩水の淡水化計画が記されていた。ユーダルは，大統領演説においても「アメリカ国民の生活の質を守る」ための訴えを行なうように強く提案した。また，ユーダルは，連邦議会で手付かず状態にある原生林保護法案や国土および水利保護法案を支持することを促し，ジョンソン大統領がより明確に環境保護計画に対する戦いに取りかかるように提案したのである。

この提案を受けた形でジョンソン大統領は，自然資源を保護するフランクリン・ローズベルト政権時代の伝統を発展させ，ケネディ政権の環境問題への取り残した遺産を継続することを望んだのである。このような問題は，彼が掲げる「偉大な社会」計画における「生活の質の向上」と軸を一つにするものであった[7]。その意味で，ジョンソンが，「偉大な社会」演説を行なった際に「アメリカの自然が危機にさらされている」と警告し，アメリカの自然美の保護が自らの計画の重要な一部分であると強調したのはごく自然なことであった。

ところで,レディ・バードは,環境保護に対してもともと熱心な活動家であったわけではなかった。彼女は主として周りにある自然を楽しむことを主眼としており，したがって自らが親しむ自然を将来にわたって保護するという意識は必ずしも高くなかった[8]。しかしながら，夫であるリンドン・ジョンソン大統領の再選に向けての選挙活動を支援する傍ら，ファースト・レディとして各地での式典や，政権内での環境問題に関連する会合に出席するにつれて，レディ・バードの関心は，しだいに原生林地区の保護や高速道路網，都市景観の美化などへと向けられていった，といえる[9]。

1964年8月，レディ・バードは，ユーダル内務長官を伴ってロッキー山脈西側地域を訪問した。彼女はフレミング・ジョージ・ダムの開所式に出席し，いくつかのネイティブ・アメリカンたちの保留地を訪れ，そして，ワイオミング州において民主党上院議員のゲール・マクギー，ユタ州では民主党上院議員のフランク・モスの再選を支持する演説を行なった。その際,ユーダルのスタッフであるジェームズ・レストン（James Reston, Jr.）は，レディ・バードのために自然保護を強調した演説原稿を用意していた。この各地の歴訪の間，彼女とユーダルはアメリカの自然美に対する熱意とそれを保護する必要性を共有するようになった。環境問題について質問を数多く投げかけるレディ・バードを見てはじめて，彼女がファースト・レディとして自然保護と美化に強く取り組む決心をしていることに，ユーダルは確信を抱いたといわれている[10]。

1964年11月,夫であるジョンソン大統領が共和党大統領候補のバリー・ゴールドウォーターを破って再選を果たした後，レディ・バードは，ジョンソン大統領が掲げる政策を「支援するために私に何ができるか考え始め」,そして「ヘッド・スタート（学齢前児童学習支援）」計画などの反貧困計画にもかかわる一方，他方で「環境保護と美化におけるあらゆる領域」は彼女にとって最も魅力に富んだものになっていた[11]。

レディ・バードは，自らの考えに賛同する多数の友人たちや側近たちと相談し，まず，アメリカの首都であるワシントンD.C.に存在する公園，ショッピングモール，歴史的建造物などの美化に焦点を当てた。そしてしかる後に，都市再開発計画と公共住宅地域へと美化を広めていくことを決め，ワシントンD.C.をモデル・ケースとして後に全国に運動を広げていくことを決意したのである。1964年の年末までに，彼女の運動は，ワシントンD.C.の美化運動に加えて，全国を走る高速道路の景観の改善，廃品置場と広告掲示板の撤去に関する運動もその中に含められることになった[12]。

当時，ワシントンD.C.の荒廃した状況が，国民の大きな注目を集めていた。ワシントンD.C.には歴史的建造物や公園，公共施設がある「公式のワシントン（Official Washington）」がある一方，スラム街に代表される「その他のワシントン（Other Washington）」も存在することが指摘され，そのため，ワシントンD.C.は貧困，人種差別，犯罪などの都市中心部の荒廃や，公害，高速道路建設，公共交通網の不備など，1960年代のアメリカにおける都市の状況を端的に示す都市の一つであった。レディ・バードにとって，首都の美化運動の推進を試みることは，夫のジョンソン大統領が掲げた「偉大な社会」計画が直面したのと同じく，非常に困難な課題であった，といわねばならない。何故なら，レディ・バードにとっては，美化運動の問題に取り組むことは絡まった綿のもつれを解くことと同じであり，それは連邦，州，地方レベルにおける娯楽，公害，精神衛生，犯罪率，高速道路を含めた公共運輸，貧困との戦い—すべての糸が絡み合った状況下におかれていたからである[13]。

レディ・バードによる美化運動はまず，1965年3月にワシントンD.C.の一角でアゼリアの花の苗を植えることから始められた。そして5月には，レディ・バードはその運動を全国に向けるべくキャンペーンツアーを開始した。そのツアーには，レディ・バードの側近たちとともに多くの報道記者たちを同行させ，彼らに国中の美化運動の状況と改善とを取材させたのである。その際，ワシントンD.C.においては主要な道路沿道に花，樹木を植えただけでなく，貧しい人々が住む地区にも出向き，そこに住む多くの住民をこの運動に参加させた。つまり，レディ・バードは，美化運動に可能な限り多くの参加者を巻き込み，取り組みを広げることを試みたのである[14)]。

第3節　高速道路美化法案成立の背景

以上で述べた自然保護および環境美化に対するレディ・バードの活動の中で，彼女の関心が高く，後に“レディ・バード法案”と呼ばれるようになったのが，「1965年高速道路美化法」に他ならない。法案の成立過程において，レディ・バードの活動は大きな役割を担うことになった。

1964年11月，ジョンソン政権下で外部の委員によって構成された「自然美に関する特別委員会」は，大統領に対して，美化―高速道路の景観，広告掲示板の規制，公園の修復，など―に対する全国的な計画を推進するように促し，「うるわしのアメリカ（America the Beautiful）」に関するホワイトハウス会議の開催を提唱した。ジョンソン夫人は熱意を持ってその報告書を読んだ。彼女がワシントンD.C.の都市の美化と全国の高速道路の美化に取り組むことを計画していたのはすでに述べた通りである。その場合，強調すべきは，ジョンソン大統領が彼女のもっとも強力な支援者であったことだ。実際，1965年1月4日の一般教書演説において，大統領は，「高速道路を美化する…具体的な行動」を国民に要請したのである[15)]。

すでに，1956年段階において連邦議会は，4万1,000マイルに及ぶ長大な州間高速道路網の建設を承認していた。それ以前の道路諸法の下では，連邦政府と州政府の間の建設費は50対50での分担が定められていたものの，しかし，今回は，連邦政府の分担が90%と跳ね上がったのである。新たに創設された「高速道路信託基金（the Highway Trust Fund）」は，自動車，トラック，バス，ガソリン，ディーゼル燃料，自動車オイル，タイヤ，および車両装置に課税した連邦税により運営され，建設計画への財源を保証するものであった。

高速道路網建設は，一部からはアメリカ史上もっとも巨大な政府補助金事業，相互に関連した一連の強力なロビー諸団体によって守られた「戦利品」であると呼ばれた。その道路網は50州すべてと435の連邦選挙区のうち406選挙区の上を通過するもので，連邦議会の上下両院における公共労働委員会は，高速道路網計画に対して強い配慮を示していたため，依頼されればアラスカ州を含めたアメリカ全土にコンクリートを流し込むことを認めるといわれるほどであった。1965年，ウエストヴァージニア州選出のジェニングス・ランドルフ（Jennings Randolph）議員は，上院における道路に関する委員会および小委員会の委員長であった。彼は，連邦上院に選出される以前の10年間，アメリカ道路建設業者協会の財務担当者であった。一方，下院における道路に関する委員会の委員長のジョージ・H・ファロン（George H. Fallon，メリーランド州）議員は，高速道路信託基金の起草者で，彼と，道路小委員会の委員長であるイリノイ州選出のジョン・C・クルシンスキ（John C. Kluczynski）議員，共和党委員のフロリダ州選出ウィリアム・C・クラマー（William C. Cramer）議員は道路建設事業者たちときわめて緊密な利害関係にあった。当時，アメリカ州高速道路省協会（American Association of State Highway Departments ）と全米郡協会（National Association of Counties）は，道路建設以外に信託基金の資金を使用することに反対していた。

こうした状況の中で，道路関係の民間ロビー団体は，その数が膨大なものであった。すなわち，建設請負業者，道路建設業者，アスファルトおよびコンクリート産業，自動車，トラック，バス，燃料そしてタイヤ産業，ホテル，モーテル，給油所，その他には，道路工事に付随するロビー団体が存在していた。そのリストの最後には，自動車廃品回収業者とともに，「屋外広告協会（Outdoor Advertising Association of America, OAAA）」とその有能なロビイストであるフィリップ・タッカー（Philip Tocker）に代表される屋外広告業者たちも，名を連ねていた[16)]。

これに対して，環境美化を支持する諸団体は，とうていロビー団体とは呼ぶことができないほど，その影響力は小さかった。すなわち，美化を支持する一部の州にある「道路景観協議会（the Road Council)」や「ガーデンクラブ（the Garden Club)」は，会員の多くが女性であった。一方，「シエラクラブ（the Sierra Club)」や「原生地区協会（the Wilderness Society)」などの主要な環境保護団体は，環境美化を自然保護の争点とは考えていなかった。

1958年，連邦議会が州間高速道路計画を開始した際，高速道路から660フィート以内の広告掲示を禁止するために，諸州に対して助成金（連邦政府が負担する率を費用の90%から90.5%にする）を承認し，そして景観美を改善するために沿道の土地を購入する際には，信託基金から各州の分担額の3%を提供していた。しかし，その奨励策は失敗であった。何故なら，1965年には，4万1,000マイルのうちのほんの206マイルだけが広告掲示を制限するにとどまり，景観条項はまったく施行されていなかったからである[17)]。

「全米屋外広告協会（OAAA)」は，1958年の屋外広告管理法案に関する連邦議会の審議に際し，協会のイデオロギー的な立場からこれに反対を表明していた。しかしながら，1965年までには，連邦政府による規制が不可避なものであるとし，協会はその立場の変更を余儀なくされた。すなわち，彼らは，広告業が，土地を使用する他の法的に認められた業種と同様に扱われることを望んだのである。そのために，商業地域への一定の規制を受け入れながらも，地域政府機関から商業地域と指定される可能性のある地域や，地域指定がされていない商業地域から，規制を除外することを目標としたのである[18)]。

州間高速道路建設計画および高速道路信託基金が創設・開始された当時，ジョンソンは上院民主党多数派院内総務の要職にあった。ジョンソン上院議員は美化運動について，政治勢力の均衡の偏りを十分に認識しており，連邦議会で効率的な高速道路美化法案を推進するのに大きな困難を伴うことを知っていた。そうした阻害要因が存在したにもかかわらず，彼はその立法化に取り組んだのである。大統領となったジョンソンは，妻に“レディ・バード法案”を成立させることを望んだ。政治の世界において，ジョンソンがあらゆる人々に与えることができる最も大きな贈り物は“法律”そのものであった。そこで彼はスタッフに向かって語った。「私はその女性を愛しており，彼女はその高速道路美化法案を望んでいる。我々は彼女のために，それを必ず成立させるつもりである」と[19]。

次いでジョンソン大統領は，商務省公共道路局（Bureau of Public Roads）を通じて，屋外広告業界，自動車廃品業界の代表者たちとの交渉を開始した。ジョンソン政権の戦略は，屋外広告の中心的な団体である「全米屋外広告協会（OAAA）」からの支援を確保することに焦点が当てられた。1963年から1964年の間，ジョンソン政権とOAAAは，高速道路沿道部分について交渉を行なっていた。しかしながら，公共道路局とOAAAの理事長であるタッカーの間では何の進展もみられず，ジョンソン大統領は，大統領補佐官のビル・モヤーズをその担当にすえた。実は，モヤーズとタッカーは両人ともテキサス州出身であったからだ。そして，タッカーは，ジョンソン大統領一家の個人的な弁護士で友人でもあるオースティンの著名な弁護士のドナルド・S・トーマス（Donald S. Thomas）とともに，交渉に臨んだ。結果的には，きわめて有能であったモヤーズでさえも，専門領域やロビー活動の手腕では，タッカーらに歯が立たなかった。ジョンソン政権は，OAAAに対して，州間高速道路や連邦が管轄する主要高速道路に沿って設置され，景観を害している屋外広告を撤去する一方，商業地域での屋外広告の設置を認めるという妥協案を提案した[20]。ただ，この交渉経過について，その詳細を必ずしもレディ・バードもしくは彼女のスタッフに知られていなかった[21]。

こうした状況の中で，1965年5月24日から25日にかけて，「自然美に関するホワイトハウス会議」が開かれたのである。その会議には800名もの代表者たちが参加し，15のパネル・ディスカッションが行なわれた。ある参加者は，それは「一種の修羅場」であり，多くの人が「ばかばかしくなった」とさえ述べた。会議には，OAAAのタッカー理事も参加していたものの，しかし参加者の大多数は州間高速道路における広告掲示の強制的な禁止を支持する人々で占められていた。長年にわたってタッカーと敵対していたペンシルバニア州の道路景観協会のセシル・フォックス（Cecil Fox）は，タッカーを指して「テントの中に入ってきたらくだの鼻」であると語った。タッカーは，“合意の可能な贈り物”と呼んだ提案，すなわち，産業および商業地域を除き広告掲示を禁止することを提案した。だが，この提案は，事実上，広告掲示の数を増加させるものであった。これに対して，出席者の大多数は，突然の合意を好まず，むしろ州間高速道路と主要幹線道路双方の広告掲示の禁止を支持したのである[22]。

しかしながら，その日の午後，大多数の参加者たちは，ジョンソン大統領が翌日に演説を行なう提案の中で，広告掲示と廃品置場に関する条項が，商業もしくは産業地域には適用されないことを発表することを耳にして驚きを禁じえなかった。こうして，ジョンソン政権の裏切りを感じた環境美化支持者たちは，5 月 27 日に連邦議会に提出された法案への支持を撤回した。結局，高速道路美化に関する法案は，環境美化支持者たちによる広範な支援を持たないままに，連邦議会に提出されることとなったのである[23]。

ジョンソン大統領は，1965 年 5 月 26 日，4 つの草案を提案した。最初の二つの草案は各州に対して，1968 年 1 月 1 日以降，産業および商業地域を除いた州間もしくは主要高速道路から 1,000 フィート以内にある広告掲示板と廃品置場を撤去するように要請するものであった。各州は除外地域を決定できるものの，しかし，連邦商務省長官の承認を得なければならなかった。すでに存在する看板と廃品置場については，1970 年 7 月 1 日までに撤去しなければならなかった。なお，法令を順守しない州については，連邦補助金の打ち切り，また，適切な警察力を行使しない州には，連邦政府に対して土地購入もしくは収用の費用を支払うように要請できる，という内容であった。

3 番目の草案は，州に対して，信託基金から当該州への配分資金の 3%を，高速道路沿線の景観美化，休憩およびレクリエーション施設のために使用することを要請した。そして最後の 4 番目の草案は，2 級高速道路のために高速道路信託基金から州が受給する資金の 3 分の 1 を使用し，景勝地域およびレクリエーション地域へのアクセスの改善を行なうように要請していた[24]。

ジョンソン大統領が発表した高速道路美化に関する法案は穏健なものであったものの，しかし，これに対して，高速道路に関連するロビー団体はすぐさま反対を表明した。一方，連邦議会では，関連業界との関係が強い議員や，地元選挙区での広告業者との関係の悪化を好まない議員たちからの強い反対意見が表明された。とくに，連邦議会への広告業者の影響力は大きかった。現代の選挙運動における広告看板の重要性が大きく認識されており，再選を望む議員にとって地方の広告業者が持つ影響力は無視できなかったからである[25)]。法案の反対者たちは，高速道路信託基金について，これが高速道路建設のための神聖な確約であり，資金使用先についていかなる代替案もないと主張した。また，彼らは，看板と廃品置場の撤去の全費用を連邦政府が負担することを望んだのである。

以上述べたような議論が，1965 年 5 月 27 日に法案が提出されたあと，1965 年夏に行なわれた上下両院における道路に関する小委員会の公聴会を独占したといえる。これに対して，高速道路美化を支持する道路景観協議会やガーデン・クラブの女性の意見はほとんど無視された。そして両委員会は，8 月後半には審議を終了することを決定したのである[26)]。

上下両院の委員会における審議が停滞するにつれ，レディ・バードは，広告掲示規制をめぐる戦いに全面的にかかわるようになった。すでに，ホワイトハウスの担当補佐官などを通じて法案を取り巻く状況を聞いていたレディ・バードは，8 月中期に，連邦議会で支持を得られていない美化計画の一部を修正することに同意を示した[27)]。一方，ホワイトハウスからは，「高速道路美化法案は，大統領が今年に成立することを望んでいる…法案であり，大統領はこれを“レディ・バードのために”成立させなければならないとする要請」が伝えられていた[28)]。

連邦上院の委員会では，ジョンソン政権が成立を望む法案に対して次々と修正案が提案され，その結果，多くの修正が行なわれた。たとえば，商業地域設定の権限について，連邦商務省長官よりも，州がこれを決定することになった。また，州が特別助成金の資格を得た場合には，広告掲示規制を緩和した後でも受給の継続が認められた。さらに，議論の的となっていた高速道路信託基金については，美化および改善のための費用を支払う必要はなくなった。しかも，広告掲示の撤去に対する補償費用の方は，州ではなく連邦政府が補償費用を負担することとなった。ただし，州が法令順守違反をした場合の罰則規定は設けられなかった[29)]。

8月後半に入るや，ジョンソン大統領は当該法案の行方について神経をとがらせていた。そこで，彼は側近の一人で大統領補佐官のジョセフ・カリファーノ（Joseph Califano, Jr.）に指示した。「高速道路美化法案について引き受けてくれ」との指示を受けたカリファーノはただちに，大統領が他のスタッフたち，すなわち，ビル・モヤーズ，ジャック・ヴァレンティ，バズビィ，リー・ホワイト，ローレンス・オブライエン，そして商務省長官のジョン・コナーに対しても同様の命令を与えていたことを知った。その一方，ジョンソン夫妻は，法案に反対する議員に執拗に電話攻勢を行なった。オブライエンは後に次のように回顧している。「あらゆる人が没頭した。しかし，我々がホワイトハウスの中での混乱状態に同僚たちを関与させていたということを，私は知らない」。9月12日まで，混乱状態は治まらず，そこでカリファーノはジョンソン大統領に対して，オブライエンを責任者にするように促した。この動きに対して，オブライエンは，ジョンソン大統領に，「われわれの混乱について，親密な人々を不必要に悩ませることについて，そして他の法案を傷つけることが明らかな苛立ちについて」報告した。彼は大統領自身の混乱を指摘したものの，しかし，情況が好転するようなきざしはまったく見られなかった[30)]。

こうした状況を目にしたレディ・バードと彼女の側近たちは，法案に関与する重要議員たちへの働きかけを一層強めることにした。レディ・バードたちは，電話や手紙を用いてロビー活動を展開した。だが一方で，そのような働きかけに対し，テキサス州選出の議員は，「テキサス州の議員はその法案に対して誰も賛成するものはいないが，一方，レディ・バードに反対することを望むいかなる議員もいない」と皮肉った[31)]。

9月14日，上院の公共労働委員会は，当初の内容をほとんど骨抜きにしたかたちの法案を可決し，それを上院本会議場へ上程した。当該法案は，ジョンソン政権の働きかけによって，上院本会議場では部分的な条項を元に戻し，そして，上院は9月16日，賛成63対反対14で法案を可決した。下院本会議場での下院案は，上院案とほとんど同じ内容であった。

10月7日の午後，下院本会議場で法案審議が開始された。だが10月7日はワシントンD.C.において特別な日であった。というのも，その夕方には，中国大使館で訪米中の蒋介石夫人のための歓迎行事と，その後は第89議会の立法業績を祝うホワイトハウス主催のパーティが予定されており，下院議員たちはそれらの行事に招待されていたからである。ジョンソン大統領は，その日の夕刻，美化法案について下院での採決を要請したのである。

下院本会議場での審議において，法案に対するフィリバスターを主導したクレイマーが，「私は憤っている，そして，できる限りの強い決意で私はそれを述べている」と述べ，あくまでも慎重を期するために民主党議員たちによる拒否を主張した。いわく，「私は美化に賛成している。私は世界で最も美しい女性のひとりと結婚したのだ」と述べたクレイマーは，ジョンソンが院内総務であった1958年，当該法案から広告掲示板管理条項を削除する投票した事実を示唆した。一方，下院共和党少数派院内総務のジェラルド・フォード（Gerald Ford）議員は，“建設的な修正案”を提示する共和党議員たちの権利を主張した。カンザス州選出の共和党下院議員ボブ・ドール（Bob Dole）にいたっては，以下のように述べた。すなわち，「“長官”という用語を削除せよ…そして“レディ・バード”の言葉を挿入せよ」と[32]。

最終的に，議員たちが審議を終えたのは午前0時をまわっており，そのころまでには，ホワイトハウスの晩餐会にいた客たちはパーティの会場を辞していた。連邦議会下院は法案を賛成245対反対138で可決した。高速道路美化法案は，ジョンソン大統領の署名をまって1965年10月22日に成立した。だが，ジョンソン大統領は，それを擁護することしかできなかった。すなわち，「それは最初の一歩である」と述べるにとどめたのである[33]。

第４節　高速道路美化法案の内容

1965年高速道路美化法は，1965年10月22日，ジョンソン大統領の署名でもって成立した。以下に，同法の内容の概略を述べておきたい[34)]。

・屋外広告の規制（第一篇）

高速道路網への公共投資を保護し，旅行者の安全と娯楽を奨励し，自然美を保護するため，州間高速道路網（Interstate Highway System）および連邦援助主要高速道路網（Federal-aid primary road system）に隣接する区域における屋外広告を規制する。

当該高速道路網に沿って，660フィート以内に設置，維持され，走行車線から見ることができる屋外広告看板，掲示および装置に対する効果的な規制を規定していないと連邦商務省長官に裁定された州から，1968年1月1日以降に支払われる高速道路への連邦補助金の10%を削減する。州が効果的な規定を設けない限り，高速道路資金の削減は継続する。公共の利益の観点から必要な場合は，商務省長官は，資金削減を中止できる。効果的な規制とは，1968年1月1日以降，商業地域および産業地域を除いた地域にある屋外広告は，(1) 方角を示し，他の政府機関によって認められた標識，掲示，(2) 所有地の販売もしくは賃貸を宣伝する看板，掲示，および装置，(3) 所有地で行なわれている活動を宣伝する看板，掲示および装置，に限定されることを意味する。

大きさ，照明，間隔などに関して州と連邦商務省長官との間の合意によって決められた敷地外看板，掲示および装置について，当該高速道路網の走行車線から660フィート以内，州法に定められた産業および商業地域内，州と長官との間の合意によって決定された産業および商業地域内においても設置および維持が認められる。州は，商業および産業目的のために地域を指定する全面的な権限を有する。

1965年9月現在において当該高速道路網に沿って存在する屋外広告の撤去については，1970年7月1日までは求めない。連邦商務省長官は，州との協議の際，当該高速道路網のインターチェンジ付近の適切な地域を指定し，その地域に旅行者への特定の情報を与える標識を設置する。

補償の支払について，以下の場合，連邦政府が屋外広告の撤去費用の75%を負担する。(1) その屋外広告が法案成立当日に存在したもの，(2) 法案成立当日から1968年1月1日の間に，当該高速道路網の一部であったあらゆる高速道路沿いに存在したもの，(3) 1968年1月1日もしくはそれ以降に設置されたもの。

州の高速道路担当機関は，安全な休憩施設に関する地図，情報パンフレットを設置し，長官の承認を得て，その施設地域に情報センターを設置する。屋外広告の規制に対して，PL85-767（助成金法）の下で連邦商務省長官との合意を結んだ州の高速道路関係機関は，ボーナス助成金を受給する資格を持つ。ただし，長官と結んだ合意による規制もしくは本法の下での規制を継続しない州は支援金を受け取ることができない。本法は，州に対して，本法の下での規制以上に厳格な規制を設けることを禁止するものではない。

屋外広告規制条項を施行するため，1966および1967会計年において，おのおの2,000万ドルの予算を承認する。

・廃品置場の規制（第二篇）

高速道路網への公共投資を保護し，旅行者の安全と娯楽を奨励し，自然美を保護するため，州間高速道路網および連邦援助主要高速道路網に隣接する区域における廃品置場の設置および維持を規制する。

当該高速道路網に沿って，1,000フィート以内に設置，維持され，走行車線から見ることができる屋外広告看板，掲示および装置に対する効果的な規制を規定していないと連邦商務省長官に裁定された州から，1968年1月1日以降に支払われる高速道路への連邦補助金の10%を削減する。州が効果的な規定を設けない限り，高速道路資金の削減は継続する。公共の利益の観点から必要な場合は，商務省長官は，資金削減を中止できる。効果的な規制とは，1968年1月1日までに，廃品置場が，当該高速道路網の車線から見えないようにするため，自然物，植栽，囲いもしくは他の適切な方法によって遮蔽される，もしくは撤去されることを意味する。

当該高速道路網に隣接する地域で，州法の下で産業地域と指定された，もしくは州によって産業活動のために利用されるとした廃品置場，自動車処分場，そして自動車部品再生施設の運営については，連邦商務省長官の承認に従う。

本法の条件を満たさず，かつ本法の成立当日に存在する廃品置場については，1970年1月1日まで撤去を求めない。景観美化と遮蔽に要する費用について，連邦政府の分担は費用の75%とする。廃品置場の移転もしくは処分を行なう所有者への補償は，(1) 同法の成立日に存在したもの，(2) 同法の成立から1968年1月1日までの間，当該高速道路網の一部分であった高速道路上に存在したもの，(3) 1968年1月1日当日もしくはそれ以降に設置されたもの，に対して行なわれる。

本条項の施行のために，1966および1967年会計年において，おのおの2,000万ドルの予算を承認する。

・景観の美化および向上（第三篇）

連邦商務省長官は，連邦援助高速道路の建設の一部として，景観の美化と沿道開発の費用を認める。そこには，公的に管理された休憩およびレクリエーション地域と他の施設の取得，開発を含む。

毎年州に割り当てられる連邦政府援助高速道路予算のうちの3%を，州の分担なしで，高速道路の車線内の景観美化と沿道開発のために使用する。そこには，高速道路に隣接する自然の景観を向上させるために必要な側道用地の改善を含む。

本条項を施行するため，1966および1967会計年において，おのおの1億2,000万ドルの予算を承認する。

第5節　おわりに

高速道路美化法の成立をめぐって，大統領補佐官であったジョセフ・カリファーノは，後に，「大統領スタッフの一員として，私が目撃しかかわったその不適切な立法過程の経験における失敗の多くは，大統領にある」と記している。ジョンソン大統領はこの大失敗＝骨抜きを，彼にしてはめずらしく“政治的現実”を無視することで，自分自身に批判を負わせる形で終結させた。連邦議会では，反対派の議員によって徐々に法案を廃案に追い込むことが試みられた。また，公共道路局は長引く論争を望まなかった。さらに，ホワイトハウスのスタッフたちはその施行を無意味なものであると考え，とくに，オブライエンは政治的に有害であるとさえ述べた。モヤーズに至っては，「彼自身広告掲示団体との関係，OAAA の理事長であるフィリップ・タッカーから距離を置いた」のである[35)]。

レディ・バードによる立法過程への強力な関与が，関連業界の反対者たちから大きな批判を受けたことはまぎれのない事実である。実際，テキサス州の広告業者からはジョンソン大統領に宛てて，レディ・バードによる「気まぐれ(WHIM)」との批判が寄せられ，また，モンタナ州においては，レディ・バードを告発する動きも見られた[36)]。

高速道路美化法の強化を求めるレディ・バードとジョンソンは，連邦議会において大きな困難に直面したといってよい。屋外広告協会および共和党議員たちは，その法律を改正する戦いを宣言し，それが効奏してなのか 1966 年 1 月 28 日，7 月 1 日，および 1967 年 1 月 16 日に，商務省によって提案された諸規制は，連邦議会で拒絶されてしまった。商務次官補のアラン・ボイド（Alan Boyd）がジョンソン大統領に提出したメモに記されていたように，連邦議会の議員たちは当該法案に対して「全体的に，敵意を抱いて」いた。また，フロリダ州選出のウィリアム・クラマー下院議員は，ベトナム戦争が激化する中で，国内における生活の質の改善を求める計画に対して不快感を示し，「ベトナムの危機の中で，なぜこれをわれわれが提出しなければならないのか」と不満を述べた。看板を撤去した企業に対する補償をのぞいて，新たな予算を獲得することは事実上不可能であった[37]。

1978年までに，広告撤去費用として1億700万ドルが当てられ，会計検査院による最終的な支出見積もりは8億2,300万ドルであった。広告掲示に対する規制において，「産業および商業地区の除外」という字句はOAAA理事長タッカーの成功に他ならず，それは彼の卓越した政治的手腕によるものであった。チャールズ・F・フロイドとピーター・J・シェドが指摘したように，「その条項の実質的な効果が，広告掲示がまったく調和しない商業地区において，また，ほぼ地方の地域に設定された地区において，広告掲示を認めることになって」いたことだ。その意味で，高速道路美化法は，“広告掲示保護および補償法”となってしまったといえる[38]。

ただ，廃品置場に対する規制の実施は，ささやかな進展を見た。つまり，1979年までに，法令に従わない約2,345の廃品置き場が撤去もしくは整理され，また1,055もの違法な廃品置場が摘発されたからである。しかしながら，依然として法令を無視した1万608もの廃品置場が残されていたことも忘れてはならない[39]。

1966年後半に入って，ベトナム戦争の泥沼化が叫ばれ，ジョンソン政権に対する批判が高まる中で，レディ・バードは，連邦議会において高速道路美化計画が立ち消えになることを防ぐため，彼女自身による個人的な関与と影響力を用い，その計画を支援したのである。既述のように，レディ・バードとホワイトハウスのスタッフたちは，連邦議会における美化計画を支持する勢力を拡大するため，連邦議員たちの説得を試み，また，美化運動に消極的な環境保護運動支援者たちからの支持を得るために集会を開催した。確かに一面では，レディ・バードが，ジョンソン政権の推進する「偉大な社会」計画の一環として，高速道路美化計画の継続を支え，また国民の間での議論の継続を促すためのその計画の擁護者としての役割を担ったことはまちがいない[40]。しかしながら，ジョンソン大統領は，いわばベトナム戦争への批判をかわすために，夫人のレディ・バードを巻き込んだかたちで，強引ともいえる方法で高速道路美化運動を促進したこともまた否めない。その成果のほどについても，疑問視せざるを得ない部分がまま見られた。

<注>

1）Martin V. Melosi, "Lyndon Johnson and Environmental Policy," Robert A. Divine, ed., *The Johnson Years Volume Two* (Laurence: University Press of Kansas, 1988), p. 113.

2）宗像優「ジョンソン政権と環境政策」藤本一美編『ジョンソン大統領とアメリカ政治』（つなん出版，2004 年），177-179 頁。

3）同上，179 頁。

4）Robert P. Watson, *The Presidents' Wives: Reassessing the Office of First Lady* (Boulder, Colorado: Lynne Rienner Publishers, Inc., 2000), p. 87.

5）Lewis L. Gould, *Lady Bird Johnson and the Environment* (Laurence: University Press of Kansas, 1988), p. 7. レディ・バードは，裕福な資産家の家庭に生まれた。ジョンソンが連邦下院議員選挙への出馬を決めた際には，実家から１万ドルの選挙資金を用意した。また，レディ・バード自身も実業家としての手腕を発揮して多くの地元放送局を経営した（藤本一美編『戦後アメリカ大統領事典』〔大空社，2009 年〕，166 項）。

6）Gould, *op. cit.*, *Lady Bird Johnson and the Environment*, pp. 38–39; *Public Papers of the Presidents of the United States: Lyndon B. Johnson, 1963–1964, Vol. 1* (Washington, D.C.: GPO, 1965), p. 705.

7）Gould, *ibid.*, pp. 39–42.

8）Jean Flynn, *Lady: A Biography of Claudia Alta (Lady Bird) Johnson, Texas' First Lady* (Austin: Eakin Press, 1992), p. 107.

9）濱賀祐子「レディ・バード・ジョンソン」藤本一美編『ジョンソン大統領とアメリカ政治』（つなん出版，2004 年），193–194 頁 ; Gould, *op. cit.*, *Lady Bird Johnson and the Environment*, pp. 37–38. レディ・バードはきわめて積極的にジョンソン大統領を助けて，政治的に関与したという点で，前大統領ケネディの夫人ジャクリーヌとは対照的であった。確かに，レディ・バードは政治的活動にも熱心であったが，しかし夫であるジョンソンを立てることを決して忘れなかった。ワンマンともいえる夫に対して，妻としてきわめて従順であった。レディ・バードは，常に夫が一番，２番目が娘たち，自分は３番目で結構だと語っている。ジョンソン大統領のワンマンな"亭主関白"ぶりは，妻，２人の娘たち，牧場の愛犬にいたるまで，すべて“L・B・J”の頭文字で統一したことでも明らかである（ポール・F・ボラー，Ｊｒ.，著，吉野寿子訳『ホワイトハウスストーリーズ』〔三省堂，1999 年〕，413–429 頁）。

10） Irving Bernstein, *Guns or Butter: The Presidency of Lyndon Johnson* (NY: Oxford University Press, Inc., 1996), p. 298; Gould, *ibid.*, pp. 44–45.

11） Lewis L. Gould, “Lady Bird Johnson and Beautification,” Robert A. Divine, ed., *The Johnson Years Volume Two* (Laurence: University Press of Kansas, 1988), p. 154.

12） Gould, *op. cit.*, *Lady Bird Johnson and the Environment*, p. 53 ; Flynn, *op. cit., Lady: A Biography of Claudia Alta (Lady Bird) Johnson*, p. 119.

13） Gould, *ibid.*, p. 55；濵賀，前掲論文，「レディ・バード・ジョンソン」，194 頁。レディ・バードは「美化（Beautification）」という言葉について違和感を感じていた。というのも，この言葉は「お役所的」であり，「表面的で些細な，小うるさい」語感を持つ語であるとして，側近たちにこの言葉をできるだけ使わないように指示した（濵賀，前掲論文，「レディ・バード・ジョンソン」，195–196 頁 ; Gould, *op. cit.*, “Lady Bird Johnson and Beautification,” p. 158）。

14） 濵賀，前掲論文，「レディ・バード・ジョンソン」，195 頁。

15） Bernstein, *op. cit.*, *Guns or Butter*, p. 299.

16） *Ibid.*, p. 300.

17） *Ibid.*

18） James L. Sundquist, *Politics and Policy: The Eisenhower, Kennedy, and Johnson Years* (Washington, D.C.: The Brookings Institution, 1968), p. 374.

19） Joseph A. Califano, Jr., *The Triumph & Tragedy of Lyndon Johnson: The White House Years* (College Station, Texas: Texas A & M University Press, 2000), p. 84.

20） Gould, *op. cit.*, *Lady Bird Johnson and the Environment*, pp. 146–152.

21） Bernstein, *op. cit.*, *Guns or Butter*, p. 300.

22） *Ibid.*

23） Gould, *op. cit.*, “Lady Bird Johnson and Beautification,” p. 168.

24） *Public Papers of the Presidents of the United States: Lyndon B. Johnson, 1963-1964, Vol. 1* (Washington, D.C.: GPO, 1965), pp. 582–584. これら 4 つの提案は後に，1 つの法案に統合され，連邦議会に提出された。

25） Gould, *op. cit.*, *Lady Bird Johnson and the Environment*, pp. 138–140.

26） Bernstein, *op. cit.*, *Guns or Butter*, p. 301.

27） Gould, *op. cit.*, “Lady Bird Johnson and Beautification,” pp. 168–169.

28） *Ibid.*, p. 169.

29） Congressional Quarterly Inc., *Congressional Quarterly Almanac 1965*, pp. 727–

730.

30）Bernstein, *op. cit.*, *Guns or Butter*, p. 302. 法案に反対したある上院議員は，以下のように語っている。「深夜2時半に，大統領からホワイトハウスに来るように電話が来た。何か重大な危機が発生し，大統領が自分のアドバイスを求めていると考え，ホワイトハウスに向かった。ホワイトハウスに着くと，そこにはバスローブ姿の大統領がいた。彼は私が成立を望んでいる諸法案を並べ上げ，叫んだ。“美化法案に賛成票を投じない限り，君はこれらの一つとして成立させることはないだろう”」（Alfred Steinberg, *Sam Johnson's Boy*〔New York: Macmillan, 1968〕, p. 713）。

31）Gould, *op. cit.*, “Lady Bird Johnson and Beautification,” p. 169.

32）Bernstein, *op. cit.*, *Guns or Butter*, p. 302.

33）*Public Papers of the Presidents of the United States: Lyndon B. Johnson, 1965, Vol. 2*（Washington, D.C.: GPO, 1966）, p. 1074.

34）Congressional Quarterly Inc., *Congressional Quarterly Almanac 1965*, pp. 725–726.

35）Califano, *op. cit.*, *The Triumph & Tragedy of Lyndon Johnson,* p. 85.

36）濵賀，前掲論文,「レディ・バード・ジョンソン」, 198頁。

37）Irwin Unger, *The Best of Intensions: The Triumphs and Failures of the Great Society Under Kennedy, Johnson, and Nixon*（New York: Doubleday, 1996）, p. 282.

38）Charles F. Floyd, “Billboard Control Under the Highway Beautification Act– A Failure of Land Use Control,” *Journal of the American Planning Association*, 45: 2, 1979, p. 116; Bernstein, *op. cit.*, *Guns or Butter*, p. 303.

39）Gould, *op. cit.*, *Lady Bird Johnson and the Environment*, p. 195.

40）*Ibid.*, pp. 197–198. 宗像論文では，レディ・バードの活動が環境問題，景観美化の争点について政府と市民の間の媒介の役割を果たしたことに評価を与えている。同様に，濵賀論文は，高速道路美化法案に対するレディ・バードの活動について，他の領域と同じく，レディ・バードの役割に対して肯定的・積極的な意味を見出している（宗像，前掲論文,「ジョンソン政権と環境政策」および濵賀，前掲論文,「レディ・バード・ジョンソン」参照）。しかしながら，本節では，高速道路美化法案に関して，レディ・バードの役割に一定の評価を与えるものの，当該法案の内容に対するレディ・バードの活動の限界を示し，内容の不徹底さを指摘した。

結　論

以上において，我々は，リンドン・B・ジョンソン大統領が促進した「偉大な社会」計画の全体像を抽出し，その上で第三部では，特に重要であると思われるいくつかの法案を取り上げて，立法の背景と内容を吟味しつつ，あわせてそれがアメリカ社会にいかなるインパクトをあたえてきたかを検討してきた。

本書の第一部では，序論の問題の所在および研究史の概観をふまえて，ジョンソン大統領が強力に推進した「偉大な社会」計画の全体像とその背景にある基本的理念を抽出し，アメリカ社会に取り残された種々の課題を提示し，その上でジョンソンの立法指導の特色と「偉大な社会」の評価を試みた。

続いて第二部では，とくに，「偉大な社会」計画の実施過程，具体的には「偉大な社会」計画を担保する各法案の制定過程に焦点を合わせ，当該法案に対するジョンソン大統領の基本的認識，つまり，イデオロギー的立場の背景を検討するとともに，大統領が側近の大統領補佐官たちをどのように動員して，いかなる手法を駆使して関係議員を説得しつつ，多数派工作を成功させるに至ったのかを分析した[1)]。

確かに，第二部と第三部の内容は記述の上で重なる部分が多々あるものの，本書では，「偉大な社会」計画の“理念的側面”と“実施的側面”とにある程度区別して，全体像を描くことに努めたつもりである。

以下，本書を要約すると，序論，本書の目的と研究史の概観では，1960年代のアメリカ合衆国においてケネディおよびジョンソンと8年間にわたって続いた，民主党政権が促進した一連の“リベラルでかつ進歩的な”政策の概要を検討している。特に，リンドン・B・ジョンソン大統領が推進した「偉大な社会」計画に焦点を当てて，その概要の検討を試みている。

ジョンソン大統領は，1964年5月22日のミシガン大学における演説の中で，自らの政権の主要な政策を「偉大な社会」という言葉を用いて表現し，そのなかで，ジョンソンはアメリカが経済的繁栄だけでなく，国民生活の質をも追求することを示唆した。「偉大な社会」計画と名付けられたジョンソンの政策は，具体的には1964年の公民権法，経済機会法の成立を皮切りに次々に法律として具体化されていった。さらに，1964年11月の大統領選で地滑り的大勝を博したジョンソンは，1965年と1966年の連邦議会において歴史的な多くの立法（メディケア・メディケイド，初等・中等教育法，高速道路美化法など）を成立させて，いわゆる「社会福祉」を実現していった。ジョンソンが遂行した「偉大な社会」計画は，一言でいえば，アメリカの経済成長を維持する一方，社会，文化，科学など国民の生活の全分野での水準を向上させることを目標としたものである。

1929年にニューヨーク株式市場の株価暴落で生じた大不況を契機として，これを克服すべく，1930年代のアメリカにおいて民主党のフランクリン・D・ローズベルト（Franklin D. Roosevelt）大統領によって実施されたいわゆる「ニューディール政策」は，各種の社会分野で連邦政府による大規模な介入を許し，それは結果的に「大きな政府」＝「行政国家化」をもたらした。1960年代の民主党政権も基本的にはその流れをくむもので，例えば，ケネディ政権下における「ニューフロンティア」政策やジョンソン政権下における「偉大な社会」計画はともにニューディール政策のさらなる前進を目指したものに他ならない。

ケネディ政権下で提案された社会福祉関連の法案は，その多くが南部「保守派」が有力な連邦議会において成立を阻まれたものの，しかし，ケネディが暗殺された後に，ケネディ路線の継続を明確にしたジョンソン大統領は，「立法の魔術師」と呼ばれた持ち前の巧みな議会操縦術を駆使して，ケネディ政権下では成立しなかった多くの社会福祉関連の政策を立法化するのに成功した。実際，ジョンソンによって提案された「偉大な社会」計画のスローガンの下で，人種差別是正のための公民権立法，豊かな社会のなかの貧困の追放を意図する反貧困立法，老齢者や低所得階層の医療扶助としてのメディケア・メディケイド，教育に関する連邦政府の援助，アメリカ人の生活の質の向上を目ざす消費者保護立法および環境立法など，第二次世界大戦以降，とりわけ1960年代のアメリカ社会に存在した多くの諸問題に対して果敢にかつ積極的に取り組んで諸立法を成立させ，それを実施に移していった。このため，連邦政府の権限はさらに拡大され，「大きな政府」―行政国家化の様相を強めた。こうしてアメリカでは福祉国家化が一段と促進されることになり，ジョンソン政権下の1960年代には，アメリカの“社会福祉制度”が一挙に進展することとなった。

ジョンソン大統領が「偉大な社会」計画というスローガンで実施した「社会福祉政策」とは，ローズベルト大統領によって推進された“ニューディール・リベラリズム”というアメリカの政治的イデオロギーの潮流の中で，トルーマン大統領のフェア・ディール政策，およびケネディ大統領のニューフロンティア政策に続いて，現代のアメリカ社会に取り残された諸問題に取り組み，これを克服する方策として位置づけられている。ジョンソン政権の諸政策は，経済的大不況の中で行われたローズベルト期の政策とは異なり，経済繁栄の真っただ中で実施され，それらは，現代のアメリカにおいて未だに多くの議論を伴いながらもその効力を維持している。例えば，人種差別，貧困，環境問題などは，今日でも存在する重要な課題であって，「偉大な社会」計画によっても，これらの課題を全面的に解決することは不可能であった。しかし他方で，「偉大な社会」計画を通じてアメリカに存在する社会問題の根深さを浮き彫りにしたことはまちがいない。

本章では続いて，アメリカ側と日本側における，これまでのジョンソン研究史の概観を試みており，前者については，内容が細分化されてきている一方で，全体像がやや不明確となっている点を指摘し，また，後者については，その多くが二次資料に依拠した業績が散見されると，述べている。

これまで，ジョンソン政権については，対外政策，とくにベトナム戦争に焦点を絞った研究業績が多くみられ，ベトナム戦争を中心とした「負の遺産」に多くの注目が集まり，ジョンソン大統領の最大の業績である「偉大な社会」計画について，批判的に検討されることはあっても，必ずしも正当かつ客観的に評価されてこなかった。また，「偉大な社会」計画が1930年代のニューディール・リベラリズムに端を発する一種の「社会改革」的政策であったとするなら，1930年代に政治経歴をスタートさせた政治家ジョンソンの政治信条の形成・変遷過程を分析し，大統領となった後に彼の政治信条が政策・法案などにそれがどのように反映されたのか，といった観点から論じられるべきである。しかし，これらの視点からの業績は皆無に等しく，本書はその克服を目指している。

本書の基本的視角は，ジョンソン大統領の立法指導に注目すると同時に，法案がいかなる関係者の行動とダイナミズムを通じて成立するに至ったのか，そのメカニズムに焦点を当てており，その際，一方で政治的・社会的背景を縦軸にし，他方で歴史的背景を横軸に設定して，ジョンソン大統領が促進した「偉大な社会」計画の全体像を浮き彫りにしようと試みている。

第一部，第1章，ジョンソンの経歴と立法指導においては，リンドン・B・ジョンソンの多彩な経歴を踏まえて，彼の政治指導の源泉，および議会対策の姿勢を考察し，ジョンソン大統領のリーダーシップの特色を論じている。

ジョンソンは，1908年8月27日，アメリカ南部テキサス州のストーンウォールの農場で，州議会議員の長男として生まれた。テキサス州立サウスウェスト師範大学に学んだ後，教師，連邦議員秘書を経て，1937年，民主党の連邦下院議員に選出された。そして1948年，連邦上院議員に転出し，1953年，上院史上最年少で民主党の院内総務に就任した。続いて1960年の大統領選挙では，民主党の副大統領となり，1963年11月ケネディ大統領の暗殺に伴い，第36代大統領に昇格した。

大統領に就任したジョンソンは，ケネディ政権が積み残した政策の実現を図り，1964年には，黒人の差別撤廃を目指す画期的な公民権法案を成立させ，同年の大統領選挙では圧倒的票差で当選した。ジョンソンは，「偉大な社会」計画を政権の主要政策として掲げ，教育，福祉，貧困対策，環境保全，都市開発などの各分野で多くの進歩的な提案を行なった。特に，「貧困との戦い」を宣言し，スラム街の改善や社会保障の充実を促進して注目された。議会対策のプロを任じたジョンソン大統領は，内政面で多くの輝かしい実績を挙げたのである。

問題は，外交面にあった。ジョンソン大統領は，ベトナム戦争への介入とそのエスカレーションにより，決定的な過ちを犯した。1964 年 8 月の「トンキン湾決議」を契機に，米軍は北ベトナムへの北爆を開始したものの，しかし，北ベトナムと「民族解放戦線（ベトコン）」の勢力を抑えることができず，最終的には 50 万人の米軍を派遣するにいたった。そのため反戦運動が高まり，ベトナム戦争は泥沼化し，ジョンソン大統領は，内外から大きな批判をあびた。1968 年 3 月，ジョンソンは北爆停止と 1968 年大統領選へ出馬しないことを表明し，失意のうちに政界を引退した。ジョンソンは，5 年の期間の中で，高い機会・高い業績の大統領から一転して，“ 政治的悪者 ”となったのである。この時期に，大統領ジョンソンの政治指導の手腕―そしてその限界点―が示されたのである。

大統領任期中に成立した立法上の業績に対して，ジョンソンがいかなる評価を受けるべきかを検討することは容易ではない。まず，当時の連邦議会における有利な政治環境（民主党が多数派を占めた）は，ジョンソン大統領を側面から助けた。もし，彼が 1961 年の時点で大統領であったならば，このような立法上の業績を生み出さなかったであろうと，いわれている。実際，ジョンソンはいくつかの画期的な法案の成立に際し，重要な貢献を果たした。例えば，1964 年公民権法案について妥協しない一貫した姿勢，貧困との闘いの成立に至る，大統領を中心とする政権側の対応過程は，特筆に価する。ジョンソンは，連邦議会で，積極的な行動が強く望まれた時期に多くの機会を作り出して，これを利用し，仲介役に徹したのである。

しかし一方で，偉大な社会計画の実現を通じて，国民の間で「意見の一致（consensus)」を生み出すというジョンソンの望みは，最終的に挫折をよぎなくされた。確かに，ジョンソンが発揮した政治的技術は，幅広いコンセンサスを維持しているかぎり有効だったものの，しかし，「コンセンサス」政治を形成するため大統領が持つ影響力は，徐々に失われていった。とくに，ベトナム戦争と，国内の都市暴動，インフレなどの問題に直面したことで，ジョンソンが求めたコンセンサスは崩壊し，彼の指導力は限界に達した。

立法上の指導力を行使する際，ジョンソン大統領は，彼が推進する計画について実際に深く注意を払った大統領であり，しかも，彼は優れた政治的処理能力を持っていた。その能力は，彼の立法上の協議事項を推進するために活用された。だが，「あらゆる人々のための何か」を追及する彼の戦略は，急激な社会変革の時期を経験していた国民にとって，必ずしも受け入れることのできるものではなかった。そこに，ジョンソン大統領の大きな誤算があった，といえる。

第二部の第 2 章，アメリカにおける社会問題と課題では，第二次世界大戦後，米ソ冷戦が進行し，資本主義体制が完成する一方，アメリカ国民に残された社会問題の実態を取り上げている。アメリカ社会は，1929 年に生じた大恐慌を契機に大きく変化した。いわゆる「ニューディール体制」の下で，アメリカ社会の改革が推進されたのである。その結果，アメリカは，いわゆる「夜警国家」から「福祉国家」へと転換したものの，その過程で，アメリカが抱える大きな社会的問題の存在が明らかになった。すなわち，戦後アメリカは高度経済成長を達成すると同時に，多くの国民が貧困にあえいでいたし，また，黒人に対する人種差別，つまり公民権問題はいっこうに前進せず，アメリカ社会の“矛盾”が明白となっていた。また，社会福祉の面では，医療保障が大きな問題となっており，さらには，教育の質の向上や生活の質，すなわち，環境破壊や汚染が深刻となると，消費者保護行政や移民の選定基準をめぐる問題がクローズ・アップされていた。

1963 年 11 月，民主党のケネディ大統領が暗殺され，副大統領のジョンソンは大統領へと昇格した。ジョンソン大統領は，前任者の路線を継続することを国民に約束し，ケネディ政権の遺産を継続しつつ，戦後のアメリカ社会に取り残された，あるいは新たに発見された問題に対して取り組むことになる。実際，ジョンソン自身が強力に推進した政策により，偉大な社会へ到達するために多くの法案が成立している。

ジョンソン政権期に成立した多くの法律は，ジョンソン大統領が意図したように，アメリカ国民の生活のあらゆる分野に影響を与えたのはいうまでもない。

それらはアメリカ史上最長の経済成長の中で，その恩恵にあずかれない人々，ことに貧しい人々や黒人，老人などの生活の質を向上させただけでなく，“中産階級”の人々の生活を向上させることをめざしたものであった,からである。

第３章の一般教書演説（1964-1969）にみる「偉大な社会」計画では，ジョンソン大統領が掲げた「偉大な社会」計画の概要を知るために，ジョンソン大統領が行った1964年から1969年までの毎年の「一般教書」演説を分析している。

本章では第一に，その年の一般教書の概要を紹介し，次にジョンソン大統領の国内政策に関する文言をとりあげて，ジョンソンが「偉大な社会」計画に関して具体的にどのような立法措置を連邦議会に要請したかを検討している。第二に，一般教書で要請した提案がどのような形で立法化したかを述べ，また，その年にアメリカ社会で生じ，後にジョンソン政権が対応に苦慮する問題の萌芽となる事件も紹介している。そして最後に，年を追うごとに介入の度合いを深めるベトナム戦争について，戦費の増大により，「偉大な社会」計画が，次第に予算などの面で退潮を余儀なくされた背景を，予算教書などを通じて明らかにし，ジョンソン大統領が推進する，いわゆる「バターも大砲も」政策が破綻する状況を明らかにしている。

ジョンソンは「偉大な社会」計画の中で，アメリカ社会に残存する様々な問題を解決することを望んだ。しかしそれは，持続的な経済成長を維持すると同時に，経済成長の成功の結果として中産階級の人々の生活を，急激に変化させざるを得なかった。ことに，黒人暴動，反戦運動，反体制運動などの治安の悪化，急激なインフレ，ベトナム戦争の泥沼化は，中産階級が依拠してきた社会，政治および経済体制に対する改革をせまり,その前提条件が崩れていったとき,ジョンソンの「偉大な社会」計画への国民の支持も徐々に低下していったのである。

ジョンソンが「偉大な社会」計画の中で示した試みは，アメリカの社会および国家的体質を大きく変革する試みでもあった。しかし，国民の多くはこのような改革に対して，個人としては犠牲を払うが，地域社会では全面的に受け入れられなかった。また，大多数の国民は，あらゆる変革は緩やかに行われるべきものであると考えていた。「偉大な社会」計画は，ジョンソンがホワイトハウスを去った後も多くの議論の的となり，議論の多くは保守派からの批判であり,時にはリベラル派からの批判もあった。いわゆる連邦政府資金のばらまき，連邦政府の財政支出増大，連邦政府の州に対する過度の介入，福祉体制依存の人々の増大などである。しかし，大事なことは，ジョンソンがアメリカ社会の“暗部”を多くのアメリカ人に認識させただけではなく，問題を解決する方法として一連の「社会福祉政策」を連邦議会の議題に乗せて多くの法案を成立させ，そしてこれを実行に移していったことである。成立した法律の多くがさまざまな議論を伴いながらも現在のアメリカのなかで中軸部分が残存しているという事実は，ジョンソンの「偉大な社会」計画が先見性を持った，ある種の進歩的な政策の側面を持っていたと考えることできる。

第二部,「偉大な社会」計画の展開，第4章，公民権法（少数派の差別撤廃）では，1964年公民権法の成立過程におけるジョンソン大統領の役割を考察している。本章では，ジョンソンの政治的経歴の中で公民権に関する発言・行動をさぐり，その変化の過程を検討している。それによって，ジョンソンの公民権に対する基本的立場は何か,またその立場はどのようにして形成されたのか,さらに，ジョンソンが多彩な政治的経歴の中で,「権力獲得」とその維持のために公民権をどのように利用したかを明らかにしている。

実際，ジョンソン政権期（1963-1969年）に,「公民権」は多くの進展を見た。すなわち，1964年の公民権法および1965年の公民権法（投票権法）は，その内容が徹底した強力な立法であり，それはアメリカ史上画期的なものであった。1965年公民権法（投票権法）に続いて，1968年には公平住宅法も加わり，ジョンソン政権期において，少数派，ことに黒人に対する差別撤廃は大きく改善されたのである。

1964年公民権法が成立した直後の1964年大統領選挙では，ジョンソンは圧倒的票差で当選した。これまでの選挙を経ずに就任した大統領から，今度は地すべり的大勝による大統領選挙によって国民の信託を受けた大統領となった。しかし，「深南部（the Deep South）」と呼ばれる南部４州を共和党保守派のゴールドウォーター候補に奪われたという事実は，ジョンソンの公民権政策に対する南部白人の大きな「反発」を物語るものであった。

ジョンソンは，人種差別の激しい州の一つとして知られる南部テキサス州に生まれ，その政治的経歴の当初，いわゆる「南部リベラル」派に属していた。だが，ジョンソンは第二次世界大戦後しだいに右傾化する。そして，大統領になるや，再びリベラルな方向に政治的スタンスを移していったのである。1964 年の大統領選に向けて，ケネディ路線を継承し，国民の支持を集め，ジョンソンは政権基盤を強化するにあたり，公民権法成立に向けた努力は，大統領選の当否を決する材料，つまり政治上の業績としてきわめて重要であった。

公民権法を審議する際に，ケネディではなく，ジョンソンが大統領であったゆえに，公民権への反対派を「いかなる妥協案をも引き出すことができない状況となった」と言わしめる状況を作り上げ，しかもケネディが当初提案した内容よりも強力な法案を成立させた。その意味で，ジョンソン大統領は，強力な内容の法案を提案しこれを成立させるに際して，重要な政治的役割を担った，といってよい。

公民権法を成立させる過程で，ジョンソン大統領が果たした役割を考えてみると，まず，第一に，南部州選出議員としての経歴を持ち，連邦議員時代には南部州議員たちとともに公民権法案を葬る行動をともにしてきたジョンソンが，大統領として公民権法案にとりくむにあたり，南部議員たちとの取引を一切拒絶したことが挙げられる。第二に，ジョンソン大統領は，ケネディ暗殺について国民の不安を，ケネディ路線を「継続しよう」というスローガンで和らげるとともに，公民権の争点を**道徳的争点**として強調し，それを人気が高かった前大統領の不遇の死と結びつけることで，多数の国民の支持を取りつけたことである。そして第三に，ジョンソン大統領は，連邦上院時代の政治的経験を活用し，反対議員たちのフィリバスター（議事妨害）に対して，部下のハンフリー，ダークセン上院議員らと協力して，上院における法案推進を慎重に促進したことである。さらに重要なことは，反対議員や支持の不明確な議員に対して,「票の交換」や「政治的恩典」を示して支持へと転向させたことである。それは法案の成立に必要な票を獲得する際の,ジョンソンの高い政治的手腕を物語るものである。

第5章,経済機会法(貧困追放)では,アメリカにおける貧困問題の実態とこれに対する対策を考察している。アメリカは,第二次世界大戦後,長らく経済成長を謳歌していた。しかし,1950年2月に連邦議会の両院経済報告合同委員会に提出された報告書において,国内における貧困が指摘され,貧困に関する研究が注目を集め,数多くのシンポジウム,講演,討論会などが実施された。

1961年,大統領に就任したケネディは,貧困問題を解決するため立法の準備を指示した。ケネディ政権の下ではすでに,「地域再開発法」や「人材開発訓練法」などによって失業者に対する職業技術訓練計画が進められていた。ケネディ大統領暗殺後,ジョンソン大統領自身もこれらの問題に大きな関心を示し,貧困問題がジョンソン政権の掲げる「偉大な社会」計画の中心事業として推進されることになった。その一つが,「経済機会法」の成立に結実している。

それでは,「経済機会法」は貧困を撲滅するに際し,どの程度初期の目的を達成し,いかなる成果を上げることができたのか。最も議論が集中するのは「コミュニティ活動計画」についてである。ことに「最大限可能な参加」条項に関して,法案作成時に立案者は,地域の特殊事情に応じた事業計画の発案と選択を確保して地方機関に可能な限り広範な裁量余地を残すために,柔軟な解釈を許す簡潔な規定を盛り込んだ。立案者の間ではこの条項は南部における受益差別を防ぐ「安全条項」とみなされ,必ずしも貧困者に力を与えることを明言したものではなかった。

地域住民の最大限可能な参加が地方における自主性に委ねられたとき,ジョンソン大統領の意図を超えてその影響はあらゆるレベルに及んだ。それは白人の大多数が,相次ぐ人種暴動での黒人の好戦的態度に直面する中で,「コミュニティ活動計画」もしくは「経済機会」法全体がある特定の集団,特に黒人に向けての反体制支援,秩序の混乱を促しているのではないかという疑念を生じさせたからである。自らの地域における計画に参加するという経験は，地域の生活改善に意欲を持つ人々に行動を促し，貧困層のみならず人種的少数派に対してもその組織化を促したが，その点は十分評価されてよいと思われる。

「経済機会法」の成立と施行により貧困線以下で暮らす人々の生活は改善されたであろうか。1964年に承認された予算は9億4,750万ドルで，これは1964年の総連邦予算の約1%にすぎず，1966年に承認された15億ドルは全連邦予算の1.5%を示すにすぎなかった。1974年までに，貧困者数の350万家族，1,650万人の減少が明らかとなった。しかし依然として，アメリカでは483万家族，2,300万人の多くの人々が貧困状態にあり，貧困の根絶を達成することは不可能であることが示された。ジョンソン政権期において貧困状態を脱出することができたのは基本的に労働可能な貧しい人々であり，高齢者，シングルマザー，障害者などの労働市場とのつながりが希薄な経済的弱者は恩恵を受けなかった。それは，経済機会法が青年の雇用促進と自立支援に焦点を合わせたものであったからである。

その場合，「貧困との戦い」に対する予算の獲得が，実際には1965年以降拡大し泥沼化したベトナム戦争の軍事予算の増大によって阻まれ，連邦議会において計画の拡大や新たな政策の提案を困難にしていたことも忘れてならない。いわゆる「バターも大砲も」が両立することができなくなった，といえる。

ジョンソン大統領が進めた「貧困との戦い」は，単に貧しい人々の生活状況を改善しただけではない。「貧困との戦い」は，経済繁栄の恩恵を受けている大多数の人々の貧困に対する認識を変え，また，「貧困との戦い」によって恩恵を受ける貧しい人々自身の心理的・社会的背景に大きな影響を与えたのである。その意味で，ジョンソン大統領が提案した「貧困との戦い」は，それが貧困問題の全面的な前進を示すものでなかったとはいえ，貧困の解消へ向かう「第一歩」を提示したことは明らかである。

第6章，メディケア・メディケイド法（老齢者医療補償と低所得者医療扶助）では，1930年代初頭にフランクリン・D・ローズベルト大統領が提案して以来，長年にわたって論争の的となっていた老齢者医療保障（メディケア）および貧困者医療扶助（メディケイド）を取り上げ，近年公表された大統領の電話会話記録などを利用しながら，1965年社会保障改正法（メディケア・メディケイド）の成立過程におけるジョンソン大統領の政治指導とその役割を検討している。

従来，連邦議会におけるメディケア・メディケイドに関する立法過程ついては，下院歳入委員長ウィルバー・ミルズ（Wilbur Mills）議員の行動を中心として説明されてきた。実際，ケネディ政権下では，歳入委員長ミルズは政権側が支援するメディケア法案を，歳入委員会で棚上げにし，ケネディ暗殺の後にジョンソンが大統領となった後でも，その姿勢は変わらなかった。ミルズの態度が変化したのは，1964年の大統領選挙および連邦議員選挙でのジョンソンの地滑り的大勝利と民主党リベラル派議員の多くが当選してからである。選挙結果を見たミルズは，メディケアの成立を不可避なものと認識し，立場を転換させたのである。

これまでの研究では，ジョンソン大統領が果たした役割として，ケネディ政権下で老齢者への医療保障を担当していたスタッフたちを慰留させ，引き続いてその推進を命じたこと，また，ミルズ委員長に対してケネディ政権下で長く法案を担当してきた保健教育福祉省次官補ウィルバー・コーエンを法案作成の支援者として協力させたことなど，が挙げられていた。メディケア・メディケイド法案を推進する際に，ジョンソン大統領は，終始表舞台に出ることはなく，もっぱら担当補佐官たちを通じて連邦議会での審議を見守り，法案の内容自体には自ら「細部について述べることはしなかった」，といわれていた。

しかしながら，最近の研究，とくに電話会話の記録を見る限り，実際には，ジョンソン大統領は，大物議員の下院歳入委員長ミルズとの一連の交渉過程で，メディケア・メディケイドの内容についてミルズと密接に連絡を取り，協議し，そしてより包括的な内容を含む法案をのませた事実が明らかにされている。ジョンソンは持ち前の政治指導力を発揮し，法案の審議中には，巧みな議会戦術を駆使して，あえて法案を廃案にさせた。これにより，直前に迫る1964年の大統領選挙において，老齢者への医療保障を一つの“争点”とすることで有権者の注目を集めたのである。そして，翌1965年から始まる新たな議会の中で，より広範囲の内容を含む法案の審議の可能性を求め，最終的に革新的なメディケア・メディケイド（1965年社会保障改正法）を成立させたのである。

1966年1月から施行されたメディケアは，施行から10年のうちに，いかなる大統領といえども表立って反対することのできない，国民に幅広く受け入れられる制度となった。老齢の有権者は，強力な圧力団体となり，メディケアからの支援によって貧困者へと転落する機会を低減させた老齢者は，社会保障改革に対するのと同様に，メディケア・メディケイドの強力な支援者となったのである。

メディケア・メディケイドはまた，老齢者に対して，専門的医療へのアクセスの増大をもたらした。さらに，医療費の支払いが公的に担保される制度であったため，医療提供者にとっても，メディケアは確実な収入源となり，病院設備への投資を行なうことができた。このことは，メディケア・メディケイドが医療の財政面を連邦政府にゆだねただけであり，ジョンソン大統領が「地域医療計画」を推進するに当たってアメリカ医師会（American Medical Association）からの大きな反発を受けたものの，医療の「供給体制」のあり方について，連邦政府の全面的な管理が行なわれたわけではなかった。法案自体の寛大さが，一部分医療技術の発展，医療需要の増大につながり，アメリカ社会における医療費の急騰を招いたのである。

1965年にメディケア・メディケイドが成立して以来，多少の修正を加えつつも，今日も，アメリカ社会の中で，老齢者，貧困者にとって重要な制度として現に存在しており，その意味で，フランクリン・ローズベルト大統領以来の民主党政権の悲願であった老齢者医療制度の創設を成功させたジョンソン大統領は，アメリカの医療制度の改革においてもっとも有能な大統領の地位を確保している。

第7章，初等・中等教育法（教育機会の改善）では，1965年初等・中等教育法（ESEA）を取り上げて同法の成立過程を分析している。その際，ジョンソンの家庭環境および経歴をつうじて，教育に対するジョンソンの考え方を提示し，また，1964年大統領選挙において圧倒的票差でもって再選された後，「立法の魔術師」と呼ばれたジョンソンが，リベラル多数派が支配する連邦議会において，ESEAが法案の提出からわずか3カ月弱で成立するに至った中で，ジョンソン大統領は立法指導をどのように展開したのかを検討することで，ESEAの問題点を分析している。

ジョンソン大統領は，自身が小学校と高等学校の教師の経歴を持ち，そのため教育政策に対して強い情熱を抱いた人物であった。事実，ジョンソンは，教育に対する信念を自身の経験をもとに繰り返し語っており，教育があたかも世直しの万能薬のように見ているようであった。そのため，ジョンソン政権下では，ESEAをはじめとして，大学進学を希望する学生に対する連邦奨学金の設立や，大学機関の教育設備の補助を規定した「高等教育法（the Higher Education Act of 1965)」など，60もの教育関連法案が連邦議会で成立している。

ESEAの成立には，ジョンソン大統領の巧みな議会対策が功を奏した。大統領が指示する「特別委員会」が秘密裏に法案を作成しほとんど修正もなく，“1965年偉大な鉄道線路法（Great Railroad Act of 1965）”として知られるように，上下両院の審議に多くの時間をかけることもなく，ESEAは速やかに成立を見たのである。

ジョンソン大統領は，ESEAを，1960年代の経済的繁栄の時期に，貧困との戦い，貧困地域支援，特定補助計画という政治的に支持が高い理念と結びつけた。1964年連邦議員選挙における民主党の大勝により，ジョンソン政権は，リベラル多数派が支配する連邦議会で，ESEAの成立に向けて慎重な下地作りを行なった。連邦議会では，人種，宗教，連邦政府による管理に焦点を当てられた議論ではなく，本法が規定する10億ドルの支援を分配する方式に焦点を合わせた議論が生じた。それらの議論は，都市区のスラムと地方の貧困地区を支援するものであった。だが，最終的に，資金の一部を全国の学校区の90%，全国の郡の95%へ振り分けることとなり，分配方式は，事実上あらゆるものへと分けられることになった。

結果的に，ESEAの資金は，地方の学校制度の中で，革新的な教育指導，文化および社会講座拡充プログラム，図書館改善，保護者参加活動，栄養計画，そして社会および医療サービスを含む，広範で多様な計画に，割り当てられた。しかし，貧困と戦う方法と学校での効果については不明瞭なままであり，この不明確さは，ESEA の施行に際して一つの大きな障害であることが明らかとなっている。

ジョンソン大統領は，任期中，みずから“教育大統領（Educational President）”と称し，ESEA の成立を目ざした。ジョンソンにとって，自分の育った家庭環境に教育問題に対する核心があった。つまり，彼自身，学校の教師であったので，教育こそが，「偉大な社会」計画の基盤であると考えたのである。ジョンソンは，当初予期したものとは違った形ではあったにせよ，教育におけるアメリカの方向性やアメリカの教育制度における変革の試みを実現した大統領であったことは確かである。

第 8 章，レディ・バード・ジョンソンと高速道路美化法の成立（環境問題と景観問題）では，ジョンソン大統領が推進した「偉大な社会」計画における一つの例外的な側面として，ファースト・レディであるレディ・バードの活動と，その役割を検討している。とくに，1965 年高速道路美化法の成立過程に焦点を当てて，レディ・バードによる活動が法案成立にどのような影響を与えたのか，また，彼女の活動に対して，ジョンソン大統領と国民はどのように考えていたのかを分析し，ジョンソン政権下における景観問題や環境問題に対するレディ・バードの役割を考察している。

ジョンソンは，アメリカ国民の生活の質を向上させる方法の一つとして，アメリカにおける自然美の保護，景観の改善を要請した。実際，1963 年から 1969 年までの約 5 年の間，ジョンソン大統領は，原生林，国立公園，水質資源，野生保護，公害対策，および都市空間整備の諸問題に取り組み，300 本もの法律を成立させ，連邦議会において予算額 120 億ドル以上の承認を勝ち取った。これらの業績は，アメリカのそれ以前の 187 年間における業績を上回るものであり，それに加えて，任期中には 35 もの地域が国立公園に指定されたのである。

ジョンソン政権下で成立した環境立法は，ジョンソン大統領のみならず，ケネディ政権下で内務省長官であり，ジョンソンに対して環境対策の重要性を説いたロバート・ユーダル，また，連邦議会では，より徹底した公害規制を求めたエドモンド・マスキー民主党上院議員たちの活動に支えられて，実現したものが少なくない。もちろん，アメリカ各地での深刻な公害被害や環境破壊を目の当たりにした国民による草の根の環境運動の全国的な高まり，また国際社会における環境問題をめぐる動向なども，ジョンソン政権の環境政策過程に一定のインパクトを与えたことは否めない。ジョンソン政権期の環境政策は，いわゆる焦点の曖昧さや諸政策間の調整の欠如，関連立法における内容および予算の不十分さなど，一定の限界を示すものであった一方，1970 年代における「環境の 10 年」への扉を開く嚆矢であったと位置づけられている。

そのような状況の中で，夫人のレディ・バードは，自然保護と美化運動に対して，熱心にかつ深く関与したことで知られている。彼女の活動は，社会問題に対する唱道者として，とくに，連邦政府管轄の高速道路における景観の改善と美化を求めた「1965 年高速道路美化法（the Highway Beautification Act of 1965)」について，レディ・バードはその立法過程において，熱心なロビー活動を展開して，当該法案の成立に少なからぬ影響を与えた。

だが，レディ・バードによる立法過程への強力な関与は，一方で反対者たちから大きな批判を受けたことも事実である。実際，テキサス州の広告業者からはジョンソン大統領に宛てて，レディ・バードによる「気まぐれ（WHIM)」との批判が寄せられたし，また，モンタナ州においては，レディ・バードを“告発する”動きも見られた。

高速道路美化法の成立以後も，当該法案の強化を求めるレディ・バードとジョンソン政権は，連邦議会において大きな困難に直面した。連邦議会の議員たちは当該法案に対して「全体的に，敵意を抱いて」おり，また，ベトナム戦争が激化し予算が割かれる中で，国内における生活の質の改善を求める計画に対して不快感を示す議員も存在した。看板を撤去した企業に対する補償をのぞいて，新たな予算を獲得することは事実上不可能であった。

1978年までには，広告撤去費用として1億700万ドルが当てられ，会計検査院による最終的な支出見積もりは8億2,300万ドルであった。広告掲示に対する規制において，「産業および商業地区の除外」という文言の挿入は，圧力団体による卓越した手腕によるものである。結局，高速道路美化法は，「その条項の実質的な効果は，広告掲示がまったく調和しない商業地区において，また，ほぼ地方の地域に設定された地区において，広告掲示を認めることになって」おり，事実上，“広告掲示保護および補償法”となってしまった感は否めない。

1966年の後半，ベトナム戦争の泥沼化が叫ばれ，ジョンソン政権に対する批判が高まる中で，レディ・バードは，連邦議会において高速道路美化計画が立ち消えになることを防ぐため，自身の個人的な関与と影響力を用い，政権を側面から支援したのである。その場合，特筆すべきは，レディ・バードが，連邦議会における美化計画を支持する勢力を拡大するため，自ら連邦議員たちの説得を試み，また，美化運動に消極的な環境保護運動支援者たちからの支持を得るため多くの集会を開催したことである。レディ・バードは，ジョンソン政権の推進する「偉大な社会」計画の一環として，高速道路美化計画の継続を支え，また国民の間での議論の継続を促すためのその計画の擁護者としての役割を担ったことは否定できない。しかし他方で，ジョンソン大統領は，いわばベトナム戦争への批判をかわすために，夫人のレディ・バードを巻き込んで，強引ともいえるかたちで高速道路美化運動を促進した点も忘れてはならない。

以上の点を踏まえて最後に，結論的に以下の点を提示し，結びに代えたいと思う。

まず第一に，ジョンソン政権を戦後アメリカの中でどのように位置づけるかという問題がある。ジョンソン政権は，いわゆる「ニューディール期」以降の，リベラルな「大きな政府」の流れの中で，結果的に「行政国家化」の促進につながったことは間違いない。そして内政面においては，ケネディ政権の「ニューフロンティア」政策を継承し，その完成を目指した「偉大な社会」計画の実施によって，「アメリカ型社会福祉体制」の確立に成功したといってよいであろう。

その具体的成果である「公民権法」,「経済機会法」,「メディケア・メディケイド法」,「初等・中等教育法」および「高速道路美化法」は，ある面ではアメリカ社会を変革しようとしたリベラルでかつ進歩的側面を有していたことは間違いない。しかし，それが，一方で，連邦政府機構の肥大，連邦政府支出の増大，連邦政府による州への大規模な介入，非効率なバラマキ行政をもたらし，とくに多数のいわゆる“声なき中産階級”の批判を浴びて，アメリカ社会が分裂する契機となった点も否めない。その背景となったのは，ベトナム戦争の泥沼化はもちろんのこと,「偉大な社会」計画に具体化された，リベラルで進歩的な政策が，実は，“アメリカ社会の主流（エスタブリッシュメント）”に位置する人々＝中・上層階級の救済を図る一方で，他方でそこから排除された人々，とくに白人の中・下層階級にまで「偉大な社会」計画の恩恵がゆきわたらず，このために，大きな批判を招いたのである。

第二に，ジョンソン政権の政策決定スタイルの特徴を指摘しておきたい。戦後アメリカ大統領の政策決定スタイルを見ると,大きく分けて,アイゼンハワーおよびレーガン大統領の「会長（階層秩序）型」の権限委譲スタイル,ケネディ大統領の「車輪の軸（仲間内による討論中心）型」スタイル，そして，ニクソン大統領に代表される「権威主義的ワンマン型」スタイルに分類できる。ジョンソン大統領がとった政策決定スタイルは，本論でも紹介したように，最後のニクソンのそれにきわめて近く権威主義的でワンマン型の政策決定スタイルをとっていたといえよう。ただし，ジョンソン大統領の政策決定スタイルは，時間の推移とともに変化しており，政権前半の1964年-1965年は意見調整的傾向，次に，1966-1967年は権威主義的ワンマン型な傾向，そして，最後の1968年-1969年は会長型のお任せスタイルの傾向を帯びていたことも指摘しておきたい。ジョンソン大統領の場合，特徴的なのは，政策形成や立法提案にあたり，可能な限り多くの情報を集め，部下を各分野に配置し，自らが先頭に立って,関係者（連邦議会の有力者たち）に対して「トリートメント」を行い,“アメとムチ”,すなわち“票の交換”“利益誘導”および“政治的地位の付与”をちらつかせて自らの政策への支持，つまり，多数派工作にまい進した点である。

第三に，ジョンソン大統領の政治イデオロギーの変遷，つまり，政治上の立場の変化を挙げておきたい。周知のように，ジョンソンは，F・ローズベルトの立場を踏襲するいわゆる“ニューディール・リベラリスト”として出発し，連邦議員の初期の頃には，リベラルな政策を支持する進歩的立場をとった。しかし，第二次世界大戦ならびに米ソ冷戦の進展に伴い，アメリカ社会が保守化する中で，とくに南部の民主党保守派と歩調を合わせ，ジョンソンはその立場を右傾化させていったといえる。しかし，本論でも述べたように，ケネディ政権の時期には，進歩的出でリベラルな政策などに示されるイデオロギー的傾向が顕著となり，ジョンソン自身も大統領に就任するや，その立場を一転させて，リベラルで進歩的立場をとるようになった。その際，忘れてはならないのは，ジョンソンと「軍産複合体」，大手建設業界，および石油業界との癒着関係である。リベラルから保守（コンサヴァティブ），そして保守（コンサヴァティブ）からリベラルへと変容する間も，一貫してこれらの業界との密接な関係にあり，それを通じて政治資金をプールしてこれを活用し，連邦下院および上院議員としての出世の階段を進み，ついに上院院内総務にまで登りつめたのである[2)]。要するに，ジョンソンは，有り余る政治資金と卓越した政治的手腕を用いて，連邦議会を事実上支配したのである。しかもそうした手法が実は，大統領に就任した後も一貫して見られたのは本論で述べたとおりである。

いずれにせよ，ジョンソン大統領が促進した「偉大な社会」計画は，アメリカ社会の一種の変革を目指した，リベラルでかつ進歩的側面があったことは否定できない。それは現代アメリカにおいて種々の面で残存している点からも明らかである。しかし，その一方で，いわゆる「大きな政府」に示される「行政国家化」により具現されたリベラルな政策が，国民の多数から批判されて，「小さな政府」を求める「新保守主義」の台頭をゆるしてきた。しかしながら，それも今やレーガンからブッシュ Jr. 時代の，およそ 30 年の期間を通じて大きな修正を余儀なくされ，再び，2008 年の大統領選ではオバマ民主党政権の誕生により，アメリカ社会のイデオロギー的座標軸が，保守（コンサヴァティブ）

からリベラルな方向へ移動（スイング）してきているといえるのではなかろうか[3)]。

ともあれ，ジョンソン大統領の政治活動を見て，特徴的なのは，目標達成のために手段を選ばぬ政治手法をとり，議会の事実上の支配者として，自らが望む政策を強力に促進した真の「ポリティシャン（政治家）」であったことである。その意味でジョンソンはきわめて“ダイナミックな大統領”であったともいえる。

なお，本書では，ジョンソン大統領の推進した「偉大な社会」計画の一端を担うと考えられた環境問題，とくに水質汚染対策諸法や，情報の自由法，モデル都市法，および移民法の改正などについては，時間の制約もあって概要を紹介するにとどまり，深く言及することができなかった。これらの点については，後日を帰したいと思う[4)]。

<注>

1) 本書の後半部分で，近年公開されたジョンソン大統領の電話会話の記録を多く利用したのは，それが大統領の公表する一般教書演説，特別演説，声明などの政権の表舞台での公式の発言とは異なり，大統領の本音の部分が見えると判断したからに他ならない。もちろん，政策形成，法案作成および提出にあたっては，政権の公式の立場として一般教書演説・特別演説・声明を重視しなければならないのはいうまでもない。なぜなら，それが最終的な政権の立場であるからである。ただ，電話会話の記録を利用することで，政権内部における政策決定のプロセスがいくらかでも明らかになれば幸いであると考えた次第である。
2) このあたりの事情については，ロバート・シェリル「偶然大統領になった男リンドン・ジョンソン」『朝日ジャーナル』（朝日新聞社），1968年1月7日号，43–49頁，1968年1月14日号，46–53頁に詳しい。
3) 市場原理主義，単独行動主義に代表される新保守主義の内実と退潮については，さしあたり，藤本一美『現代米国政治論―ブッシュ Jr. 政権の光と影』（学文社，2009年）を参照。
4) この点については，さしあたり，藤本一美編『ジョンソン大統領とアメリカ政治』（つなん出版，2004年）の各論文を参照されたい。

参考文献

<英文>

Andrew, John A., *Lyndon Johnson and the Great Society* (Chicago: Ivan R. Dee, 1998).

Barber, James David, *The Presidential Character: Predicting Performance in the White House, Third Edition* (NJ: Prentice-Hall, Inc., 1985).

Barrett, David M., *Uncertain Warriors: Lyndon Johnson and His Vietnam Advisers* (University Press of Kansas, 1993).

Bernstein, Irving, *Guns or Butter: The Presidency of Lyndon Johnson* (NY: Oxford University Press, Inc., 1996).

Berube, Maurice R., *American Presidents and Education* (New York: Greenwood Press, 1991).

Billington, Monroe, "Lyndon B. Johnson and Blacks: The Early Years," *The Journal of Negro History*, Volume 62, Number 1, January, 1977.

Blumenthal, David and James A. Morone, *The Heart of Power-Health and Politics in the Oval Office* (Berkeley: University of California Press, 2009).

Bond, Jon R. and Richard Fleisher, *The President in the Legislative Arena* (Chicago: The University of Chicago Press, 1990).

Bourgeois, Christie L., "Stepping over Lines: Lyndon Johnson, Black Texans, and the National Youth Administration, 1935-1937," *Southwestern Historical Quarterly*, Volume 91, Number 2, October, 1987.

Califano, Jr., Joseph A., *Triumph & Tragedy of Lyndon Johnson* (Texas A&M University Press, 2000).

Congressional Quarterly Almanac,1957 (Congressional Quarterly Service, 1958).

Congressional Quarterly Almanac 1964.

Congressional Quarterly Almanac 1965.

Congressional Quarterly Almanac 1966.

Congressional Quarterly Almanac 1967.

Congressional Quarterly Almanac 1968.

Congressional Quarterly Inc., *Congress and The Nation, Volume 1 1945-1964* (Washington, D.C., 1969).

Congressional Quarterly Inc., *Congress and The Nation, Volume 2 1965-1968*

(Washington, D.C., 1969).

Cox, Patrick, "'Nearly a Statesman': LBJ and Blacks in the 1948 Election," *Social Science Quarterly* (the University of Texas Press, 1993), Volume 74, Number 2, June.

Dallek, Robert, *Lone Star Rising: Lyndon Johnson and His Times 1908-1960* (Oxford University Press, 1991).

Dallek, Robert, *Flawed Giant: Lyndon Johnson and His Times 1961-1973* (NY: Oxford University Press, 1998).

David, Sheri I., "Medicare: Hallmark of the Great Society," in Bernard J. Firestone and Robert C. Vogt, ed., *Lyndon Baines Johnson and the Use of Power* (Connecticut: Greenwood Press, 1988).

David, Sheri I., *With Dignity: The Search for Medicare and Medicaid* (Connecticut: Greenwood Press, 1985).

Dugger, Ronnie, *The Politician: The Life Times of Lyndon Johnson* (NY: W. W. Norton & Company, 1982).

Evans, Rowland and Robert Novak, *Lyndon B. Johnson: Exercise of Power* (NY: The New American Library, Inc., 1966).

Firestone, Bernard J. and Robert C. Vogt, ed., *Lyndon Baines Johnson and The Uses of Power* (Connecticut: Greenwood Press, Inc., 1988).

Floyd, Charles F., "Billboard Control under the Highway Beautification Act- A Failure of Land Use Control," *Journal of the American Planning Association*, 45: 2, 1979.

Flynn, Jean, *Lady: A Biography of Claudia Alta (Lady Bird) Johnson, Texas' First Lady* (Austin: Eakin Press, 1992).

Goldman, Eric F., *The Tragedy of Lyndon Johnson* (New York: Alfred A. Knopf, 1969).

Goodwin, Doris Kearns, *Lyndon Johnson and the American Dream* (New York: St. Martin's Griffin, 1976).

Gould, Lewis L., "Lady Bird Johnson and Beautification," Robert A. Divine, ed., *The Johnson Years Volume Two* (Laurence: University Press of Kansas, 1988).

Gould, Lewis L., *Lady Bird Johnson and the Environment* (Laurence: University Press of Kansas, 1988).

Graham, Hugh Davis, *The Civil Rights Era: Origins and Development of National Policy, 1960-1972* (NY: Oxford University Press, 1990).

Graham, Hugh Davis, *Civil Rights and the Presidency: Race and Gender in American Politics, 1960-1972* (Oxford University Press, 1992).

Graham, Hugh Davis, "The Transformation of Federal Education Policy," Robert A. Divine, ed., *The Johnson Years Volume One* (Laurence: University Press of Kansas,

1981).
Graham, Hugh Davis, *The Uncertain Triumph: Federal Education Policy in The Kennedy and Johnson Years* (Chapel Hill: University of North Carolina Press, 1984).
Grantham, Dewey W., *The South in Modern America: A Region at Odds* (NY, 1994).
Johnson, Lyndon B., *The Vantage Point: Perspectives of the Presidency 1963-1969* (Holt, Rinehart and Winston,1971).
Johnson, Robert David, "Politics, Policy, and Presidential Power: Lyndon Johnson and the 1964 Farm Bill," in Mitchell B. Lerner, ed., *Looking Back at LBJ: White House Politics in a New Light* (Lawrence: University Press of Kansas, 2005).
Hess, Stephen, *Organizing the Presidency Revised Edition* (Washington, D. C.: The Brookings Institution, 1988).
Holland, Max, ed., *The Presidential Recordings Lyndon B. Johnson- The Kennedy Assassination and the Transfer of Power, November 1963- January 1964, Volume One* (New York: W. W. Norton & Company, 2005).
Katzenbach, Nicholas deB., *Some of It Was Fun: Working with RFK and LBJ* (New York: W. W. Norton, 2008).
Kellerman, Barbara, *The Political Presidency: Practice of Leadership* (NY: Oxford University Press, 1984).
LaFeber, Walter, "Johnson, Vietnam, and Tocqueville," Warren I. Cohen and Nancy Bernkopf Tucker, eds., *Lyndon Johnson Confronts the World: American Foreign Policy 1963-1968* (New York: Cambridge University Press, 1994).
Lammers, William W. and Michael A. Genovese, *The Presidency and Domestic Policy: Comparing Leadership Styles, FDR to Clinton* (Washington, D.C.: CQ Press, 2000).
Lasby, Clarence G., "The war on Disease," Robert A. Divine, ed., *The Johnson Years Volume Two: Vietnam, the Environment, and Science* (Lawrence: The University Press of Kansas, 1987).
Lerner, Michell B., ed., *Looking Back at LBJ: White House Politics in a New Light* (Lawrence: University Press of Kansas, 2005).
Loevy, Robert D., *To End All Segregation: The Politics of the Passage of the Civil Rights Act of 1964* (Maryland: University Press of America, 1990).
Loevy, Robert D., "'To Write It in the Books of Law': President Lyndon B. Johnson and the Civil Rights Act of 1964," in Bernard J. Firestone and Robert C. Vogt, ed., *Lyndon Baines Johnson and the Uses of Power* (Connecticut: Greenwood Press, 1988).
Mann, Robert, *The Walls of Jericho: Lyndon Johnson, Hubert Humphrey, Richard Russel, and the Struggle for Civil Rights* (NY: Harcout Brace & Company, 1996).

Marmor, Theodore, *The Politics of Medicare Second Edition* (NY: Aldine De Gruyter, 2000).

Martin, John B., "Election of 1964," in Arthur M. Schlesinger, Jr., ed., *History of American Presidential Elections, Volume IV* (New York: Chelsea House, 1971).

McGuinn, Patric, and Frederick Hess, "Freedom from Ignorance?" Sidney M. Milkis and Jerome M. Mileur, eds., *The Great Society and the High Tide of Liberalism* (Boston: University of Massachusetts Press, 2005).

Melosi, Martin V., "Lyndon Johnson and Environmental Policy," Robert A. Divine, ed., *The Johnson Years Volume Two* (Laurence: University Press of Kansas, 1988).

Miroff, Bruce, "Presidential Leverage over Social Movements: the Johnson White House and Civil Rights," The *Journal of Politics*, Volume 43, Number 1, 1981.

Miller, Merle, *Lyndon: An Oral Biography* (NY: Putnam, 1980).

Moon, Marilyn, "What Medicare Has Meant to Older Americans," *Health Care Financing Review* (Winter, 1996).

Mooney, Booth, *The Lyndon Johnson Story* (New York: Avon Books, 1964).

Moyers, Bill, "What a Real President Was Like," *Washington Post*, November 13, 1988, C5.

Public Papers of the Presidents of the United States: John F. Kennedy, 1961 (U.S. GPO, 1962).

Public Papers of the Presidents of the United States: Lyndon B. Johnson, 1963-1964, Volume 1 (US. GPO, 1965).

Public Papers of the Presidents of the United States: Lyndon B. Johnson, 1965, Vol. 1 (Washington, D.C.: Government Printing Office, 1966)

Public Papers of the Presidents of the United States: Lyndon B. Johnson, 1965, Volume 2 (US. GPO, 1966).

Public Papers of the Presidents of the United States: Lyndon B. Johnson, 1966 (US. GPO, 1967).

Public Papers of the Presidents of the United States: Lyndon B. Johnson, 1966, Volume 2 (US. GPO, 1967).

Public Papers of the Presidents of the United States: Lyndon B. Johnson, 1967 (US. GPO, 1968).

Public Papers of the Presidents of the United States: Lyndon B. Johnson 1968, Vol. 1 (US. GPO, 1969).

Public Papers of the Presidents of the United States Lyndon B. Johnson, 1968, Vol. 2 (US. GPO, 1969).

Pycior, Julie Leininger, *LBJ & Mexican Americans: The Paradox of Power* (Austin:

University of Texas Press, 1997).

Redford, Emmette S. and Richard T. McCulley, *White House Operations: The Johnson Presidency* (Austin: University of Texas Press, 1986).

Reedy, George, *Lyndon B. Johnson: A Memoir* (New York: Andrews and McNeel, 1982).

Schulman, Bruce J., *Lyndon B. Johnson and American Liberalism* (Boston: Bedford Books, 1995).

Shreve, David and Robert David Johnson, ed., *The Presidential Recordings: Lyndon B. Johnson, Toward the Great Society, February 1, 1964-May 31, 1964* (NY: W.W. Norton & Company, 2007), Volume V .

Sirgo, Henry B., "Congressional Liaison Operations During the Johnson Administration: The Case of Medicare," *Presidential Studies Quarterly*, Volume 15, Number 4 (Fall, 1985).

Steinberg, Alfred, *Sam Johnson's Boy: A Close-up of the President from Texas* (NY: The Macmillan Company, 1968).

Stern, Mark, *Calculating Vision: Kennedy, Johnson & Civil Rights* (New Jersey: Rutgers University Press, 1992).

Sorensen, Theodore C., *Kennedy* (NY: Harper and Row, 1965).

Sorian, Richard, *The Better Pill: Tough Choices in America's Health Policy* (NY: McGraw-Hill, 1990).

Sullivan, Michael P., *The Vietnam War: A Study in the Making of American Policy* (Lexington: The University Press of Kentucky, 1985).

Sundquist, James L., *Politics and Policy: The Eisenhower, Kennedy, and Johnson Years* (Washington, D.C.: The Brookings Institution, 1968).

Unger, Irwin, *The Best of Intensions: The Triumphs and Failures of the Great Society Under Kennedy, Johnson, and Nixon* (New York: Doubleday, 1996).

Watson, Robert P., *The Presidents' Wives: Reassessing the Office of First Lady* (Boulder, Colorado: Lynne Rienner Publishers, Inc., 2000).

Woods, Randall, *LBJ: Architect of American Ambition* (NY: Free Press, 2006).

＜翻訳＞

V. B. シェファー著，内田正夫訳『環境保護の夜明け』(1994年，日本経済評論社)。

ロバート・シェリル「偶然大統領になった男リンドン・ジョンソン」『朝日ジャーナル』(朝日新聞社)，1968年1月7日号，1968年1月14日号。

A･M･シュレジンガー著, 中屋健一訳『ケネディ―栄光と苦悩の1千日（上）』(河出書房新社, 1966年)。

A・M・シュレジンガー著, 中屋健一訳『ケネディ―栄光と苦悩の 1 千日（下)』(河出書房新社, 1966 年)。
マイケル・ハリントン著，内田満，青山保訳『もう一つのアメリカ』(日本評論社，1965 年)。
藤本, 濱賀, 末次訳著『資料: 戦後米国大統領の「一般教書」―1961 年～ 1977 年―第 2 巻「ケネディ，ジョンソン，ニクソン，フォード」』(大空社，2005 年)。
藤本一美，濱賀祐子，末次俊之訳著『資料：戦後米国大統領の「一般教書」第 1 巻―1945 年～ 1961 年―「ルーズベルト，トルーマン，アイゼンハワー」』(大空社，2006 年)。
ポール・F・ボラー，Jr., 著，吉野寿子訳『ホワイトハウスストーリーズ』(三省堂，1999 年)。
セオドア・H・ホワイト著，渡辺恒夫，小野瀬嘉慈訳『大統領になる方法（下)』〔弘文堂，1964 年〕。
ブース・ムーニー著，安保長春訳『リンドン・B・ジョンソン』(時事通信社，1964 年)。

<邦文>

赤木莞爾「トンキン湾事件」『日本外交史事典』(山川出版，1992 年)。
『朝日新聞』1964 年 1 月 9 日。
『朝日新聞』，1964 年 3 月 17 日。
『朝日新聞』(朝日新聞社)，1965 年 1 月 5 日。
『朝日新聞』，1965 年 1 月 5 日，〔夕〕。
『朝日新聞』，1966 年 1 月 13 日，〔夕〕。
『朝日新聞』，1967 年 1 月 11 日，〔夕〕。
『朝日新聞』，1968 年 1 月 18 日，〔夕〕。
『朝日年鑑，1964 年版』(朝日新聞社，1965 年)。
『朝日年鑑，1965 年版』(朝日新聞社，1966 年)。
『朝日年鑑，1966 年版』(朝日新聞社，1967 年)。
『朝日年鑑，1967 年版』。
『朝日年鑑，1968 年版』。
『朝日年鑑，1969 年版』。
阿部弘「青年雇用法」『外国の立法』第 10 号（1964 年 3 月)。
天野拓『現代アメリカの医療改革と政党政治』(ミネルヴァ書房，2009 年)。
アメリカ学会編『原典アメリカ史　第 7 巻』(岩波書店，1982 年)。
安藤次男「ケネディと 1963 年公民権法」『立命館国際研究』〔2001 年〕，14（3)。
安藤次男「1964 年公民権法と大統領政治」『立命館国際研究』(2001 年)，13（3)。
泉昌一「アメリカの政治と社会」『国際年報 1965 年』(国際問題研究所，1966 年)。
大森彌「『偉大な社会』の夢 LBJ―『貧困との戦い』再訪―」『アメリカ研究』第 21 号 (1987 年)。
大森彌「現代行政における『住民参加』の展開―1960 年アメリカにおける『コミュニティ活動事業』の導入と変容―」『現代行政と官僚制，上巻』(東大出版，1974 年)。

岡野成行『アメリカの環境保護運動』(岩波書店，1990年)。
嘉治元郎「貧困との戦い」アメリカ学会編『原典アメリカ史　第7巻』(岩波書店,1982年)。
菅野淳「『保守主義』の台頭とゴルドウォーター」藤本一美編『ジョンソン大統領とアメリカ政治』(つなん出版，2004年)。
菊池馨実『年金保険の基本構造―アメリカ社会保障制度の展開と自由の理念』(北海道大学図書刊行会，1998年)。
北川善太郎「アメリカにおける消費者保護と法」川又良也編『総合研究アメリカ　4　平等と正義』(研究社，1977年)。
紀平英作『ニューディール政治秩序の形成過程の研究―20世紀アメリカ合衆国政治社会史研究序説―』(京都大学学術出版会，1993年)。
上坂昇『アメリカの貧困と不平等』(明石書店，1993年)。
小林清一『アメリカ福祉国家体制の形成』(1999年，ミネルヴァ書房)。
坂内富雄「ジョンソンの予算教書」『世界週報』(時事通信社) 1964年2月4日号。
自由人権協会編『情報公開法を作ろう―アメリカ情報自由法に学ぶ―』(花伝社，1990年)。
末次俊之「ジョンソン大統領と『偉大な社会』計画」，藤本一美編『ジョンソン大統領とアメリカ政治』(つなん出版，2004年)。
末次俊之「『貧困との戦い』と経済機会法(上)」『ポリティーク　第8号』(日本臨床政治学研究会，2005年)。
末次俊之「『貧困との戦い』と経済機会法(下)」『ポリティーク　第10号』(日本臨床政治学研究会，2006年)。
末次俊之「リンドン・B・ジョンソンと『人種差別撤廃』」『専修法研論集』(第40号，2007年3月)。
砂田一郎『〔新版〕現代アメリカ政治―20世紀後半の政治社会変動』〔芦書房，1999年〕。
『世界年鑑，1964年版』(共同通信社，1965年)。
『世界年鑑，1965年版』(共同通信社，1966年)。
『世界年鑑，1966年版』(共同通信社，1967年)。
『世界年鑑，1968年版』(共同通信社，1969年)。
『世界週報』(時事通信社) 1965年11月9日号。
『世界週報』(時事通信社) 1965年8月31日号。
田中寿「経済機会法」『外国の立法』第15号 (1965年1月)。
田中寿「国家奉仕隊法案」『外国の立法』第12号 (1964年7月)。
田中寿「資料：アメリカの貧困戦争」『レファレンス』第16巻，1号 (1966年，11月)。
田中寿「老人健康保険法 (その1) ～ (その3)」国立国会図書館調査立法考査局編『外国の立法』(第22号，1966年3月) (同第23号，1966年5月) (同第24号，1966年7月)。
谷口安平「環境保護」川又良也編『総合研究アメリカ　4　平等と正義』(研究社，1977年)。
土屋和代「『貧困との戦い』とコミュニティ組織の発展―1960年代後半のロサンゼルスの事

例を中心に―」日本アメリカ史学会編『アメリカ史研究』(第24号，2001年)。
仲晃「ゴールドウォーターの敗北とアメリカの国内事情」『国際年報　1964-1965年』(国際問題研究所，1965年)。
中島和子『黒人の政治参加と第三世紀アメリカの出発』(中央大学出版，1989年)。
馬場宏二「ニューディールと『偉大な社会』」東京大学社会科学研究所編『福祉国家の展開〔2〕』(東大出版，1985年)。
濵賀祐子「貧困との戦い―『経済機会法』の成立をめぐって―」藤本一美編『ジョンソン大統領とアメリカ政治』(つなん出版，2004年)。
濵賀祐子「レディ・バード・ジョンソン」藤本一美編『ジョンソン大統領とアメリカ政治』(つなん出版，2004年)。
広井良典『アメリカの医療政策と日本』(勁草書房，1992年)。
藤倉皓一郎「1964年公民権法」アメリカ学会編『原典アメリカ史 第7巻―現代アメリカと世界2―』(岩波書店，1982年)。
藤本一美編『戦後アメリカ大統領事典』(大空社，2009年)。
藤本一美『米国議会と大統領選挙』(同文舘，1998年)。
藤本一美『クリントンの時代』(専修大学出版，2001年)。
藤本一美編『ジョンソン大統領とアメリカ政治』(つなん出版，2004年)。
藤本一美編著『ケネディとアメリカ政治』(つなん出版，2000年)。
藤本一美「米国の上院と院内総務―リーダーシップの類型―」『専大法学論集』(第71号，1997年)。
藤本一美『現代米国政治論―ブッシュ Jr. 政権の光と影』(学文社，2009年)。
藤本一美『アメリカ政治の新方向―レーガンの時代』(勁草書房，1990年)。
藤本一美『アメリカの政治と政党再編成―「サンベルト」の変容』(勁草書房，1988年)。
藤本典裕「初等中等教育法成立過程の研究―アメリカ連邦政府教育補助金の教育的意義―」『東京大学教育学部紀要』第25巻（1985年)。
古田元夫『歴史としてのベトナム戦争』(大月書店，1991年)。
古矢旬『アメリカニズム―「普遍国家」アメリカのナショナリズム』(東京大学出版会，2002年)。
古矢旬「『移民国家』アメリカの変貌（1）―1965年移民法から1986年移民法へ―」『北大法学論集4』(40巻，5・6下巻，1991年)。
古米淑郎「ゆたかな社会の貧困」榊原胖夫編『総合研究アメリカ 第5巻』(研究社，1976年)。
本田創造『アメリカ黒人の歴史　新版』(岩波書店，1991年)。
宗像優「ジョンソン政権と環境政策」藤本一美編『ジョンソン大統領とアメリカ政治』(つなん出版，2004年)。
松岡完『1961 ケネディの戦争―冷戦・ベトナム・東南アジア』(朝日新聞社，1999年)。
宮本繁雄「アメリカの連邦政府と教育援助の拡大（上)」文部省調査局編『文部時報』第

1063号（1966年3月）。
山田敬信「ジョンソン大統領の不出馬表明とベトナム戦争政策」『名古屋大学法政論集』第102号（1985年11月）。
山田敬信「ジョンソン大統領の『偉大な社会』計画におけるコミュニティ活動の意味」『名古屋大学法政論集』(第121号，1988年)。

あとがき

本書は，2010年度に専修大学大学院法学研究科に提出した同名の学位取得論文として準備されたものである。幸運にも専修大学より博士論文刊行助成を受けることができ，ここに刊行することができた。学位審査の際にご苦労いただいた，専修大学の藤本一美，小林弘一，榎透各先生に感謝する次第である。

本書を執筆する際，多くの方からのご助言とご指導をいただいた。まず，最初にあげなければならないのは，明治大学政治経済学部時代より，ゼミナールを通じて筆者のアメリカ政治・外交への関心を刺激し，その後筆者が専修大学大学院法学研究科へ入学したのちも一貫してご指導いただいた指導教授である専修大学の藤本一美教授である。学問についてだけではなく，人間的に薄弱な筆者を常に叱咤激励していただき，時に緩みがちな大学院生活を濃密な，貴重な時間にすることができた。このような感謝を言葉で表すことはとても難しい。

次に，筆者が大学院へ入学後，一貫してご指導いただいた札幌大学の浅野一弘，九州産業大学の宗像優両先生には，学問並びに大学院での研究生活についてご指導いただいた。浅野先生には，筆者が書き上げた修士論文および博士論文を隅々まで読んでいただき，特に，博士論文について多くの的確なご助言をいただいた。また，宗像先生は，論文執筆のたびに弱気になる筆者を励ましていただいた。

さらに，筆者が所属する日本臨床政治学会の研究会においては，筆者の研究対象のみならず，政治的事象を研究されている先生方との議論を通じて，多くの貴重な経験を得ることができた。政治の現場に従事する人々と研究者との溝を埋めるために「臨床政治学」を提唱された明治大学の故岡野加穂留先生をはじめとして，九州産業大学の伊藤重行，目白大学の石井貫太郎，青森学院大学の木村良一，法政大学講師の根本俊雄，専修大学講師の濱賀祐子，嘉悦大学講師の高野恵亮，日本大学講師の石突美香，東海大学講師の池田美智代，日本臨床政治研究所の新谷卓，岩切博史，菅野淳各先生から様々な刺激を与えていただき，アメリカだけではなく，各国の政治にかかわる領域への知見を広げることができた。

また，本書の刊行の際，専修大学出版局の海老原実氏には，大変ご迷惑をおかけしたことをお詫びするとともに，感謝を申し上げたい。

最後に，学生時代からのわがままな，ときには無謀な試みを一貫して支えてくれた両親に対して，本書をささげたいと思う。

2012年2月

末次　俊之

著者紹介
末次　俊之（すえつぐ　としゆき）

1977年、山口県生まれ。
2011年、専修大学大学院法学研究科博士課程修了、博士（法学）。
現在、専修大学法学部非常勤講師。
専攻は政治学、アメリカ政治。
主要著書は藤本一美・末次俊之『ティーパーティー運動―現代米国政治分析』（東信堂、2011年）。近刊に共著『現代日本宰相論―1990年代～2000年代の日本政治』（龍渓書舎、2012年4月刊行予定）。

リンドン・B・ジョンソン大統領と「偉大な社会」計画
“ニューディール社会福祉体制”の確立と限界

2012年2月28日　第1版第1刷

著　者　末次　俊之

発行者　渡辺　政春

発行所　専修大学出版局
〒101-0051　東京都千代田区神田神保町3-8
㈱専大センチュリー内
電話　03-3263-4230㈹

印　刷
製　本　株式会社　加藤文明社

ISBN 978-4-88125-269-7